Bibliografische Information der Deutschen Bibliothek
Die Deutsche Bibliothek verzeichnet diese Publikation in der Deutschen Nationalbibliografie; detaillierte bibliografische Daten sind im Internet über http://dnb.ddb.de abrufbar.

Matthias Daniel / Stephan Weichert (Hrsg.)
Resilienter Journalismus.
Wie wir den öffentlichen Diskurs widerstandsfähiger machen
Köln: Halem, 2022

ISBN (Print) 978-3-86962-630-7
ISBN (PDF) 978-3-86962-631-4
ISBN (ePub) 978-3-86962-632-1

Den Herbert von Halem Verlag erreichen Sie auch im Internet unter http://www.halem-verlag.de
E-Mail: info@halem-verlag.de

Dieses Buch wurde auf FSC®-zertifiziertem Papier gedruckt.

SATZ: Herbert von Halem Verlag
LEKTORAT: Julian Pitten
DRUCK: docupoint GmbH, Magdeburg
GESTALTUNG: Claudia Ott, Düsseldorf
Copyright Lexicon ©1992 by The Enschedé Font Foundry.
Lexicon® is a Registered Trademark of The Enschedé Font Foundry.

Matthias Daniel / Stephan Weichert (Hrsg.)

Resilienter Journalismus

Wie wir den öffentlichen Diskurs widerstandsfähiger machen

HERBERT VON HALEM VERLAG

Gewidmet der Pressefreiheit

Inhalt

STEPHAN WEICHERT / MATTHIAS DANIEL

Vorwort

Wie können wir – Medienleute und Mediennutzer:innen – mit dem permanenten Ausnahmezustand umgehen, in dem sich unsere Gesellschaft befindet? Klimakrise, Corona, Ukraine-Krieg. Fest steht: In Krisenzeiten steigt der Informationsbedarf, aber viele Menschen sind von der digitalen Mediennutzung gestresst, manchmal überfordert. Es sind Zeiten, in denen der Journalismus seinen wichtigen und zentralen Auftrag in der Demokratie unter Beweis zu stellen hat. Deshalb geht es uns umso mehr darum, auch das Positive, das Gelingende zu konturieren. Auch wenn Selbstkritik an den Medien geübt wird, ist dieses Buch konstruktiv in der Zielsetzung: Wir haben 40 luzide Positionen versammelt, die sich für einen widerstandsfähigen Journalismus stark machen. Sie reflektieren seine aktuellen Probleme, aber vor allem die Potenziale.

»Fragen, was wirklich wichtig ist«. So lautet der Titel des zweiten Beitrags in diesem Band, den die Neurowissenschaftlerin Maren Urner verfasst hat. Globale Krisen und eine komplexe Welt sind besonders für Journalist:innen eine Herausforderung. Es braucht Ausdauer und Beharrlichkeit, es braucht neue Strukturen in Redaktionen und in Arbeitsprozessen. Die Aufgabe von Journalist:innen ist es heute, Grautöne und Zwischentöne herauszuarbeiten, und sich damit von einer überhitzten, häufig von Polemik und Pauschalität dominierten Kommunikation in den sozialen Medien abzugrenzen.

Dabei beschäftigt uns auch die Frage, wie Mediennutzer:innen auf das schauen, was Journalist:innen ihnen anbieten. Wenden sich Menschen in Krisenzeiten klassischen Medien eher zu, oder fühlen sie sich eher überfordert von immer neuen schlechten Nachrichten? Der Abschlussbeitrag in diesem Buch stellt Ergebnisse einer neuen Studie vor, die zeigt, wie sich Mediennutzung im permanenten Ausnahmezustand verändert.

Die Beiträge in diesem Buch sind teilweise zuvor in einer gemeinsamen Essay-Reihe des Medienmagazins *journalist* und des VOCER Instituts für Digitale Resilienz erschienen. Sie handeln von neuen, ungewöhnlichen Perspektiven auf den zeitgenössischen Journalismus: Es geht etwa um das Engagement des Journalismus gegen den Klimawandel, neue Spielarten des Lokaljournalismus, redaktionelles *Chance* statt Change Management, berufsethische Zwickmühlen und den Dialog mit dem Publikum. Zu den Autor:innen gehören erfahrene Medienprofis, journalistische Gründer:innen, Nachwuchstalente, Autodidakt:innen, renommierte Wissenschaftler:innen sowie Führungskräfte.

Den Journalismus widerstandsfähiger machen

Zahlreiche Beiträge in diesem Buch bieten konstruktive Aus- und Seitenblicke mit einem optimistischen Zugang zum Journalismus von morgen: Wir zeigen Beispielfälle, in denen redaktionell transparent gearbeitet und Leserfeedback ernst genommen, wo fundiert recherchiert und aufgeklärt wird. Wie im Vorgängerband *Wie wir den Journalismus besser machen*, der 2020 im Vistas Verlag erschienen ist, haben wir auch diesmal kluge Momentaufnahmen unseres Metiers eingefangen: Sie erheben keinen Anspruch auf Vollständigkeit, fußen jedoch auf der ausgewiesenen Expertise der Beitragenden. Sie eröffnen spannende Einsichten in das Innenleben von Redaktionen, unternehmen Ausflüge in andere Disziplinen, werfen einen Blick von außen auf das Innovationsgeschehen im Journalismus und nehmen die unseligen Paradoxien der sozialen Netzwerke in den Blick. Vor allem aber machen sie eines: Mut und Lust, sich für diesen und in diesem nach wie vor spannenden und lohnenden Beruf zu engagieren.

Im Zentrum der unterschiedlichen Blickwinkel steht jeweils die gleiche Frage. Es ist eine Frage, die nicht nur unsere Autor:innen, sondern auch uns als Herausgeber schon lange umtreibt: *Wie können wir es schaffen, den Journalismus – und damit den öffentlichen Diskurs – widerstandsfähiger zu machen?*

Darauf die Antwort zu finden, bleibt unsere Herausforderung für die kommenden Jahre: Es wird dabei nicht nur eine einzige Lösung geben. Es muss darum gehen, eine Vielfalt an Gehversuchen, Experimenten und Gedankenspielen zuzulassen – auch im Austausch mit anderen Branchen und Akteuren. Unser Anspruch als Herausgeber ist es, mit dieser Publikation ein Stück weit dazu beizutragen, dass der Journalismus seiner steigenden Verantwortung in der digitalen Gesellschaft gerecht werden kann.

Wir danken Herbert von Halem und Julian Pitten für die sehr unkomplizierte und vertrauensvolle Zusammenarbeit sowie den Autor:innen für Ihre Geduld. Wir freuen uns sehr, dass das Buch nun eine publizistische Heimat im Herbert von Halem Verlag gefunden hat.

Die Herausgeber, Köln/Hamburg im Juli 2022

»In die aktuelle Ad-hoc-Politik mit erratisch anmutenden Entscheidungen mischt sich in Krisenzeiten der aktivistische Twitter-Sound vieler Medienmacher: es wird skandiert, gemutmaßt und insinuiert.«

STEPHAN WEICHERT

Apocalypse how? Plädoyer für einen resilienten Journalismus in der Krise

Trägt Twitter eine Mitverantwortung für eine digitale Öffentlichkeit, die rassistische und sexistische Debattenbeiträge duldet? Wie gehen Medienschaffende mit den uns umtreibenden Krisen um? Und was können wir tun, damit die Grenze zwischen Meinungsstärke und Hassrede nicht verschwimmt?

Erving Goffman hat in den 1950er-Jahren daran gearbeitet, zwischenmenschliche Interaktionsrituale zu ergründen: Interessiert hat den kanadisch-amerikanischen Soziologen vor allem, wie manche Zeitgenossen ein gewisses Bild von sich vermitteln, um andere zu beeindrucken:. Diese emotionale gezielte Beeinflussung der Wahrnehmung durch andere bezeichnete Goffman als ›Impression Management‹, sinngemäß: ›Eindruckssteuerung‹.

Goffman wurde spätestens zu seiner Zeit als Professor im kalifornischen Berkeley zur soziologischen Kultfigur, seine Bücher gehören zu den Klassikern der modernen Gesellschaftstheorie. Der Sohn ukrainischstämmiger jüdischer Einwanderer hat sich zeitlebens damit beschäftigt, wie es Menschen gelingt – oder misslingt –, einen Eindruck von sich vorzutäuschen und daran festzuhalten. Ob gegenüber Freunden, Vorgesetzten, Familie oder unter Kollegen: Goffman konnte in seinen Studien nachweisen, dass wir in sozialen Kontakten »alle Theater spielen« – so behauptet der Titel seines 1962 erschienenen Klassikers – und stets eine Maske tragen, um unsere Handlungen wechselseitig zu beeinflussen und zu rechtfertigen.

Illusionierung und Desillusionierung im Digitalen

Goffman, der in diesen Tagen 100 Jahre alt geworden wäre, aber bereits 1982 mit nur 60 Jahren an einer schweren Krebserkrankung in Philadelphia/USA verstarb, hätte der modernen Mediengesellschaft viel zu sagen gehabt. Und sie hätte wahrscheinlich viel von ihm lernen können – etwa, dass Menschen in ihrer Selbstdarstellung gefangen sind, weil ihr Medienpublikum es von ihnen erwartet.

Nun muss man keine soziologischen Hauptseminare besucht haben, um zu verstehen, dass die unzähligen Möglichkeiten der Selbstdarstellung in einer digitalen Kommunikationslandschaft drastische Wesenszüge und Verhaltensmuster hervorbringen können und diese durch die Interaktionsdynamik der sozialen Medien nachhaltig verstärkt werden. Natürlich muss es jeder und jedem völlig unbenommen sein, die Freiheitsgrade der Digitalität zu nutzen und selbst zu wählen, wie man sich präsentieren will. Jedoch hat das digitale ›Impression Management‹ dort Grenzen, wo ein begründeter Manipulationsverdacht besteht.

Als Teil des Social-Media-Geschwaders fällt es selbst Journalisten schwer, sich der opportunen Wahrheitsfindung und kollektiven Normenzuschreibungen zu entziehen. Beides scheint in vielen kontroversen Debatten inzwischen zum guten Ton zu gehören. Goffman hat dafür in seinen späteren Forschungsjahren die Begriffe ›upkeying‹ und ›downkeying‹ eingeführt, die mit ›Illusionierung‹ und ›Desillusionierung‹ ins Deutsche übersetzt werden: Gemeint ist, dass Kommunikationsbeteiligte, z.B. durch zielgerichtete Ironisierung, Irritation oder

Verunglimpfung, sozialen Austausch zum eigenen Vorteil nutzen. In der Erzähltheorie spricht man von Narrativen oder Deutungsmustern, die bestimmten Sachverhalten einfach übergestülpt werden, um die eigene Argumentation zu stützen. Das gilt im Analogen und erst recht im Digitalen.

Digitale Resilienz – für beide Seiten

Eine solche breite Auslegung des journalistischen Selbstverständnisses hat gravierende Auswirkungen auf die publizistische Öffentlichkeit und damit Folgen für die Aufmerksamkeitsökonomie. Kurt Kister hat in einem lesenswerten Essay mit den Lesern der *Süddeutschen Zeitung* seine subjektive Einschätzung geteilt, dass die »Suche nach Schuld und Schuldigen in der gesellschaftlichen Auseinandersetzung deutlich intensiver« werde.

Nach Kisters Beobachtung gelinge es durch die Zersplitterung in viele kleinteilige Milieus immer weniger, über den Gegenstand zu streiten als vielmehr zuallererst und besonders scharf darüber, *wer* streiten dürfe und über die Art *wie* gestritten werde: Solche ›säurehaltigen Metastreits‹ führten dazu, dass zielführende Debatten kaum mehr möglich seien.

Es gibt dafür unzählige Indizien, an denen sich derartige Phänomene in den digitalen Medien beobachten und beschreiben lassen: Corona, der Ukraine-Krieg, Flüchtlinge und die Klimakrise sind nur die auffälligsten Themen, an denen sich emotionale Debatten entzünden. Tagtäglich lässt sich in unterschiedlichen Filterblasen der sozialen Medien beobachten, wie eine ›moralische Ereiferung‹ zuweilen abstruse Formen annimmt und sich viele Menschen deartig gefärbten Debatten entziehen. Auch wenn die Digitalkommunikation nicht schuld sei an dieser Zerstrittenheit, schreibt der ehemalige Chefredakteur der *Süddeutschen Zeitung*, so sind doch deren Wirkmechanismen für dieses Dilemma – sich in einer Demokratie streiten zu wollen, aber keine gemeinsame Ausgangsposition zu finden – mitverantwortlich.

Auch wenn es legitim sein mag, auf Stimmenfang in eigener Sache zu gehen oder eigene Beiträge zu vermarkten: Die Verantwortung des Journalismus hat sich in diesen krisenschweren Zeiten verschoben. Journalisten müssen davon ausgehen, dass Meinungsstärke zunehmend als Bevormundung ausgelegt wird und die Menschen sich scharenweise von etablierten Medien abwenden.

Das Rad, das sich durch die Scheiße dreht

Ein solches Berufsrisiko lässt sich minimieren, wenn wir eine resilienzbezogene Perspektive einnehmen – uns also die digitalen Bühnen mit ihren immergleichen Hauptrollen und Nebendarstellern, ihren Requisiten, der vereinnahmenden, teilweise wirren Dramaturgie und natürlich ihr Publikum genauer anschauen würden. Dass viele Entscheidungen vor allem durch die Regeln opaker Algorithmen provoziert werden, hat sich inzwischen auch unter Fünftklässlern herumgesprochen. Allerdings bleibt die Frage, was sich gezielt dagegen unternehmen lässt – und vor allem: wie.

Im Twitter-Theater wird seit jeher gepöbelt, genörgelt, gegängelt. Viele werfen sich Unverschämtheiten an den Kopf oder lassen sich zu charakterlosen Aussagen verleiten, die sie ihren Mitmenschen niemals in Gesicht sagen würden. Im schlimmsten Falle zieht dies mit zunehmender Regelmäßigkeit Konsequenzen in der realen Welt nach sich, etwa depressive Verstimmungen bei den Betroffenen, Nachstellungen im realen Leben oder die Beeinflussung juristischer Verfahren (wie im Falle von Amber Heart vs. Johnny Depp).

Kister sieht kaum Chancen, den ›Sumpfköpfen‹, die sich regelmäßig in sozialen Medien ausmären, den Hahn abzudrehen – und hier sind, auch wenn Kister das nicht explizit schreibt, offenkundig etliche Berufskolleg:innen mitgemeint. »Ein Rezept für die große Versöhnung der Gesellschaft gibt es nicht«, schreibt er resignierend und rät stattdessen zum Verzicht: »Bewusster Verzicht kann das Klima retten, auch das eigene Mikroklima.« Nicht gleich auf jede Provokation antworten, einige Tage mal keinen Tweet absetzen oder Verlautbarungen retweeten, irgendwann sogar den eigenen Account löschen – das kann Wunder bewirken und würde schon einiges zur Diskurshygiene und zur Entemotionalisierung unserer kaputten Debattenkultur beitragen.

»Twitter ruft das schlechteste in uns Menschen hervor« – so begründete der Publizist Jakob Augstein die Entscheidung, seinen Twitter-

Account mit rund 265.000 Followern zu löschen.[1] Eine saloppe Äußerung bei Twitter hatte ihm einen Shitstorm eingebracht. »Man kann bei Twitter ein großes Rad drehen, aber es ist eben eines, das sich dauernd durch die Scheiße dreht«, merkte Augstein damals gegenüber dem Branchendienst *Medieninsider* an.[2] In den sozialen Medien verbreitete Inhalte oder Nachrichten seien gerade in der Corona-Krise durch »eine Mischung aus Dummheit, Aggression und Mangel an Fantasie« aufgefallen. Das liege auch an einem egomanen Reiz-Reaktionsschema, auf das sich inzwischen nicht gerade wenige Journalisten eingelassen haben.

System von ungleichen Machtverhältnissen

Dass viele Journalisten Twitter als strategischen Kanal aus eigennützigen Motiven nutzen, ist nicht das eigentliche Grundproblem. Auch nicht, dass diese Art der Kommunikation vermutlich weiter an Relevanz gewinnen wird. Entscheidend ist vielmehr, dass die Verschiebung der Machtverhältnisse im Netz in Richtung eines »mob- und botgesteuerten Gruppendenkens« begünstigt wird, wie es der Tech-Journalist und Meinungskolumnist der *New York Times*, Farhad Manjoo, beschrieben hat.

Sich nicht als Steigbügelhalter abseitigen Gruppendenkens zu verdingen, zugleich aber nicht den Anschluss an das Weltgeschehen zu verlieren, wie es sich für die Meinungseliten auf Twitter darstellt – in diesem professionellen Dilemma stecken die Journalisten spätestens seit den öffentlichen Manipulationsversuchen von Donald Trump.

Mehr Selbstkritik im professionellen Journalismus ist auch deshalb wünschenswert, weil in den sozialen Medien immer mehr ein System von ungleichen Machtverhältnissen sichtbar wird: Seine – im Vergleich zu Facebook, YouTube oder Instagram – erheblich geringere Popularität macht Twitter durch ein algorithmisches Belohnungssystem wett, das vor allem diejenigen honoriert, die eine Bearbeitung ihrer Themen mit besonderem moralischem Eifer betreiben. Der Hang zur Selbstdar-

1 Vgl. https://www.welt.de/kultur/medien/article234865702/Jakob-Augstein-ueber-Corona-Journalismus-Podcast.html [23.06.2022]

2 https://medieninsider.com/weshalb-jakob-augstein-jetzt-social-media-aussteiger-ist/2775/ [23.06.2022]

stellung ist so gefährlich, weil die Macht, die damit einhergeht, so verführerisch ist. Experten wie der US-Informatikprofessor Cal Newport von der Georgetown University erkennen bei Twitter ein ›Überwachen-und-Strafen-Prinzip‹: Ein Algorythmus sorgt dafür, dass diejenigen abgestraft werden, die nicht regelmäßig twittern. Die Reichweite ihrer Tweets wird reduziert. Es profitieren wiederum diejenigen, die ihre Meinungen, reflektiert oder nicht, mehrmals am Tag hinausposaunen. Dafür gibt es dann einen Orden in Form eines blauen Häkchens. Erst durch eine Abwendung von diesem Prinzip lässt sich in Netzdiskursen Schlimmeres vermeiden.

Es ist nicht von der Hand zu weisen, dass bei Twitter aktivistische Tendenzen sichtbar werden. Dort, wo journalistische Neutralität geboten ist, können die Medien im Spannungsfeld zwischen Politik, Wissenschaft und Gesellschaft leicht zermalmt und vereinnahmt werden. Allein der Verdacht, dass dort »in erster Linie gefühlte, aber nur selten strukturelle Ungerechtigkeiten verhandelt werden«, wie Andrian Kreye in der *Süddeutschen Zeitung* bemerkt, muss als heikel gelten.

Mehr Respekt, Demut und Wertschätzung – wie soll das gelingen?

Kaum wurde Trump abgewählt und der Plattform für freie Meinungsäußerung verwiesen, hat die Diskussion inzwischen durch ein weiteres Ereignis Fahrt aufgenommen: den beabsichtigten Kauf von Twitter durch Elon Musk. Als im April 2022 öffentlich wurde, dass der Multimilliardär und Tesla-Gründer Twitter für 44 Milliarden Dollar erwerben wolle,[3] ging durch die Medien- und Tech-Branche ein lautes Seufzen und ein Raunen.

Geseufzt haben diejenigen, die Musk nicht für einen größenwahnsinnigen Kapitalisten, sondern für den genialsten Pionier der Digitalära halten. Geraunt haben diejenigen, die der Kritik an Musk nicht müde werden und in der waghalsigen Aktion einen Verrat an der freien

3 https://www.tagesschau.de/wirtschaft/musk-twitter-103.html [23.06.2022]

Meinungsäußerung im Internet (t)witterten. Schlagabtausche gab es anlässlich der bizarren wochenlangen (und noch laufenden) Übernahmeschlacht jedenfalls von beiden Seiten zuhauf, in denen es um Streitigkeiten und allerlei Unterstellungen zu falschen Zahlen und gefälschten Twitter-Bot-Accounts ging.[4]

Äußerst hart gingen vor allem diejenigen mit Twitter (und Musk) ins Gericht, denen die Social-Media-Plattform spätestens seit den Schockwellen um Donald Trumps Wahlsieg oder schon zuvor durch die Brexit-Stimmungsmache suspekt wurde. Christopher Lauer warnte gar vor dem »größten anzunehmenden Internet-Unfall«. In der FAZ bemerkte der ehemalige Chef der Piratenpartei spitz: »Politik und Datenschützer könnten ja auch mal die Frage stellen, wie es sein kann, dass eine Plattform wie Twitter, die private Daten und Nachrichten von 200 Millionen Nutzerinnen und Nutzern speichert, einfach so den Besitzer wechseln kann.«

Es sei eine »äußerst schlechte Idee, eine Plattform wie Twitter privatwirtschaftlich zu betreiben«: Einerseits, so Lauer, sei »Twitter eine Infrastruktur, welche den Dienst bereitstelle, Nachrichten verfassen und lesen zu können«. Anderseits bestimme Twitter, »wie man die Welt wahrnimmt, indem es einem bestimmte Tweets zeigt und andere vorenthält«.[5] (Anmerkung: Twitter ist auch jetzt schon in privater Hand.)

Wie Ex-Pirat Lauer zeigten sich etliche andere besorgt, dass weitreichende Entscheidungen in Bezug auf eine der wichtigsten digitalen Kommunikationsplattformen künftig von jemandem getroffen werden könnten, der in Deutschland vor allem durch seine Presse-Feindlichkeit im brandenburgischen Grünheide aufgefallen ist, wo er sich unablässig zwischen Genie und Wahnsinn, Pioniergeist und Fettnäpfchen bewegte.

Seine misslungenen Einlassungen via Twitter, die forschen Aufrufe im Ukraine-Krieg (»Ich fordere hiermit Wladimir Putin zu einem

4 https://www.welt.de/kultur/medien/article238806153/Twitter-Kauf-Elon-Musk-und-die-dunkle-Seite-des-Regelbruchs.html [23.06.2022]

5 https://www.faz.net/aktuell/feuilleton/debatten/elon-musks-twitter-kauf-ist-eine-katastrophe-17992725.html [23.06.2022]

Kampf Mann gegen Mann heraus«)[6] oder die tollkühnen PR-Stunts zum wirtschaftlichen Nutzen seiner Unternehmen – etwa seine nebulösen Tweets zu Krypto-Währungen[7] –, lassen nichts Gutes erahnen. Die Zukunft von Twitter mit ›Elon‹ könnte ziemlich abenteuerlich werden. Es ist unklar, wie es mit so jemandem an der Spitze eines für die öffentliche Debatte so wichtigen Unternehmens gelingen soll, unsere Diskurskultur respektvoller, empathischer und wertschätzender zu gestalten.

Journalistische Mutationen

Einer der klügsten Kommentare zum geplanten Twitter-Deal stammen von Cal Newport: In dem mit *Unsere fehlgeleitete Besessenheit von Twitter* überschriebenen Essay für den *New Yorker* erklärt der 40-jährige Bestseller-Autor, Twitter sei zum »Spektakel« verkommen, »das von einer kleinen, nicht repräsentativen Gruppe von Eliten angetrieben« werde.[8] Newport beruft sich in seiner Analyse etwa auf einen Artikel in der *New York Times* mit dem Titel *Twitter Under Elon Musk Will Be a Scary Place* von Greg Bensinger: »Twitter war noch nie ein Ort für rationale, nuancierte Rede. Erwarten Sie, dass es viel, viel schlimmer wird.«[9] Jener wiederum zitiert die demokratische Senatorin Elizabeth Warren: »Dieser Deal ist gefährlich für unsere Demokratie.«

Rein ökonomisch betrachtet, meint Newport, seien solche Reaktionen allerdings übertrieben: »Twitter ist eines der am wenigsten erfolgreichen der großen Social-Media-Unternehmen mit Einnahmen, die im vergangenen Jahr mehr als zwanzigmal niedriger waren als das, was Mark Zuckerbergs Meta verdient hat«. Allerdings glaubt Newport auch: »Das Problem mit dieser Plattform ist momentan jedoch, dass zu viele Menschen in Machtpositionen von ihrer stilisierten Gewalt hyp-

6 https://www.sueddeutsche.de/wirtschaft/tesla-elon-musk-automobilindustrie-1.5552283 [23.06.2022]

7 https://www.stern.de/wirtschaft/elon-musk-wird-50-jahre-alt--genie--wahnsinn--manipulation-30580674.html [23.06.2022]

8 https://www.newyorker.com/culture/cultural-comment/our-misguided-obsession-with-twitter [23.06.2022]

9 https://www.nytimes.com/2022/04/25/opinion/editorials/twitter-elon-musk.html [23.06.2022]

notisiert bleiben.« Akademisches Führungspersonal, auch Wirtschaftsbosse würden beim geringsten Hinweis darauf, dass ihre Gegenspieler die digitalen Waffen zückten, umgehend bereit sein, »wilde Veränderungen in der Politik oder an ihrer Praxis vornehmen«, so Newport. Politiker schienen wiederum ihr Verhalten und manchmal sogar ihre Gesetzgebung so zu gestalten, dass sie nicht »ihren Wählern, sondern den radikalisierten Geschmacksmachern der Plattform gefallen«.

Und – natürlich – auch Journalisten spürten die Auswirkungen dieses Drucks: »Für diejenigen, die so viel Zeit ihres Lebens damit verbringen, Nachrichten online zu sammeln und zu teilen, liegt es einfach in der menschlichen Natur, Geschichten durch die Linse zu betrachten, welche Feierlichkeiten oder Verurteilungen sie im Internet erzeugen könnten.« Anders gesagt: Die journalistischen Mutationen lassen sich an den diskursfeindlichen Tendenzen sozialer Medien besonders gut beobachten, wenn tonangebende Selbstdarsteller bei Twitter vorrangig versuchen, die eigene steile These zu stützen.

Im Journalismus verhält es sich damit nicht anders als in anderen Bereichen des öffentlichen Lebens. In die aktuelle Ad-hoc-Politik mit teils erratisch anmutenden Entscheidungen mischt sich gerade in Krisenzeiten der aktivistische Twitter-Sound vieler Medienmacher: es wird skandiert, gemutmaßt und insinuiert – Hauptsache, es stützt die eigene Sichtweise auf die Welt. Es drängt sich der Eindruck auf, dass gerade Journalist:innen zu Höchstform auflaufen, wenn sie eigene Thesen über Social Media publikumswirksam verbreiten – und seien sie noch so meinungsschwer.

Eine gekaufte ›Mediendiktatur‹ kann niemand ernsthaft wollen. Musk wird jedoch genau diese Ambivalenz verschärfen. Vor allem sein Geschäftsmodell lässt den Twitter-Kauf als problematisch erscheinen. Es wird an seiner Selbstvermarktung nicht nur deutlich, warum es riskant ist, wenn das für Journalisten wichtigste soziale Netzwerk in den Händen eines Privatiers wie Musk landet, auch weil die Regularien der Plattform plötzlich von den Launen dieser schillernden Persönlichkeit abhängen. Erstaunlich ist aber auch, dass sich nur ganz wenige Journalisten eingestehen wollen, dass der digitale Wanderzirkus schon seit Jahren dem beschriebenen Reiz-Reaktionsschema erlegen ist. In den kurz aufeinander folgenden Krisen ist der Ton noch schriller geworden, die Agitation hat sich verstärkt. Das Niveau liegt irgendwo zwischen Echo- und Besenkammer.

Helfen Anstandsregeln fürs journalistische Personal?

Insofern ist es vielleicht beruhigend zu wissen, dass professionelle Fehltritte selbst in den besten Medienhäusern vorkommen und jetzt geahndet werden sollen: Auch der britische *Guardian* und die *New York Times* hatten in den vergangenen Jahren vielfach mit Fällen zu tun, in denen Top-Journalisten nach heftigen Social-Media-Querelen gekündigt wurde. Aus Angst vor einer Rufschädigung haben sich die beiden Qualitätszeitungen vor kurzem fast zeitgleich auf neue Anstandsregeln für ihr journalistisches Personal verständigt: Ihnen geht es darum zu vermeiden, dass die persönliche Meinungsäußerung Einzelner mit der offiziellen Position der Häuser verwechselt wird.

Ob Journalismus mit der Verhängung solcher Social-Media-Anstandsregeln nicht noch mehr zur Radikalisierung des gesellschaftlichen Diskurses beiträgt, weiß niemand so genau. Dass es der journalistischen Integrität abträglich sein könnte, ist wahrscheinlicher. Maßnahmen wie diese wecken jedenfalls Erinnerungen an den Ausstieg von Bari Weiss: Die Redakteurin der New *York Times* schmiss im Juli 2020 frustriert ihren Job hin, weil sie der Plattform so viel Einfluss zuschrieb: Twitter sei der »ultimative Herausgeber« der Zeitung geworden.[10]

In einem großformatigen Gespräch mit Axel-Springer-Boss Mathias Döpfner sprach die jüdische Journalistin in der *Welt am Sonntag* über ihre Bedenken hinsichtlich der journalistischen Moralisierungin der Corona-Krise.[11] Ob diese »bewusst helfende Haltung« von Journalist:innen, »besonders konstruktiv zu sein, Leben zu retten und offizielle Regierungsinformationen zu vermitteln« etwas seien, »das das Selbstverständnis des Journalismus langfristig verändern könnte«, wollte Döpfner von

10 https://www.bariweiss.com/resignation-letter

11 https://www.welt.de/kultur/plus236587189/Bari-Weiss-im-Gespraech-Die-meisten-Menschen-haben-genug.html

der 1984 geborenen Weiss wissen: »Gut, wir hatten eine historische Pandemie. Es wird eine weitere Pandemie geben, oder es wird etwas anderes geben, das diese Art von Notfallreaktion mit sich bringen wird. Es wird sich zeigen, ob Journalisten dennoch in der Lage sein werden, eine kritisch-distanzierte Rolle einzunehmen«, so Weiss.

Viele Journalist:innen sind seit dem Krisen-Durcheinander unsicher geworden, fühlen sich zugleich herausgefordert, nicht mehr nur zu sagen, was ist – sondern, darüber hinaus, auch was sie für richtig oder für falsch halten. Sich als moralische Instanz zu positionieren, hat sich gerade in diesen apokalyptischen Zeiten fortgeschrieben.

Man bekommt zuweilen den Eindruck, dass manche Medien nicht die Recherche von Sachverhalten in den Vordergrund stellen, sondern vielmehr bemüht sind, die Vorurteile ihres Publikums zu bedienen: Was für Medien zähle, sei »die Aufrechterhaltung des Narrativs«, sagt Weiss aus eigener Erfahrung. Es liege an jedem Verleger selbst zu sagen: »Ich will mich nicht an dem beteiligen, was so viel andere gerade machen, nämlich die eigenen Leser zu radikalisieren«. Manche jüngeren Kollegen fühlten sich jedoch »unwohl mit Geschichten, die eine andere Sichtweise als die von ihnen intendierte befördern«.

Dass einige Journalisten selbst inzwischen solche Narrative prägen und zusätzlich Öl ins Feuer öffentlicher Debatten gießen, sollte zu denken geben. Der Online-Pranger hat sich zum Umschlagplatz für sogenannten Haltungsjournalismus entwickelt, in dem die eigene Meinung – gewollt oder ungewollt – zur journalistischen Eigenmarke, aber auch schnell als publizistisches Machtinstrument missbraucht wird. Besonders gut lässt sich an engagierten Netzdebatten über Positionen zu Antisemitismus, Rassismus, aber auch Metoo, Gendering und Klimakrise beobachten, wie zuverlässig sich selbst die fachorientierten unter den Journalisten zu emotionalen Schnellschüssen verleiten lassen.

Apocalypse how? Plädoyer für einen digitalen Minimalismus

So hat der Meinungsaustausch im Zeitalter digitaler Kommunikation viele Gesichter und sorgt für unterschiedliche Herausforderungen. Eigentlich benötigen wir wegen der substanzlosen Dialoge im Netz auch so etwas wie eine ›Bullshit-Resilienz‹. Die Corona-Krise hat gezeigt, dass es Journalisten besonders in Ausnahmesituationen schwerfällt, in sozialen Netzwerken neutralen Boden zu wahren. Wo Distanz und Transparenz sinnvoll gewesen wären, haben einige Journalisten über das Regierungshandeln zeitweise zu unkritisch berichtet und die Corona-Politik zu wenig hinterfragt. Eine 2021 von der Rudolf Augstein Stiftung in Auftrag gegebene Studie bestätigt das.[12]

Die aufkommende Kritik lautet: Bis heute nehmen es viele Menschen den Medien übel, dass sie kaum Freiräume für offenen Meinungsaustausch geschaffen haben, dass Andersdenkende anscheinend ausgeblendet wurden oder sich kaum Gehör verschaffen konnten – dafür sprechen auch die Ergebnisse unserer Studie zu ›Digitaler Resilienz‹ (vgl. KRAMP/WEICHERT in diesem Band).

Mit Lippenbekenntnissen allein ist es nicht getan. Die Lehren aus den Krisen der Vergangenheit, vor allem aus der Corona-Pandemie, müssen tiefer gehen, grundsätzlicher. Der Journalist Georg Mascolo sagt, dass »Ungewissheit die verlässlichste Konstante in dieser Krise« sei. Journalisten müssten stets bereit sein, »zu korrigieren, Positionen zu verändern, auf schnelle Schlussfolgerungen zu verzichten« sei unbedingt notwendig. Mascolo macht dies unter anderem an der Diskussion über das Phänomen der ›False Balance‹ fest, die seit dem Impfgeschehen unter Fachleuten geführt wird. Es geht dabei um die Frage, ob die unterschiedlichen Positionen in einer wichtigen Frage *ausgewogen* in Mediendebatten vertreten sind oder ob abseitigen Einzelmeinungen eine zu große Bühne gegeben wird. Die – berechtigte – Sorge ist, dass eine falsche Gewichtung in den Medien die demokratische Meinungsvielfalt in Schieflage bringen könnte. Andererseits: Welches mediale Forum haben dann Minderheiten und Nonkonformisten noch?

Mascolo erkennt in dem tradierten Journalismusverständnis ein Gegengift gegen Social-Media-Plattformen. Diese hätten während Corona »für alle sichtbar ihre toxische Wirkung« entfaltet: »Die Weltkrise beweist bei allen Unzulänglichkeiten, wie unverzichtbar Journalismus

12 https://rudolf-augstein-stiftung.de/follow-the-science/

sein kann.« Mascolo plädiert für solides Handwerk und fordert einen verantwortungsvollen Journalismus: »Je verantwortungsvoller und selbstkritischer Journalistinnen und Journalisten mit ihrer Rolle in dieser Katastrophe umgehen, umso glaubwürdiger wird diese Arbeit sein, die nur der Journalismus zu leisten vermag.«

Im Weitwinkel betrachtet heißt das: Tagtäglich twittern die Eliten aus Politik, Wirtschaft, Kultur und Medien munter die Nachrichtenagenda, verhandeln dort gerne, was richtig ist, was wichtig werden soll. Das soziale Netzwerk bildet inzwischen ein Meinungskonglomerat, das die Frage, was heute demokratische Öffentlichkeit bedeutet, in neuem Licht erscheinen lässt. Vor allem bietet Twitter viel Potenzial zur Manipulation der öffentlichen Meinungsbildung. Wer den aktuellen Hype um NFTs und das Metaverse mitverfolgt, weiß wovon die Rede ist. Dass Twitter damit eine Mitverantwortung für eine digitale Teilöffentlichkeit trägt, in der Kriegstreiberei, Rassenhass und sexistische Mobilmachung vorkommen, darf nicht verschwiegen werden.

Robust durch schwierige Zeiten zu kommen, wird damit für Journalisten immer mehr zur professionellen Schlüsselkompetenz, aber eben auch zur Überlebensfrage. Wenn wir über die Neujustierung von Gesprächen im Netz sprechen, müssen wir, in erster Linie über die Notwendigkeit einer Resilienz der digitalen Gesellschaft nachdenken: Die negativen Effekte, die sozialen Netzwerke auf unseren Alltag, unsere Psyche und unseren gesellschaftlichen Zusammenhalt haben, sind nicht mehr von der Hand zu weisen. Sie sind auch Teil eines hausgemachten Problems der professionellen Medien, die diese Maschinerie befüttern. Deshalb ist ein beherzter ›Call to Action‹, eine echte Auseinandersetzung mit solchen gravierenden Fehlentwicklungen nötig.

Der Informatiker Cal Newport, der in TED Talks gerne über ›Digitale Entrümpelung‹ und ›Digital Detox‹ referiert, ist aus genannten Gründen zu einem von vielen Befürwortern des digitalen Minimalismus geworden: Ihn beschäftigt, wie man es in der durch Digitalisierung abgelenkten Welt schafft, zu arbeiten und bewusster zu leben. Ein verantwortungsbewusstes Handeln gelingt demnach am besten gemeinsam mit Nutzenden, die sich für eine digitale Nachhaltigkeitsbewegung wie der ›Time Well Spent‹-Initiative aus Kalifornien begeistern lassen.

In dieser Perspektive ist erkennbar, dass wir nichts dringender brauchen als eine Debatte über Digitale Resilienz, um die andauernden Krisen und damit zusammenhängende Herausforderungen der Digitalisierung in unserer Gesellschaft zu bewältigen. Es geht darum, kulturelle Mindeststandards für den zwischenmenschlichen Umgang zu finden, auch auf Machendenseite: die ethische Verantwortung und das normative Selbstverständnis der professionellen Medien, auf deren Basis eine menschenwürdige Kommunikation im digitalen Diskursraum gelingt, diese aber auch durch berufsethische Prinzipien wie das Neutralitätsgebot gefördert wird.

Auf Publikumsseite geht es, im Ganzen gesehen, dabei auch um die Anwendung eines digitalen Minimalismus, der mehr Sozialverantwortung, mehr Gemeinwohl und zugleich mehr Vereinfachung in die Dynamiken der Digitalisierung bringt. Darin mitgedacht sollten die Veränderungsprozesse der zurückliegenden Wendepunkte sein – ob nun Corona-Pandemie, der Krieg in der Ukraine, der drohende Klimakollaps oder die schon einige Jahre zurückliegende Finanz- und die Flüchtlingskrise.

Kurzum: Die Krise als neues Normal hat die Gesellschaft und ihre Medien nicht nur Nerven gekostet, sondern neue Energiereserven freigesetzt. Es ist Zeit für eine Medien-Inventur, ein radikales Umdenken. In dieses Nachhaltigkeitskonzept passt ein Journalismus, der den digitalen Minimalismus vorlebt. Dem es gelingt, die Nutzer:innen in der Krise zu Gestalter:innen zu machen, aber selbst nicht zum Gestalter wird. Es geht um nichts weniger als den Anspruch, dass es in der vernetzten Medienwelt weiterhin vorurteilsfreien Journalismus *und* freie Meinungsäußerung geben kann.

»Wir alle wissen, dass die Welt und die meisten Zusammenhänge nicht schwarz-weiß sind. Trotzdem wird von Journalist:innen viel zu oft genau das vorgegaukelt.«

MAREN URNER

Fragen, was wirklich wichtig ist

Warum beschäftigen sich Journalist:innen so viel mit dem ›Wogegen‹ und so wenig mit einem ›Wofür‹? Wir sollten das ändern, sagt die Neurowissenschaftlerin Maren Urner – und plädiert für eine konstruktive Perspektive im Journalismus. Gerade jetzt sei dafür eine gute Zeit.

Ich kann es nicht mehr hören. Ich will auch nicht mehr darüber lesen oder davon sehen: dieses Jammern. Die Medienschaffenden, die wahlweise über das Ende oder den Untergang des Journalismus philosophieren. Ich habe genug von der digitalen Klagemauer der Branche mit teilweise wilden Thesen dazu, wer oder was Schuld daran trägt, dass der Journalismus auf der roten Liste gelandet sei.

Es ist paradox: Wenn es um die mögliche Zukunft des Journalismus geht, bestimmen viel zu oft Sündenbocksuchen, der Fokus auf das, was schlecht läuft und Fehleranalysen den Diskurs. Anders formuliert: Wie können wir eine Zukunft schaffen, wenn wir den Blick vor allem auf die Vergangenheit richten? Wenn wir ständig die Dinge ins Scheinwerferlicht rücken, die wir abschaffen wollen, statt unsere begrenzte Aufmerksamkeit auf das zu fokussieren, was wir in Zukunft haben wollen, also auf die Ziele? Wenn wir unsere Köpfe die meiste Zeit mit dem ›Wogegen‹ beschäftigen statt mit einem ›Wofür‹? Die Kurzantwort lautet in etwa so: Nicht besonders gut!

Dann kam Corona. Nach einem Jahr Pandemie[1] wage ich eine mutige These: Die Corona-Pandemie ist für den Journalismus eine dringend benötigte Intervention. Wenn Journalist:innen diese Chance jetzt nutzen, kann sie den Weg für einen zukunftsorientierten und widerstandsfähigen Journalismus ebnen. Denn die Pandemie hat es geschafft, überall auf der Welt eine Frage in den Fokus zu rücken: Was jetzt? Genau das fordert auch der konstruktive Journalismus, für den ich seit einigen Jahren stehe und eintrete. Ich beschreibe ihn gern anhand von drei Zutaten und wage dies heute entlang von drei Gründen,[2] warum die Corona-Pandemie eine Primetime für konstruktiven Journalismus ist und damit gleichzeitig einen Weg für die Zukunft des Journalismus generell aufzeigt.

Und täglich grüßt die Frage »Wie kann es weitergehen?«

Aus Sicht der Psychologie ist die Pandemie ein globales Trauma, weil sie die Menschheit von einem auf den anderen Tag in vielen oder gar allen Lebensbereichen vor bis dato unbekannte Herausforderungen stellt. Im Frühjahr 2020 war plötzlich nichts mehr wie es war, von den kleinen Alltagsfragen wie dem Weg zur Arbeit bis hin zu den großen gesellschaftlichen Debatten zur Systemrelevanz und der Gestaltung einer nachhaltigen Zukunft auf diesem Planeten. Seitdem beginnen wir unseren Tag morgendlich mit der Frage: »Wie kann es weitergehen?«

Die Frage nach dem ›Was jetzt?‹ ist die erste wichtige Zutat des konstruktiven Journalismus. Dabei ist sie mehr als eine zusätzliche W-Frage, die den journalistischen Standardfragen nach dem ›Wer‹, ›Wann‹ und ›Wo‹ hinzugefügt wird. Sie steht für ein grundsätzliches Umdenken,

1 Am 11. März 2020 rief die WHO die Pandemie aus (https://www.who.int/docs/default-source/coronaviruse/transcripts/who-audio-emergencies-coronavirus-press-conference-full-and-final-11mar2020.pdf?sfvrsn=cb432bb3_2); ich schreibe diesen Text am 12. März 2021.

2 Vgl. eine ausführliche Beschreibung in URNER, M. (2019): *Schluss mit dem täglichen Weltuntergang. Wie wir uns gegen die digitale Vermüllung unserer Gehirne wehren*. Droemer Knaur. https://www.droemer-knaur.de/buch/9621408/schluss-mit-dem-taeglichen-weltuntergang

das sämtliche journalistische Arbeitsschritte betrifft. Was das bedeuten kann, zeigen exemplarisch die zwei folgenden Aspekte jeweils in Verbindung mit der Pandemie.

Worum geht es wirklich?

Der Kontrast könnte kaum größer sein: Ein kleines Virus, das wir mit bloßen Augen nicht sehen können, hat uns auf teilweise schmerzhafte und mit viel Leid verbundene Weise offenbart, worum es im Leben wirklich geht. Gerade in den ersten Monaten der Pandemie haben wir national und international intensiv über Systemrelevanz gesprochen und beraten. Zugrundeliegend war dabei stets die sowohl persönliche als auch gesamtgesellschaftliche Frage: Was ist wirklich wichtig, und was brauchen wir für ein gutes Leben? Die möglichen Antworten darauf haben viel mit Ehrlichkeit zu tun, weil es auch darum geht, Interessen offenzulegen. Bedürfnisse und Ziele können nur gegeneinander abgewogen werden, wenn sie offen diskutiert werden.

Genau darum geht es auch im konstruktiven Journalismus: zukunftsorientiert zu berichten und vor allem entsprechende Fragen zu stellen. Konstruktive Journalist:innen befragen ihre Interviewpartner:innen beispielsweise öfter zu möglichen Ausblicken und Lösungen, statt sich nur auf Aspekte aus der Vergangenheit und Gegenwart zu beziehen. Neben diesem anderen zeitlichen Horizont stellen sie auch inhaltlich andere Fragen. Sie sind nicht auf der Suche nach einfachen Aussagen, die sie möglichst plakativ und polarisierend in Schlagzeilen quetschen können. Stattdessen recherchieren sie umfangreiche Antworten und sind offen für neue Perspektiven.[3]

3 MCINTYRE, K.; GYLDENSTED, C. (2017): Constructive Journalism: An Introduction and Practical Guide for Applying Positive Psychology Techniques to News Production. In: *The Journal of Media Innovations*, 4(2), S. 20-34. https://doi.org/10.5617/jomi.v4i2.2403

»Geht nicht!« – gibt's nicht!

Als unser Leben im Frühjahr 2020 zum Stillstand kam, waren wir gleichzeitig auf sämtlichen Ebenen überfordert. Was zunächst paradox wirken mag, lässt sich psychologisch leicht erklären. Plötzlich funktionierten alle unsere Gewohnheiten und Routinen nicht mehr. Unser Gehirn musste sehr viel Energie darauf verwenden, neue Denk- und Verhaltensweisen zu entwickeln. Aus neurowissenschaftlicher Sicht sind Gewohnheiten und die damit einhergehenden Automatismen nichts weiter als ein praktischer Energiesparmechanismus. Im Umkehrschluss bedeutete das auch, dass die gern genutzte Pauschal-Absage »Das haben wir noch nie so gemacht. Das geht nicht!« ihre Gültigkeit verloren hat. Egal, ob es um gestoppten Flugverkehr, Homeoffice oder Digitalkonferenzen ging.

Auch der konstruktive Journalismus bricht mit journalistischen Gewohnheiten, weil kreative und mutige Antworten auf die »Was jetzt?«-Frage meist mit einem Umdenken und Andersmachen zu tun haben. Als Eselsbrücke nenne ich gern drei ›Ns‹, die Journalist:innen dafür brauchen:

- Naivität, die es ermöglicht, vermeintlich einfache – oder ›dumme‹ – Fragen zu stellen. So können fest Verankertes hinterfragt und neue Perspektiven ermöglicht werden.
- Nachsicht mit anderen Menschen, inklusive deren Überzeugungen, Wünschen und Empfindungen sowie die Nachsicht mit sich selbst, wenn es um die eigenen Ansprüche und den Mythos der Unfehlbarkeit geht.
- Zuletzt und vielleicht am wichtigsten: Neugier! Eine Fähigkeit, die ich vor allem bei jungen Journalist:innen beobachte und die dann häufig auf dem Weg auf der Karriereleiter verloren zu gehen scheint.

Der Ton macht die Musik

Die Pandemie lässt uns nicht nur über systemrelevante Berufe diskutieren, sondern verlangt uns auch große Entscheidungen ab, meist gekoppelt an die Frage: öffnen oder schließen? Drumherum führen

Vertreter:innen aus Politik, Wirtschaft und Kultur Diskussionen, die uns nahelegen, wir müssten uns je nach Kontext zwischen Freiheit und Sicherheit oder zwischen Wirtschaft und Gesundheit entscheiden. Dabei haben bestimmte Wörter längst nicht mehr nur eine politische Färbung, sondern stehen häufig für eine Weltanschauung und lösen so bei Rezipient:innen bestimmte Reaktionen aus.

Die zweite wichtige Zutat des konstruktiven Journalismus fasse ich gern mit einem Begriff zusammen: Auswirkungen. Gemeint ist die Erkenntnis, dass jede Information, die ein Mensch wahrnimmt, Auswirkungen auf ihn hat. Stärker noch: Jeder Gedanke – häufig angeregt durch mediale Inhalte – verändert unser Gehirn; wir können uns nicht nicht verändern. Das zu akzeptieren, scheint vielen Medienschaffenden extrem schwer zu fallen, da sie auf Biegen und Brechen an der Wunschvorstellung eines objektiven Journalismus festhalten.[4]

Das bringt mich zurück zur Diskussion um Freiheit und Sicherheit, die wir in Zeiten von Corona unweigerlich führen müssen. Sie führt uns anschaulich vor Augen, dass Wörter und damit Nachrichten nur darum eine Bedeutung haben, weil wir bestimmte Assoziationen und Werte mit ihnen verbinden. So macht es einen Unterschied, ob wir von der Corona-Krise oder von der Corona-Pandemie, von Corona-Hilfen oder Corona-Zuschüssen lesen, hören und sprechen.

Vertreter:innen des konstruktiven Journalismus haben nicht nur ein Bewusstsein dafür, dass sie niemals objektiv »sagen (können), was ist«, sondern sind sich vor allem auch der enormen Verantwortung bewusst, die sie aufgrund ihrer Arbeit automatisch haben. Beginnend mit der Tatsache, dass sie als Sender:innen die Gehirne und Weltbilder ihrer Rezipient:innen stets verändern. Als konstruktive Journalist:innen kennen sie außerdem die grundlegenden kognitiven Biases wie den ›Negativity Bias‹ und den ›Confirmation Bias‹. Der erste beschreibt die bevorzugte und schnellere Verarbeitung unseres Gehirns von Negativem. Der zweite ist Teil unseres psychologischen Immunsystems: Wir alle verarbeiten Informationen so, dass sie unsere bisherigen Überzeugun-

4 URNER, M.; LANGESLAG, H. (2018, March 6): Warum Objektivität eine Fata Morgana ist. In: *Perspective Daily*. https://perspective-daily.de/article/475/H2CuAuQ3 [8.6.2022]

gen festigen. Die eigenen Wahrnehmungen kritisch zu hinterfragen ist anstrengender. Das alles sehen konstruktive Journalist:innen aber nicht als Beschränkung, sondern als Auftrag zum kritischen Denken – für sich selbst und selbiges bei anderen anzuregen.

Den Grautönen auf der Spur

Sieben-Tage-Inzidenzen und R-Werte, Aerosole und Tröpfcheninfektion, Antikörper und RNA-Impfung: Gern wird das bunte Um-Sich-Werfen mit Begrifflichkeiten rund um die Corona-Pandemie als kritische Warnung auf die wachsende Zahl an Hobby-Virolog:innen, -Epidemiolog:innen und (mit Beginn der Impfungen) -Immunolog:innen ausgesprochen. Klar geht da auch einiges durcheinander. Viel wichtiger – nicht nur aus Sicht meiner These, die Corona-Pandemie als Chance für mehr konstruktiven Journalismus zu nutzen – erscheint mir die Hinwendung zu einer wissenschaftlichen Denkweise.

Genau darum geht es bei der dritten und letzten Zutat: den Grautönen. Wir alle wissen, dass die Welt und die meisten Zusammenhänge nicht schwarz-weiß sind. Trotzdem wird von Journalist:innen viel zu oft genau das vorgegaukelt. Da ist eine Maßnahme ›gut‹ oder ›schlecht‹, da haben Menschen ›recht‹ oder ›unrecht‹. Am schlimmsten sind solche binären Darstellungen, wenn sie außerdem nicht thematisieren, was das eigentliche Ziel ist (siehe Zutat Nummer 1 »Worum geht es wirklich?«).

Das Stichwort der Grautöne motiviert konstruktive Journalist:innen, einzuordnen und so Komplexität abzubilden. Das bedeutet auch, mit Unsicherheiten umzugehen und Fehler zu kommunizieren. Zwei wichtige Aussagen, die dabei zentral sind, lauten »Ich weiß es nicht!« und »Ich habe mich geirrt!« So erinnert diese dritte Zutat der Grautöne am stärksten an gute Forschung und die daran gekoppelte Erkenntnis: Wissenschaft ist kein Zustand, sondern ein Prozess. Spätestens das sollte uns allen vor Augen führen: »Das war schon immer so!« ist kein besonders gutes Argument, wenn wir wirklich über die Zukunft sprechen und berichten wollen.

»Eine Ähnlichkeit zwischen Covid-19 und Klimakrise besteht darin, dass beide meist lokal erlebt werden, aber nur global überwunden werden können.«

WOLFGANG BLAU

Jeder wird bald Klimareporter sein

Die Klimakrise wird das am härtesten umkämpfte Themenfeld im Journalismus, prophezeit der Medienmanager Wolfgang Blau. Er erklärt, wie Redaktionen sich darauf vorbereiten können, indem sie die richtigen Lehren aus der Covid-Berichterstattung ziehen.

Im Januar 2020 berichtete die BBC über einen neuen, »mysteriösen« Virus in Wuhan, China. Seither haben Nachrichtenorganisationen auf der ganzen Welt wichtige Erfahrungen in der Berichterstattung über Covid-19 gesammelt. Diese Erfahrungen könnten jetzt auch für den Klimajournalismus wertvoll werden.

Noch nie in der Geschichte des modernen Nachrichtenjournalismus hat ein Wissenschaftsthema – die Geschichte einer Pandemie, ihrer Prävention und Eindämmung – die Nachrichtenagenda so lange dominiert wie Covid-19. Als ich Wissenschaftsjournalisten gefragt habe, ob ihnen ein Präzedenzfall dafür einfalle, erwähnten einige den Wettlauf ins All zwischen der ehemaligen Sowjetunion und den USA, vom Sputnikschock 1957 bis zur Mondlandung 1969. Doch auch wenn die Raumfahrt damals enorme mediale Beachtung fand – ihre Auswirkung auf das tägliche Leben ist nicht mit der Covid-19-Pandemie zu vergleichen.

»Die letzten Monate waren für unseren Newsroom ein großer Schritt«, sagt Sven Stockrahm, Leiter des Wissensressorts von Zeit Online. »Natürlich war unser Arbeitspensum enorm, wir freuen uns aber auch, wie normal es jetzt für alle Teams in unserer Redaktion geworden ist, sich mit der Wissenschaftsredaktion abzustimmen, bevor sie eine Geschichte zu Covid-19 veröffentlichen. So viel interdisziplinäre Zusammenarbeit mit unserer Wissenschaftsredaktion ist neu«, sagt Stockrahm. Und sie könnte ein Modell dafür sein, wie Nachrichtenorganisationen in Zukunft über die Klimakrise berichten.

Nachrichten, Reportagen und Analysen zur Klimakrise kommen bisher vor allem aus den Ressorts Wissenschaft, Politik und Wirtschaft. Einige wenige Nachrichtenorganisationen haben aber schon verstanden, dass die Klimakrise kein gewöhnliches Thema ist, sondern ganz grundlegende Fragen aufwirft, die alle gesellschaftlichen Bereiche betreffen. Die Berichterstattung über den Klimawandel sollte deshalb möglichst alle Teams einer Redaktion einbeziehen, also beispielsweise auch Journalistinnen und Journalisten aus den Ressorts Kultur, Finanzen, Immobilien, Lifestyle, Technologie, Mode, Gesundheit und Sport.

Wenn etwa der Sportjournalismus finanzielle Aspekte eines Spielertransfers, eines Vereins oder Turniers erwähnt, wundert sich kaum jemand über Finanzjournalismus im Sportressort. Es ist höchste Zeit, dass die Klima-Aspekte einer Nachricht oder Reportage mit der gleichen Selbstverständlichkeit und in allen Ressorts auftauchen.

»Wir wenden die Lektionen aus der Covid-19-Pandemie nicht an, wo wir eine globale Krise haben und die gesamte Nachrichtenredaktion mobil macht, um über diese Krise zu berichten«, sagte Emily Atkin, Umweltreporterin und Herausgeberin des Newsletters *Heated* kürzlich in einem Interview mit CNN. »Wir verstehen, dass die Pandemie jeden einzelnen Bereich unseres Lebens infiltriert«, so Atkin weiter. »Es gibt heute keine Entschuldigung für Reporter, die die grundlegenden wissenschaftlichen Fakten von Covid-19 nicht verstehen. Warum ist das beim Klimawandel nicht genauso? Jeder sollte ein Klimareporter sein. Und wenn Sie jetzt noch kein Klimareporter sind, werden Sie es bald sein, ob es Ihnen klar ist oder nicht.«

Der überfällige Erwerb von Grundwissen zum Klimawandel über die Ressorts hinweg ist aber auch weiterhin kein Ersatz für Wissenschaftsjournalisten in den Redaktionen. Im Gegenteil: Es ist zu erwarten, dass die Klimakrise und die Diskussion um unsere Antworten darauf das am härtesten umkämpfte Themenfeld im Journalismus werden. Die Bedeutung von Wissenschaftsjournalisten für alle anderen Teams im Newsroom nimmt deshalb eher noch zu.

Lehren aus der Berichterstattung

Was sind weitere mögliche Lehren aus der Berichterstattung über Covid-19 für die Berichterstattung über die Klimakrise? Für eine funktionierende Corona-Berichterstattung müssen Leser, Zuschauer und Zuhörer zumindest ein paar wenige, grundlegende wissenschaftliche Fakten und Kennzahlen der Pandemie kennen: Wie läuft die Ansteckung über Aerosole ab? Was ist eine nationale Impfrate, und was bedeuten die regelmäßigen Aktualisierungen der ›7-Tage-Inzidenzwerte‹ in vielen Ländern oder der ›R-Werte‹ in Großbritannien?

Viele große Nachrichtenmedien scheinen zumindest einige dieser Basisfakten und Metriken innerhalb weniger Monate etabliert zu haben. Dies gelang ihnen durch konsequente Wiederholung, durch gut sichtbare Erklärmodule in ihren Texten und durch prominent platzierte, dynamisch aktualisierte Grafiken auf ihren Sites. Die Pandemie hat auch einige herausragende Beispiele von interaktivem Journalismus hervorgebracht, die Basiswissen zum Virus und seiner Übertragung vermitteln.

Damit Nachrichtenorganisationen effektiver über die Klimakrise informieren können, sind sie ebenfalls darauf angewiesen, dass ihr Publikum zumindest Basiswissen zum Klimawandel erwirbt. Ohne solche Kenntnisse – etwa über den vielfach stärkeren Treibhaus-Effekt von Methan verglichen mit dem von CO2 oder über den so oft unterschätzten Anteil der Landwirtschaft an den Gesamtemissionen eines Landes – ist es kaum möglich, als Leserin oder Leser eine Nachricht zur Klimakrise einzuordnen. Jedes Ressort funktioniert auf der Annahme eines solchen Basiswissens auf Leserseite, etwa im Sportjournalismus, der sich darauf verlassen kann, nicht in jedem Spielbericht noch einmal die grundlegenden Spielregeln erklären zu müssen.

Vom Covid-Journalismus zu lernen, könnte also bedeuten, dass Nachrichtenorganisationen nur eine kleine Anzahl von Schlüsselkennzahlen für die Klimakrise auswählen, zum Beispiel den globalen CO2-Wert in ppm und den prozentualen Anteil der erneuerbaren Energien am nationalen Energiemix des eigenen Landes. Diese wenigen Kennzahlen wiederholen, erklären und aktualisieren sie dann regelmäßig. Bloomberg Green experimentiert bereits damit, ausgewählte Klimadaten in alle seine Texte einzubetten. Der britische *Guardian* veröffentlicht in seiner täglichen Print-Ausgabe globale CO_2-Werte. Die Klimakompetenz des Publikums könnte dann im Laufe der Zeit mithilfe repräsentativer Leserumfragen gemessen werden – oder auch mit Klimaquizzen, wie es sie bei *Financial Times*, *Washington Post* oder, in lokalisierter Version, beim Radiosender WBUR-Boston gibt.

Andere mögliche Lehren aus der Covid-Berichterstattung für die Klima-Berichterstattung sind eher kultureller Art: Seit Beginn der Pandemie haben Journalisten wertvolle Erfahrung darin gesammelt, die oft konfliktreichen Beziehungen zwischen Regierungen und ihren wissenschaftlichen Beratern zu beobachten und einzuordnen. Wenn jetzt der Klimawandel zentrales Thema in nationalen Wahlkämpfen wird und sich Debatten über den ›Green New Deal‹ in den USA und den europäischen Green Deal verschärfen, dürfte sich diese Erfahrung im Spannungsfeld von Politik und Wissenschaft als nützlich erweisen.

Auf die Frage, welche weiteren Veränderungen er sich nach über eineinhalb Jahren Berichterstattung über Covid-19 in seiner Redaktion wünschen würde, sagt Wissenschaftsredakteur Sven Stockrahm: »Ich würde mir mehr Wertschätzung für die Tatsache wünschen, dass das Hinterfragen von Wissenschaft selbst Kernbestandteil von Wissenschaft ist. Es ist ein falsches Verständnis von Wissenschaft, wenn Journalisten auf definitive Antworten von Wissenschaftlern oder auch von uns Wissenschaftsjournalisten bestehen.«

Diese Anerkennung wissenschaftlicher Meinungsverschiedenheiten sollte aber natürlich nicht mit einer Ablehnung von Wissenschaft verwechselt werden. Wie eine im Magazin *Nature Communications* veröffentlichte Analyse von rund 100.000 Artikeln englischer Print- und Digitalmedien zum Thema Klimawandel gezeigt hat, läuft der Journalismus eher Gefahr, den längst etablierten wissenschaftlichen Konsens zum Klimawandel und seinen menschengemachten Ursachen nicht korrekt abzubilden.

Internationale Umfragen von Pew Research Center, Reuters Institute und den Vereinten Nationen zeigen in den meisten Ländern eine breite gesellschaftliche Anerkenntnis der Risiken, die uns aus der globalen Erwärmung entstehen. Die USA liegen hier allerdings hinter Deutschland, Frankreich und Großbritannien, was auch bei der Beobachtung des US-amerikanischen Klimajournalismus in Deutschland nicht vergessen werden sollte. Im Vergleich zu Deutschland muss in den USA immer noch mehr journalistische Energie in die Verteidigung grundlegender klimawissenschaftlicher Fakten investiert werden als in die dringende Diskussion über Strategien zur Bekämpfung der Klimakrise.

In einer Umfrage des Reuters-Instituts im Jahr 2020 gaben 56 Prozent der Befragten in den USA an, dass der Klimawandel sehr oder äußerst ernst sei. In einer Umfrage von Pew Research sagten 60 Prozent der Befragten in den USA, der globale Klimawandel sei eine große Bedrohung. Und in der jüngsten Umfrage der Vereinten Nationen zeigten sich 65 Prozent in den USA überzeugt vom Klimanotstand – verglichen mit 81 Prozent in Großbritannien und Italien und 77 Prozent in Frankreich und Deutschland.

Journalistinnen und Journalisten sollten ihr Publikum jedoch nicht als zweigeteilt betrachten: hier die Mehrheit derjenigen, die die Klimawissenschaft anerkennen, und dort die Minderheit derer, die sie ablehnen. Einen nuancierteren Ansatz schlagen die Psychologen Anna Klas und Edward J. R. Clarke vor. Sie empfehlen, bei der Kommunikation über den Klimawandel die spezifischen Überzeugungen, Identitätsbegriffe und politischen Ideologien innerhalb sechs verschiedener Meinungsgruppen zum Klimawandel zu berücksichtigen, die bereits 2009 definiert wurden: die Alarmierten, die Besorgten, die Vorsichtigen, die Desinteressierten, die Zweifler und die Leugner. Das Program on Climate Change Communication der Universität Yale in den USA bezeichnet diese sechs verschiedenen Gruppen als »Global Warming's Six Americas« und hat sogar einen Test entwickelt, mit dem Sie herausfinden können, zu welcher Gruppe Sie gehören.

Der Umweltwissenschaftler und Autor Dana Nuccitelli beschreibt fünf Stufen, in denen sich die Leugnung von Covid-19 und Klimakrise ähneln: Nach dem anfänglichen Leugnen des Problems werden zunächst andere für sein Entstehen verantwortlich gemacht. In der nächsten Phase wird das Problem verharmlost. Abschließend, wenn die Folgeschäden nicht mehr zu leugnen sind, wird das Problem dann plötzlich als unlösbar dargestellt und als ein Schicksalsschlag, der nun eben erduldet werden müsse.

Eine weitere Ähnlichkeit zwischen Covid-19 und der Klimakrise besteht darin, dass beide Krisen meist lokal erlebt werden, aber nur global überwunden werden können – was dem Journalismus zwei Abstraktionsgrade gleichzeitig abverlangt. Systemisch überlappen sich die Krisen zudem an mindestens zwei Stellen: erstens im Verlust tierischer Lebensräume durch den Klimawandel, der zu einer Zunahme von Zoonosen wie Covid-19 führt, und zweitens in der Tatsache, dass sowohl der Mangel an Impfstoffen in den ärmeren Ländern der Welt als auch die viel größere Verwundbarkeit dieser Länder gegenüber Klimaveränderungen alle bisherigen Bekenntnisse der reichen Länder zu mehr globaler Gerechtigkeit infrage stellen.

Der offensichtlichste Unterschied zwischen Pandemie und Klimakrise ist hingegen, dass die Risiken durch die Klimakrise sowie die notwendigen Veränderungen, die sie uns abverlangt, um ein Vielfaches größer sind als die Herausforderungen der Covid-Pandemie. Die Hitzewellen und Starkregen-Katastrophen dieses Sommers sind voraussichtlich nur ein Vorgeschmack auf die Extreme kommender Jahre.

Unterschiedliche Zeithorizonte

Ein weiterer wesentlicher Unterschied sind die verschiedenen Zeithorizonte beider Phänomene. Die gängige journalistische Grundannahme für Covid-19 ist, wie bei jeder tödlichen Epidemie, dass wir auf sie eines Tages als eine Herausforderung zurückblicken können, die wir überwunden haben. Für die Klimakrise gilt die Annahme, dass die Menschheit zwar noch die Chance hat, das Klima wieder zu stabilisieren, dass zugleich aber niemand, der heute lebt, das Ende jener Herausforderungen erleben wird, die die menschengemachten Treibhausgase bereits verursacht haben. Für Journalisten ist das eine schwer zu vermittelnde Realität.

Susan Hassol, Expertin für die Kommunikation des Klimawandels, und Michael E. Mann, Klimatologe und Bestsellerautor, warnten bereits 2017 davor, dass Weltuntergangsszenarien so schädlich seien wie die völlige Leugnung des Klimawandels und Leser eher vertreiben würden als sie zu informieren. Das Yale Center for Environmental Communications empfiehlt stattdessen, schonungslos über die Herausforderungen der Klimakrise zu berichten und gleichzeitig glaubwürdige Lösungsansätze zu präsentieren.

Beim Umgang mit gezielten Falschinformationen, die sich gegen ihre Inhalte oder sogar einzelne Redakteure richten, sollten Nachrichtenorganisationen auch sehr deutlich zwischen den Themen Covid und Klimakrise unterscheiden: Die finanziellen Interessen an einer Diskreditierung der Klimawissenschaft und an einer Verzögerung des Ausstiegs aus fossilen Energieträgern dürften um ein Vielfaches größer sein als die an der Verhinderung von Maßnahmen gegen Covid-19. Für Redaktionen, die regelmäßig über Aspekte der Klimakrise berichten, sollte es deshalb selbstverständlich sein, ihre Mitarbeiterinnen und Mitarbeiter im Umgang mit oft professionell betriebener Desinformation zu schulen.

Eine typische Frage von Lesern an Redakteure zum Thema Klimawandel lautet: »Was kann ich tun? Welchen persönlichen Beitrag kann ich leisten, um den Klimawandel zu verringern?« Auch hier unterscheidet sich die Klimakrise bisher von der Pandemie. Besonders in Ländern, in denen Impfstoffe und Masken früh verfügbar waren, gab es – trotz einer kleinen Minderheit lautstarker Covid-Leugner – schon in den ersten Monaten der Pandemie so etwas wie ein gesellschaftliches Einverständnis über die praktischen Dinge, die jeder tun sollte, um die Pandemie einzudämmen: Maske tragen, Hände waschen, Abstand halten und sich schließlich impfen lassen.

Die Pandemie hatte in vielen Ländern auch ihre frühen Idole und Helden, die Krankenschwestern, Ärztinnen und Ärzte, um die herum ein Land gemeinsame Momente der Wertschätzung und Besinnung erleben konnte. In der Klimakrise fehlen solche kollektiv vereinbarten Verhaltensweisen und kulturellen Gesten noch weitgehend.

Für Nachrichtenorganisationen, die ein junges Publikum erreichen wollen, weisen Covid-19 und die Klimakrise auch Risikoprofile auf, die geradezu spiegelbildlich zueinanderstehen: Während ältere Menschen durch Covid-19 viel stärker gefährdet sind als junge Menschen, sehen sich junge Menschen in ihrer verbleibenden Lebenszeit mit viel größeren

Herausforderungen und potenziellen Härten durch den Klimawandel konfrontiert als ältere Menschen.

Diese unterschiedlichen Risikoprofile und Zeithorizonte der beiden Krisen könnten auch ein Grund dafür sein, weshalb die meisten Regierungen auf die Covid-19-Pandemie viel entschiedener reagiert haben als auf die Klimakrise – auch mit Blick auf die Staatsverschuldung, die sie dafür in Kauf nehmen. In einem typischen Wahlzyklus von vier oder fünf Jahren betrachten die meisten Politiker die Klimakrise immer noch als etwas, mit dem sich zukünftige Politiker stärker befassen sollten, als sie es tun, während sie ihre Chancen auf Wiederwahl zerstört hätten, wären sie die Pandemie nicht sofort angegangen.

Insgesamt sollten sich Journalistinnen und Journalisten von einem Ergebnis des Reuters Digital News Reports 2021 ermutigt fühlen: In diesem letzten Jahr der konsequenten Berichterstattung über die Pandemie – einem sehr komplexen, oft beängstigenden Thema – ist das Vertrauen in die Nachrichtenmedien wieder gewachsen, im Durchschnitt um sechs Prozentpunkte und in Deutschland sogar um acht Prozentpunkte. Für Nachrichtenorganisationen dürfte es kaum einen direkteren Weg geben, um für junge Leser, Zuschauer und Zuhörer relevant zu sein, als jetzt damit zu beginnen, mindestens ebenso intensiv über die Klimakrise zu berichten wie über Covid-19.

»Ich glaube daran, dass guter Journalismus helfen kann, Dinge zu verändern. Und dafür müssen wir, die in den Redaktionen sitzen, Veränderungen mit offenen Armen begrüßen.«

ANNA PAARMANN

Viel konsequenter digital ausrichten

Wie kann es gelingen, über Jahrzehnte gewachsene Strukturen und Workflows einzureißen und eine Redaktion klug digital aufzustellen? Mit dieser Frage hat sich Anna Paarmann, Mitglied der Redaktionsleitung bei der Landeszeitung für die Lüneburger Heide, in der Corona-Zeit intensiv beschäftigt – und festgestellt: Das ist eine Mammutaufgabe. Aber eine, die sich nicht länger aufschieben lässt, wenn Redaktionen konkurrenzfähig bleiben möchten.

Online-Journalismus ist faszinierend. Musste ich früher, wenn ich mich in ein Thema hineingegraben und den Artikel aufgeschrieben hatte, warten, bis ich am nächsten Tag die Zeitung in meinen Händen hielt, kann heutzutage alles sofort raus. Unmittelbar, wenn es geschieht. Für mich ist das Interagieren in sozialen Netzwerken völlig normal. Dabei gehöre ich nicht zu einer der Generationen, für die in der Jugend das Digitale normal war. Als wäre es gestern gewesen, erinnere ich mich, wie es plötzlich unter dem Weihnachtsbaum klingelte. Unverkennbar der Ton eines Nokia 3310, besondere Funktion: das Kult-Spiel *Snake*. Ich bin völlig ausgeflippt. SMS-Schreiben und Telefonieren war teuer. Mir wurde das Taschengeld gestrichen, als ich SMS so nutzte wie Whatsapp heute und auf der Rechnung ein mittlerer dreistelliger Betrag stand. Immer wenn ich aus Versehen auf den Internet-Globus gekommen bin, ist mir das Herz stehen geblieben. Meine Netzwerke waren viele Jahre SchülerVZ und ICQ. Meine kleine Schwester, Jahrgang 2006, wächst mit Whatsapp, Snapchat, Instagram und Co auf. Generation Y versus Generation Z. Auf Instagram habe ich mein erstes Bild am 22. September 2013 gepostet. Da gab es die Plattform schon drei Jahre. Heute ist dieser Kanal mein tägliches Brot. Er bietet dem Journalismus so viele Wege, mit Nutzern in Kontakt zu treten.

Veränderung macht Angst

Was hat der Ausflug in meine Jugend nun mit der Frage zu tun, die ich anfangs gestellt habe? Es ist nichts Neues, Strukturen über Bord zu werfen und Workflows zu überdenken. Allein die Ankündigung des Vorhabens löst in vielen Köpfen schon Blockaden aus. Verständlich! Veränderung macht Angst. Was heute Reporter sind, waren vor einigen Jahren Generalisten, die mehrere Rollen hatten: Reporter, Redakteur, Blattmacher, Korrektor. Ein Redakteur war für eine Seite zuständig, seine Seite. Vielleicht wird so klar, warum es auch heute noch bei vielen Kollegen eine starke Identifizierung mit Print gibt. Ich kann das nachvollziehen. Trotz der Selbstverständlichkeit, Insta-Stories zu posten und zu twittern, würde ich einen Kindle niemals einem Buch vorziehen. Aber ich bin Journalistin geworden, um Menschen zu informieren, ihnen zuzuhören, ihre Geschichten aufzuschreiben. Ich glaube daran, dass guter Journalismus helfen kann, Dinge zu verändern. Und dafür müssen wir, die in den Redaktionen sitzen, Veränderungen mit offenen Armen begrüßen. Die Welt wandelt sich, die Print-Leserschaft wird immer älter, und es wächst eine Generation nach der nächsten heran, die auf völlig andere Weise Nachrichten konsumiert. Von allein finden die wenigsten zu den Angeboten der Lokalzeitung. Selbst wenn diese das Privileg hat, Platzhirsch zu sein.

Trennung in Reporter und Editoren

Es ist daher dringend an der Zeit, dass all jene Redaktionen, die ihre Arbeitsweisen noch nicht auf ›digital first‹ umgestellt haben, das schleunigst tun. Es gilt, historisch gewachsene Strukturen und Denkweisen ad acta zu legen: feste Ressortgrenzen, Einzelbüros, die Skepsis gegenüber Online, autonome Themenplanung, den Anspruch, dass ein guter Redakteur von 10 bis 19 Uhr ›den Laden hüten muss‹. Um auf das Generalistenthema zurückzukommen: Redakteure haben schon einige Veränderungen mitgemacht. Im Jahr 2010 gab es in den ersten deutschen Redaktionen Entwicklungen weg vom Silo-Prinzip, das angelsächsische Modell der prinzipiellen Trennung zwischen Reportern und Editoren wurde hier und da eingeführt. Reporter recherchieren und schreiben, Editoren produzieren, organisieren und planen. Newsrooms oder Newsdesks wurden geschaffen, in denen beziehungsweise an denen die Inhalte aller Kanäle zusammenlaufen, Entscheidungen gefällt werden, was wann wo publiziert wird. Heute gibt es Audience Developement, Retention, Content und Conversion Manager, SEO-Spezialisten. Dass diese Bezeichnungen Skepsis wecken, ist nachvollziehbar. Was verbirgt sich dahinter? Muss ich das auch können? Wie sehr wird sich mein Beruf verändern? Solche Sorgen müssen ernst genommen werden.

Transformation ist ein Begriff, der nicht in jedem Redaktionsmitglied positive Gefühle weckt. Es hilft nur: erklären, erklären, erklären und ermutigen. Alle wird man nicht bekehren können, diese Annahme ist ein häufiger Fehler von Führungskräften in Veränderungsvorhaben. Die Forschung geht von drei Gruppen aus: 20 Prozent Veränderungswillige, 20 Prozent Bewahrer und 60 Prozent *fence sitter*, also unentschlossene Zuschauer. Der größte Hebel liegt in der größten Gruppe, diese ist potenziell veränderungswillig. Diese Mitarbeiter darüber zu informieren, wohin der Weg führt und warum er gegangen werden muss, kann Auswirkungen auf das gesamte Team haben. Dagegen ist es fast unmöglich, die Bewahrer zu bekehren. Aber: Auch diese Gruppe muss informiert werden. Gerade in kleineren Redaktionen kommt es auf jeden Einzelnen an, die Devise ›dann halt ohne dich‹ lässt sich kaum umsetzen.

Der Newsdesk wurde zur Schaltzentrale

Um grundlegende Veränderungen herbeizuführen, ist es wichtig, dass die Führungsebene einen Rahmen dafür schafft und Vertrauen in eine

Gruppe von Personen legt, die die digitale Transformation zu ihrer Hauptaufgabe erklärt. Bei der LZ gibt es ein solches vierköpfiges Team seit etwa eineinhalb Jahren. Hauptarbeit des Jahres 2020 waren die Vorbereitungen für die Einführung des Paid-Content-Modells. Treiber war und ist die Corona-Pandemie. Sie hat die Probleme aufgezeigt. Natürlich war die größte Herausforderung zunächst die radikale Entwicklung hin zum dezentralen Arbeiten und die Frage, was es für Workflows bedeutet, wenn das Team nicht mehr an einem Ort zusammenkommt.

In Lüneburg gab es den ersten Coronafall am 11. März 2020. Die Zugriffszahlen vervierfachten sich von einem auf den nächsten Tag. Die Onlineredaktion war Tag und Nacht gefordert, die Reporter lieferten von morgens bis abends Absätze für den Newsticker auf der Homepage, Hintergründe und mehr. Eine Paywall gab es noch nicht. Für Skepsis blieb keine Zeit. Wie sollten wir auch die Information, dass mit einem Lüneburger Gymnasium die erste Schule Deutschlands komplett unter Quarantäne gestellt wurde, zurückhalten, um dem oft genannten Argument, die Print-Leserschaft nicht zu benachteiligen, nachzukommen? Keine Chance. Raus damit! Der Informationsbedarf war riesig, die Unsicherheit auch. Weil sich die Ereignisse überschlugen, kaum Zeit zum Durchatmen blieb, war es ein großer Vorteil, im Großraumbüro zu arbeiten. Der Newsdesk entfaltete sein Potenzial, wurde zur Schaltzentrale. Vieles geschah auf Zuruf. Zeit zum Verinnerlichen blieb nicht: Einige Wochen später saß die Mehrheit im Homeoffice. Eine organisatorische Herausforderung: In einem Google-Dokument wurde die Planung zusammengefasst. Notiert wurde, welche Themen vor Erscheinen im Print in einer Kurzfassung online gehen. Die Konferenzstruktur sah vier virtuelle Runden am Tag vor. Es ruckelte zu Beginn. Doch: Von Mal zu Mal wurde es besser.

Ende 2020 hat es die wohl gravierendste Veränderung in den Workflows gegeben: Konferenzen starten seither mit der Online-Planung, es gibt Mindestzahlen an aktuellen, lokalen Inhalten, die täglich geliefert werden sollen. Erst nach der verbindlichen Festlegung, wann diese Artikel fertig sein sollen, wird besprochen, was am nächsten Tag Titelfoto im Print sein könnte. Es ist der Beginn einer Umstellung, die nicht nur aufgrund der Pandemie zwingend erforderlich war. Im November 2020 hat die LZ eine Registrierschranke eingeführt, um die Leser daran zu gewöhnen, dass redaktionelle Inhalte nicht mehr frei zugänglich sind. Wir haben uns dadurch Zeit verschafft, die Workflows auf ›online first‹ umzustellen und die Redaktion etwas von der ›Printdenke‹ abzunabeln. Durch die Registrierung konnten wir einen großen Fundus an Usern aufbauen, die nachweislich ein Interesse an unseren Inhalten haben.

Reporter wissen, wo der Schuh drückt

Mit der Einführung eines Digitalabos hat sich bei vielen Redakteuren ein Schalter umgelegt: Nicht nur, dass Online jetzt Geld einbringt, plötzlich ist der Wert ihres Artikels messbar. Ganz konkret an abgeschlossenen Abos. Eine Zahl, die vielen mehr sagt als Reichweite oder Interaktionen. Redaktionen sollten nicht ausschließlich datengetrieben arbeiten, sondern auch weiterhin auf ihr Bauchgefühl hören. Schließlich sind die Reporter die Experten, die Netzwerke aufgebaut haben, wissen, wo der Schuh drückt. Dennoch ist es wichtig, diesen Aufwind zu nutzen, fundiert Daten zu erheben und die Online-Performance gleich in der ersten Konferenz offen zu kommunizieren. Welche Artikel haben Abos eingebracht? Gab es ein besonderes Interesse bei einem Thema? Lässt sich da anknüpfen?

Es gilt, die Planung viel konsequenter nach den digitalen Anforderungen auszurichten, Themen zu hinterfragen, sie weiterzudrehen, wenn das virtuelle Echo groß ist, sich genauso aber auch von ihnen zu verabschieden, wenn der fünfte Artikel zu dem Thema kein bisschen zieht. Themenfeldanalysen können helfen zu überprüfen, in welchen Bereichen die Berichterstattung sich gut mit der Nachfrage des Publikums deckt und wo nicht. Sind Artikel rund um das Thema Wohnen immer nachgefragt, müssen Redaktionen dazu auch regelmäßig liefern und Anknüpfungspunkte für die Berichterstattung gezielt suchen.

Rollen in der Redaktion müssen überprüft und geschärft werden, damit jeder seine Aufgabe kennt. Um das Mindset bestmöglich einsetzen zu können, sollten Mitarbeiter mitentscheiden, welche Rolle sie im Team innehaben möchten. Vielleicht ist an einem Editor ein Zahlenliebhaber verloren gegangen? Es ist davon auszugehen, dass die Zukunft von Redaktionen nicht in 100-prozentiger Anwesenheit liegen wird, sondern in hybriden Modellen. Also müssen Konzepte entwickelt werden, wie

Personen vor Ort und Daheimarbeitende sinnvoll zusammengebracht werden können – und wie Newsdesks oder Newsrooms im Digitalen zu motivierenden und pulsierenden Orten mit eigener Kultur werden können. In den Redaktionen werden die Journalisten nicht mehr eng an eng sitzen, umgeben von zahlreichen Bildschirmen, die Statistiken liefern.

Mitarbeiter mit bestimmten Funktionen werden seltener ins Büro kommen: Reporter werden komplexe Recherchen in Ruhe zu Hause aufschreiben, virtuell an Konferenzen teilnehmen. Führungskräfte werden auf andere Weise gefordert sein: Weil Isolation ein großes Thema ist, müssen sie Kontakt halten und deutlich mehr Eins-zu-eins-Gespräche führen. Es ist wichtig, dass Arbeitgeber es den Angestellten freistellen, in welchem Umfeld sie arbeiten möchten. Diese Freiheit führt zur maximalen Entfaltung jedes Einzelnen – und das hat positive Auswirkungen auf das Team. Um das Wir-Gefühl zu stärken, ist es aber auch wichtig, regelmäßig Momente des Zusammenkommens zu schaffen und sich gemeinsam in kreative Prozesse zu begeben.

Agilität als Grundpfeiler

Was mir bei dem Umbauvorhaben geholfen hat, ist das Prozessmanagement. Was dröge und theoretisch klingt, ist nichts anderes als ein besseres Verständnis über Abläufe zu bekommen – sie zu analysieren und weiterzuentwickeln. Change-Management ist eine Methode. Es geht im Wesentlichen um veränderte Workflows, neue Aufgaben und Verantwortlichkeiten, also darum, die Ausgangslage zu analysieren und das Ziel zu definieren, das in einer Redaktion aber niemals mit dem Ende einer Reise gleichgestellt werden kann. Agilität muss zu einem der Grundpfeiler werden. Ebenso müssen regelmäßig Bestandsaufnahmen stattfinden, um zu analysieren, ob und wie sehr die Printproduktion noch die Themenfindung und -planung dominiert. Ich habe die Ist-Prozesse, die aktuellen Arbeitsabläufe für das Publizieren im Print und im Digitalen visualisiert, um sie sehen und greifen, Brüche im System ausmachen zu können.

Optimieren lassen sich Workflows nur, wenn der Ist-Zustand vollends durchdrungen wird, wenn klar ist, wo Dinge unnötigerweise parallel laufen und Mehrarbeit produzieren. Wenn zum Beispiel jeder Reporter befähigt wird, seinen Artikel online zu stellen, baut das nicht nur Hürden und Berührungsängste mit der anonymen Online-Welt ab. Es entlastet auch die Desk-Manager fürs Digitale immens. Sie haben mehr Kapazitäten, sich etwa mit Community-Management zu befassen und Interaktionsraten zu steigern. Das Beantworten von Nachrichten, das Reagieren auf Kommentare wird in kleinen Lokalredaktionen eher nebenbei gemacht. Das führt zu Frustration – vor allem dann, wenn sich unter einem Flüchtlingshilfe-Artikel Hunderte Kommentare angesammelt haben und die Zeit fehlt, sie durchzusehen. 80 Prozent der Reaktionen machen Kopf- und Magenschmerzen. Wer sich aber dazu entscheidet zu veröffentlichen, muss das Echo aushalten, moderieren, Kommentare löschen und User sperren.

Noch zu sehr auf Distributionswege fokussiert

Tools helfen dabei, den Überblick zu behalten. Aber es lässt sich nicht alles automatisieren – und das ist gut so. All die Netzwerke, in denen Redaktionen vertreten sind, sind für die User direkte Zugänge zu ihrer Zeitung. Sie können Direktnachrichten schicken, uns auf stimmungsvollen Fotos verlinken, in Stories mit uns interagieren, sich mit Themen einbringen. Der Journalismus hat sich längst vom Sender-Empfänger-Modell gelöst, ist aber vielfach noch zu sehr auf die Distributionswege fokussiert: Auf welchem Kanal bringe ich meine Informationen zum User? Dabei ist die Frage, was sie überhaupt für Informationen erhalten möchten, viel relevanter. Der Ansatz ist nicht neu, er geht auf Simon Sineks »Start with why« zurück. Im ›Golden Circle‹, einem aus drei konzentrischen Kreisen bestehenden Modell, beschreibt er, dass nur wenige Unternehmen mit dem Warum starten und sich dann mit dem Wie und Was befassen. Redaktionen entscheiden zum Beispiel, einen Podcast anzubieten, weil die Konkurrenz das tut und Studien belegen, dass besonders die 14- bis 29-Jährigen vorwiegend Audio und Bewegtbild nutzen. Vor dieser Entscheidung sollte aber die Community, die man ansprechen möchte, definiert, ihre Bedürfnisse erkannt werden – um ein für sie zugeschnittenes Angebot ausarbeiten zu können.

Optimierungspotenzial gibt es immer. Optimierung heißt nicht immer, Kosten einzusparen und effizienter zu arbeiten. Effizienz ist wichtig, keine Frage. Aber in einem Team geht es um viel mehr. Es geht um das Miteinander, um Vertrauen, darum, dass die Rädchen sich drehen und alle ineinanderpassen. Gerade in der schnelllebigen digitalen Welt ist es wichtig, agil zu bleiben und Prozesse immer wieder zu analysieren, Erfolge anhand festgelegter Kennzahlen zu messen und bei Bedarf weiterzuentwickeln. Es ist wichtig, in Bewegung zu bleiben. Mitarbeiter müssen das Gefühl haben, in einer Umgebung zu arbeiten, in der sie sich entfalten, in der sie kreativ sein können. Und als Team an diesen gemeinsamen Aufgaben und Erfahrungen zu wachsen.

»Ist Journalismus, der in erster Linie etwas bewirken will, das bereits bei seiner Entstehung geplant war, noch Journalismus?«

CHRISTIAN MEIER

Lob des Zweifels

Braucht es noch einen weitere Besserwisser-Text zur Zukunft des Journalismus? Nein, findet Welt-*Medienredakteur Christian Meier. Er hat dann aber doch die Einladung angenommen, sich hier zu äußern. Weil ihn besonders eine Sache bewegt: Das Selbstverständnis von einigen Journalisten.*

Wie wir den Journalismus besser machen – so lautete der Titel des erfolgreichen Vorläufers zu diesem Buch, das Sie nun gerade lesen. Ich fand, dass dieser Titel ziemlich besserwisserisch daherkam. Als ich nun von den Herausgebern gefragt wurde, ob ich einen Beitrag für diesen zweiten Bessermachen-Band beisteuern wolle, war ich zurückhaltend. Hier sollten also Menschen aus der Kommunikationsbranche über ›die‹ Zukunft ›der‹ Medien nachdenken, Essays absondern und das veröffentlichte Ergebnis dann – am besten noch nach 10 Punkten gegliedert – vertwittern. Sicher, ich zähle mich irgendwie auch zu dieser Gruppe, bin wohl deshalb gebeten worden, hatte dann aber zunächst abgesagt. Keine Lust, anderen Besserwissern, so ernst und gut gemeint ihre Ratschläge sein mögen, auch noch meine 5 Cents zu übermitteln.

Wobei ich natürlich gar nicht denke, dass sich nichts verbessern ließe im Journalismus. Wir, in der Besserer-Journalismus-Blase, reden halt nur gern drüber, um in irgendeinem Fachdienst abgedruckt zu werden, was der eigenen Karriere ja behilflich sein könnte. Ich habe lange für Fachdienste gearbeitet und halte solches Vorgehen für legitim, wenn damit auch Substanz verbunden ist. Und Medienmacher, die wissen, wovon sie reden, gibt es im deutschen Medienmarkt natürlich. Aber müssen wir uns alle noch gegenseitig erzählen, wie ›unser‹ Journalismus besser wird?

Journalisten sollten niemals Change Agents sein

Warum ich hier nun doch schreibe – und gleich noch eine Anregung formulieren werde? Vielleicht, weil ich es kann, weil ich ja gefragt wurde. Weil ich eben auch ein Besserwisser bin. Vielleicht, weil ich auch mal wieder in einem Buch veröffentlicht werden möchte, wo ein Artikel nicht schon wieder nach ein bis zwei Tagen im Orkus der digitalen Welt verschwunden ist (die Kurzlebigkeit nicht nur von tagesaktuellen Meldungen, sondern auch die großer Reportagen und Essays ist beachtlich, was viel mit der Kurzatmigkeit von Medien selbst zu tun hat – immerhin sind diese Texte, anders als vergriffene Bücher, auffindbar).

Wahrscheinlich schreibe ich diesen Beitrag aber vor allem, weil mich doch ein Thema beschäftigt. Ich denke, dass Journalisten zwar eine Meinung bei Themen haben sollten, über die sie berichten, ja sogar haben müssen, um sich ein Urteil bilden zu können. Doch niemals sollten sich Journalisten als ›Change Agents‹ begreifen, die einer Agenda folgen. Was etwas anderes ist, als mit einem journalistischen Beitrag eine Wirkung zu erzielen, die wiederum auch gesellschaftlichen Wandel bewirken kann. Die Zukunft gehört nicht dem folgenlosen Journalismus. Aber die Zukunft gehört sicherlich auch nicht dem Journalismus, der nur entsteht, weil ein Journalist eine bereits vor seiner Recherche gefasste Meinung veröffentlicht sehen will.

Das ist ein schmaler Grat, keine Frage. Und allein durch die Auswahl unserer Themen bestätigen wir alle zu einem Teil bereits unsere Positionen. Ich nehme mich da keineswegs aus. Wie häufig lassen wir uns alle noch durch unsere eigenen Rechercheergebnisse überraschen? Wie häufig wählen wir unsere Gesprächspartner aus, weil wir in etwa wissen, was sie uns sagen werden? Wie oft haben wir uns zuletzt durch Argumente überzeugen lassen, deren Aussage unseren eigenen Überzeugungen entgegenstehen? Ich glaube, zu selten.

Vielleicht helfen einige Beispiele. Zum Beispiel die *Tagesspiegel*-Recherche zur Corona-Aktion #allesdichtmachen von ursprünglich mehr als 50 Schauspielern. Bereits in der Überschrift wurde angekündigt, dass in diesem sehr langen Artikel der Nachweis erbracht werde, dass hinter der Aktion ein »antidemokratisches Netzwerk« stünde. In der Recherche wurden dann zwar einige interessante Aspekte (und manche Banalitäten) zutage gefördert – einen Nachweis, dass es sich um ein a) Netzwerk handelt, das b) antidemokratische Ziele hat, wurde nicht erbracht. Später entschuldigte sich die Chefredaktion für »handwerkliche Fehler«. Dazu gehörte auch, dass zentrale Personen der Geschichte nicht sauber mit den Vorwürfen konfrontiert wurden.

Neben zwei *Tagesspiegel*-Autoren war ein anonym agierendes ›Recherchenetzwerk Antischwurbler‹ an dem Artikel beteiligt gewesen, deren Ziele und Mitglieder den Lesern aber nirgends näher erklärt wurden. Später hieß es, die Personen wollten aus Angst vor Racheakten anonym bleiben, diese Personen hätten 2020 selbst Demonstrationen gegen die Corona-Maßnahmen besucht, seien aber erschrocken gewesen über die Zusammensetzung der Teilnehmer. Der Artikel zeigt exemplarisch, wie fließend die Grenzen zwischen Journalismus und Aktivismus sind, dass aber in dieser Grauzone selbstverständliche Prinzipien wie die Konfrontation von Personen, die im Text eines Vergehens bezichtigt werden, aufgegeben wurden, um an einem Narrativ festhalten zu können.

Anders, aber nicht weniger problematisch ist die vom NDR mitfinanzierte Dokumentation *Lovemobil*. Eine Regisseurin hatte über mehrere Jahre an einem Film gedreht, mit dem sie das ›echte‹ Leben einer Gruppe Prostituierter zeigen wollte, die ihre Freier in Wohnmobilen am Rande einer Bundesstraße empfangen. Der fertige Film wurde gefeiert und erhielt den Deutschen Dokumentarfilmpreis. Erst wenige Monate später stellte sich heraus, dass der Film fast ausnahmslos aus Szenen besteht, die mit Darstellern gedreht wurden. Die Regisseurin beteuerte zunächst, das Ergebnis sei womöglich sogar authentischer als ein Film, der mit echten Prostituierten und Freiern gedreht worden wäre. Schließlich gab sie ihren Preis zurück und entschuldigte sich.

Eine weniger beachtete Rolle spielte der NDR als Sender, der die Dokumentation beauftragt und über die Jahre hinweg deren Fortschritte begleitet hatte. Eine journalistische Prüfung der Echtheit des Films und seiner Protagonisten fand demnach nur unzureichend statt. Stattdessen vertraute der Sender der Regisseurin weitgehend. Sicherlich auch – aber das ist eine Vermutung – weil das Ergebnis so sehr der Vorstellung entsprach, die man sich schon bei der Beauftragung von dem Film gemacht hatte. Erwartungsmanagement schlug saubere journalistische Kontrolle.

Eine neue journalistische Schule, die vom Ergebnis her denkt und sich mit dem Weg dahin nur noch untergeordnet zu beschäftigen scheint, entsteht hier. Im *Spiegel* schrieb der Journalist Philipp Oehmke: »Die Zeit der Neutralität ist vorbei.« An den Methoden von Donald Trump sei der Ausgewogenheitsanspruch der Medien zerschellt. Darum sei es an der Zeit, eine wie auch immer geartete, aber auf jeden Fall überflüssige Neutralität über Bord zu werfen. Wer heute noch das Prinzip verfolge, auch Gegenargumente aufzuzeigen, sei »selbstgefällig und denkfaul«. Es gehe darum, Farbe zu bekennen. Dabei zeigen Umfragen, etwa vom Reuters Institute, dass eine Mehrheit von Bürgern es weiterhin bevorzugt, wenn Journalisten bei der Nachrichtenvermittlung weiter den Maßstab der Objektivität anlegen. Was natürlich auch bedeutet, dass Kommentare und Meinungen immer zu erkennen sein müssen und auch die größtmögliche Transparenz hergestellt werden muss, wenn diese Neutralität – oder nennen wir sie besser Ausgewogenheit – nicht zu leisten sein sollte oder nicht geleistet werden soll.

Ein weiteres Beispiel liefert der *Stern*, der sich mit voller Absicht in eine Zeitschrift verwandelt, die sich nicht von Journalismus, sondern von Aktivismus leiten lässt. Teils vielleicht aus Überzeugung, teils aber sicherlich aus einem strategischen Kalkül, weil der Verlag Gruner + Jahr neue junge Zielgruppen für sich gewinnen will. »Was wäre so schlimm, wären wir eine journalistische Hilfsorganisation«, fragten die beiden *Stern*-Chefredakteure in einem Interview mit der Fachzeitung *Horizont*. Denn: »Der Stern möchte sich für das Gelingen unserer Gesellschaft einsetzen. Dafür wollen wir uns nicht nur einmischen, sondern mitmischen. Missstände möchten wir nicht nur aufdecken und analysieren, sondern auch bekämpfen und verändern, gern gemeinsam mit unseren Lesern.« Das Konzept empfinde man als »aktivierenden Journalismus«.

Corona als große Chance zur Weltverbesserung?

Mit den Klimaaktivisten von ›Fridays for Future‹ produzierte der *Stern* eine ganze Ausgabe. Was auch intern nicht allen Redakteuren gefiel. Über den Klimawandel und dessen Folgen für die Menschheit berichten, auch kommentierend – das ist dringend geboten. Eine komplette Ausgabe einer Interessengruppe überlassen – das ist höchst problematisch (völlig unabhängig davon, für welche Ziele eine Lobbygruppe steht). Der *Stern* war es auch, der während der ersten Corona-Welle einen Essay veröffentlichte, der die Welt in graue, vergiftete Städte und blühende, autofreie Landschaften einteilte und Corona als große Chance zur Weltverbesserung betrachtete.

Es ist natürlich, wie fast immer, nicht so einfach. Viele Kolleginnen und Kollegen wollen den Mächtigen auf die Finger schauen, die vierte Gewalt mit Verantwortung ausfüllen, beispielsweise mit Sozialreportagen die Leser erschüttern, Umdenken befördern – ohne gleich damit eine Agenda zu verfolgen. Kann es also sein, dass es von dieser Motivation, diesem Selbstverständnis, nur ein kleiner Schritt zum Aktivismus ist (das Wort ist ja schon zu einem Kampfbegriff geworden)? Mit anderen Worten: Ist Journalismus, der in erster Linie etwas bewirken will, das bereits bei seiner Entstehung geplant war, noch Journalismus?

Dazu kommt ein weiterer Aspekt: Viele angestellte Journalisten wollen sich verständlicherweise mit ihrem eigenen Medium identifizieren. Dass sie aber auch Binnenpluralismus aushalten müssen, wird auf Journalistenschulen nicht gelehrt. Selbstverwirklichung und Selbstbestätigung sind wichtig – dabei stören aber Beiträge und Positionen, die das eigene Weltbild infrage stellen oder sogar angreifen. Die erbittert geführten Kämpfe, die vor allem um Meinungstexte ausbrechen – Carolin Emckes Rede auf dem Parteitag der Grünen sei nur als ein bekanntes Beispiel genannt – zeigen, wie sich auch im Journalismus unterschiedliche Lager herausgebildet haben, die differenzierte Betrachtungen fast schon gar nicht mehr zulassen.

Der Zweifel, ein so wichtiges journalistisches Werkzeug, scheint mir grundsätzlich und generationenübergreifend in Verruf gekommen zu sein. Wer als Journalist zweifelt, auch mal eine unentschiedene Position einnimmt, gilt schnell als schwach, weil er keine klare Position beziehen wolle. Die Grauzonen der meisten komplexen Themen werden darum immer häufiger ausgeblendet, um mit einer starken Meinung zu glänzen.

Die schöne Regel, dass man bei jedem Thema für einen Moment davon ausgehen sollte, dass die ›andere Seite‹ (schon wieder so ein problamatischer Begriff, denn auf welcher Seite sollte ein Journalist überhaupt stehen?) Recht haben könnte – gilt sie noch? Ist sie in den Redaktionen akzeptiert? Und wie selbstverständlich ist es, eine auch in der eigenen Redaktion unpopuläre Position zu vertreten, notfalls gegen Kritik und Widerstände? Ich glaube, der Zweifel sollte unser ständiger Begleiter sein. Und das ist, ich merke es schon beim ersten Nachlesen, schon wieder so ein Besserwissersatz. Ich kann nur um Verzeihung bitten, wir sitzen alle im Glashaus.

»Die Transformation ist ein Ringen um den richtigen Führungsstil bei enormen Kostendruck«

BARBARA HANS

Von Mut, Macht und Vertrauen

Wo steht der Journalismus aktuell? Barbara Hans war bis 2021* Spiegel-*Chefredakteurin. Sie sagt: Wir müssen es schaffen, das Vertrauen unserer Leserinnen, Zuschauerinnen, Hörerinnen zu gewinnen.

An journalistischen Zukunftsprognosen mangelt es nicht. In den vergangenen 70 Jahren haben viele schlaue Menschen darüber nachgedacht, wie sich Geschäftsmodelle verändern, wie Technik journalistische Inhalte beeinflusst, wie neue Medien alte verändern oder gar verdrängen. Am Ende sagten die Zukunftsprognosen meist mehr aus über die Zeit, in der sie verfasst wurden, als über das, was kam. Die Zukunft von heute ist die Vergangenheit von morgen.

Hätte ich diesen Text vor fünf Jahren geschrieben, dann würde er womöglich von nachhaltigen Bezahlmodellen im Digitalen und dem Ende der Reichweitenoptimierung handeln. Hätte ich ihn vor zehn Jahren geschrieben, dann würde er sich womöglich um den Mobile-First-Ansatz und seine Auswirkungen drehen. Vor 15 Jahren wären es die Verlockungen digitaler Erzählformate gewesen, vor 20 Jahren die Beschleunigung durch den Echtzeitjournalismus, vor 30 die Herausforderungen der Dualisierung des Rundfunks (aber natürlich hätte ich vor 30 Jahren keinen solchen Text geschrieben, #DawarenSiejakaumgeboren).

Jede Zeit hat ihre Diagnosen und Schlagworte. 2021 waren das: Corona, der Bedeutungsgewinn des Wissenschaftsjournalismus, die Auswirkungen der Ära Trump mit all ihren kommunikativen Zumutungen, der Kampf der AfD gegen die Öffentlich-Rechtlichen, das Ringen um die Regulierung der Tech-Riesen. Um all das wird es in diesem Text nicht gehen. Und eines muss man dem Journalismus lassen – in wesentlichen Punkten verändert sich verlässlich wenig. Die Zukunftsanalysten beklagten auch schon vor 40 Jahren die mangelnde Repräsentanz von Frauen und Migranten in den Medien. Technikskepsis war häufig eine wenig subtil verklausulierte Technikfeindlichkeit, die wortreich formulierte Sorge vor ›Qualitätsverlust‹ doch im Kern die blanke Angst vor Veränderung. Die ist aber bitter nötig, egal, ob es sich um Zeitschriften, Tageszeitungen, TV-Sender, Hörfunkanstalten oder Online-Angebote handelt.

Eine Zeit großer Unsicherheit

Die digitale Transformation ist eine Mammutaufgabe, sie hat vor Jahren begonnen, und wir stecken noch knietief im Dazwischen. Das Alte ist noch da und wirkmächtig, das Neue ist schon da, aber manchmal eher eine Idee denn Realität. Der Umbruch braucht Ziele und frisst Energie, er verlangt Geduld ebenso wie Tatendrang. Die Transformation ist ein Ringen um den richtigen Führungsstil bei enormem Kostendruck und der Notwendigkeit, die eigenen Routinen und auch die Publizistik zu hinterfragen. Zentralredaktionen, Mantelredaktionen, Schließung von Lokalbüros – das sind nicht nur strukturelle Veränderungen, es sind Operationen am offenen publizistischen Herzen. Alle in diesem Dazwischen kämpfen mit kulturellen Umbrüchen, narzisstischen Kränkungen, hegemonialen Ansprüchen. Publizistische Identitäten werden infrage gestellt, das Dazwischen ist eine Zeit großer Unsicherheit. Wo Gewissheiten schwinden, braucht es umso mehr Vertrauen: in Journalismus, in Leserinnen und Leser, in die Chefredaktionen und Verlagsleitungen, die den Wandel gestalten.

Viele Chefredakteure und Verlagsmanager sind in den vergangenen Jahren ins Silicon Valley gereist, um sich zeigen zu lassen, was die schöne neue digitale Welt bereithält. Eine Reise in die Zukunft. Im

›Valley‹ – wie die richtig Coolen nach der Rückkehr sagten, als redeten sie von ihrem Lieblingsitaliener – mussten die Schrauber in ihren Garagen nicht mit tradierten Verlags-, Eigentümer- und Leserstrukturen kämpfen. Sie starteten aus dem Nichts. »Move fast and break things«, lautete über Jahre das Motto von Facebook. Viele deutsche Zeitungen erschienen erstmals in der zweiten Hälfte des 19. Jahrhunderts: die *Frankfurter Zeitung*, Vorgängerin der FAZ, 1866, der *Trierische Volksfreund* 1875, der *Westfälische Anzeiger* 1850. Das Gründungsjahr ist ein Versprechen, im besten Falle eine Verheißung und in jedem Falle eine Verpflichtung. Gegenüber denen, die damals das Recht zu publizieren erkämpft und es Jahrzehnte später verteidigt haben. Gegenüber denen, die Tag für Tag, oft seit Jahrzehnten, für diese Medien arbeiten, und auch gegenüber denen, die all das als Rezipienten finanzieren. Das Gründungsjahr ist auch ein Vertrauenssiegel. Es besagt: Wir wissen, was wir tun, denn wir tun es schon lange. Doch diese Botschaft verfängt immer weniger. Wohl alle Medien kämpfen gegen das Misstrauen, das ihnen entgegenschlägt, sie ringen darum, Rezipienten (zurück) zu gewinnen und neue Zielgruppen zu erschließen, um die eigene Unabhängigkeit zu sichern und zu überleben.

Neben der obligatorischen Frage, was Facebook, Twitter, Google als Nächstes planen und wie deutsche Medien am besten reagieren, stellte sich an der Westküste der USA die wichtigere, aber auch viel schwierigere Frage: Wenn man das eigene Medium neu denken könnte, neues Verlagsgebäude, flexiblere Arbeitszeiten, kreative Arbeitsweisen, neue Experten in neuen Rollen, neue Chefs (unplausibel, das denkt wirklich keiner der Chefs) – wie sähe es dann aus? Was würde man behalten, was verändern? Und was hindert uns eigentlich? Die Eigentümer (manchmal), die Leser (vermutlich seltener, als wir unterstellen), die Technik (die Entwickler wollen nur nach Berlin) – oder gar wir selbst? Letzteres: höchst unwahrscheinlich. Die anderen Punkte machen es uns sehr leicht, beim Nachdenken gar nicht erst bis zum letzten Punkt zu kommen. Meist ist dann doch wenig Valley in Westfalen. »Failure is the only way to learn«: Dieser Sinnspruch wird an der Westküste bewundert und daheim ignoriert. Das Personalroulette vieler Verlage ist Ausdruck dieser teils erratischen Suche nach Lösungen, die Personen zu Problemen erklärt und in der Folge auf der Stelle tritt. Die Akteure variieren, die strukturellen Probleme aber bleiben.

2019 waren gut ein Viertel der Zeitungsleser 70 Jahre und älter, das Durchschnittsalter der Fernsehzuschauer von ARD und ZDF liegt bei über 60 Jahren. Verständlich, dass wir uns sorgen, unsere Stammleserinnen zu verlieren, wenn wir uns zu radikal wandeln. Das aber sollte uns nicht davon abhalten, es trotzdem zu tun, wenn wir es für richtig halten. Oder vielleicht auch nur für möglich. Ohne Mut gibt es kein Vertrauen. Denn in dem Versuch, alles richtig machen zu wollen, macht man am Ende doch meist: nichts. Wir können unseren Leserinnen und Zuschauerinnen mehr zumuten (auch die Abkehr vom generischen Maskulinum): Die Medien waren immer Katalysatoren für gesellschaftliche Veränderung. Mehr als Fehler vergrätzt die Leser unsere Hybris, keine Fehler zu machen.

1. *Warum Misstrauen unser gesellschaftlicher Auftrag ist*

Journalismus braucht Vertrauen, weil er das Misstrauen zu seiner Maxime erklärt hat. Artikel 5 des Grundgesetzes sichert die Pressefreiheit aus diesem Grund: Die Kontrollfunktion der Medien besteht darin, Misstrauen zu institutionalisieren, alles zu hinterfragen, nichts zu glauben. Das ist das Versprechen des Journalismus an die Rezipienten: Vertraut uns, denn wir misstrauen für euch. Journalisten kontrollieren Institutionen und Personen, indem sie Missstände, Skandale, Fehlverhalten ans Licht bringen. Sie entlasten somit in einer Demokratie den Einzelnen und repräsentieren ihn, weil sie statt seiner Rechenschaft einfordern. Die Legitimation der vierten Gewalt speist sich aus dieser Rolle als Mittlerin. Wir werfen, stellvertretend für unsere Leser, einen professionell kritischen Blick auf die Welt. Es ist eine Ironie, dass dieser misstrauische Blick auf das Vertrauen der Rezipienten angewiesen ist.

Vertrauen schafft Freiräume, denn es entlastet und ersetzt Kontrolle. Die Leserinnen müssen uns nicht permanent überprüfen, nicht jeden Schritt einer Recherche nachvollziehen; und wir müssen uns nicht permanent rechtfertigen. Die Grundannahme lautet: Die Fakten stimmen. Vertrauen sorgt dafür, dass Unsicherheit in Kauf genommen wird – obwohl man um sie weiß: Dass Fakten stimmen, kann der Einzelne nicht ständig überprüfen, er muss es uns glauben. Und genau hier liegt das Problem. Diese Toleranz nimmt ab, das Misstrauen wächst. Unsere Beziehung zu unseren Leserinnen ist nicht mehr so unumstößlich, wie sie lange war, sie ist brüchig geworden.

Damit der Journalismus seine gesellschaftliche Kontrollfunktion ausüben kann, braucht er die Leserinnen und Leser. Sonst könnten Journalisten auch Tagebuch schreiben. Das Produkt Journalismus muss genug Abnehmer finden, um relevant zu bleiben und Geld zu verdienen. Denn Journalismus ist nicht nur gesellschaftliche Verpflichtung, sondern Geschäftsmodell (abgesehen von den Öffentlich-Rechtlichen). Vertrauen muss man sich immer wieder aufs Neue erarbeiten, man kann es nicht einfordern (außer in Autokratien, die es mit Zwang umsetzen). Demokratien hingegen sichern Freiheit, und die Freiheit kann auch darin bestehen, den Medien nicht zu vertrauen. Von dem Schlagwort ›Lügenpresse‹, der alltäglich gewordenen Verwendung des Begriffs ›Fake News‹ gehen allerdings gesellschaftliche Risiken aus. Sie verlangen strategische Antworten der Redaktionen und Verlage.

2. *Warum wir Vertrauen brauchen und woran wir merken, dass es fehlt*

Der Journalismus kann sein Geld nur dann mit Misstrauen verdienen, wenn er selbst Vertrauen genießt. Demokratien weisen dabei stets geringere Vertrauenswerte auf als Autokratien. Wo nahezu alle Menschen angeben, den Medien zu vertrauen, sollte man sich nicht freuen, sondern alarmiert sein. Eine gewisse Skepsis ist Ausdruck von Medienkompetenz und Bildungsniveau; die Demokratie hat das Misstrauen durch die Gewaltenteilung institutionalisiert. Problematisch wird Misstrauen, wenn es die Unabhängigkeit und damit die Funktionsfähigkeit des Journalismus untergräbt; wenn politische Propaganda journalistische Arbeit systematisch delegitimiert; wenn Reporter angegriffen und Redakteure bedroht werden. Weniger als die Hälfte (46 %) der Befragten gab im Digital News Report 2020 des Reuters Institutes an, den Informationen zu vertrauen, die sie selbst konsumieren.

Während Vertrauen den eigenen Handlungsspielraum erweitert, weil man Unsicherheiten in Kauf nimmt, engt Misstrauen ihn ein. Wer misstraut, will kontrollieren. Er verengt die Informationen, auf die er sich stützt, und wird von weniger Informationen stärker abhängig. Dann haben es Verschwörungstheorien leichter. Neurowissenschaftliche Studien deuten darauf hin, dass Vertrauen und Misstrauen unterschiedliche Regionen des Gehirns aktivieren: Vertrauen wird in Bereichen generiert, die mit Belohnung verbunden werden; Misstrauen in Bereichen, die mit Angst verbunden werden. Sinkendes Vertrauen geht einher mit einer wachsenden Bereitschaft, gegen soziale Normen und Gesetze zu verstoßen. Wohlhabende und Gebildete vertrauen grundsätzlich eher – nicht nur den Medien. Eine Erklärung bietet die ›Gewinner-Hypothese‹: Privilegierte können es sich leisten zu vertrauen, weil sie ökonomisch besser gegen Risiken gewappnet sind. Auch das könnte unseren Blick auf Verschwörungstheoretiker verändern.

Vertrauen in Journalismus findet seinen Ausdruck unter anderem im Medienkonsum. Doch die Haltbarkeit von Abos sinkt, Auflagen und Quoten auch. Wir sind nur noch Lebensabschnittsgefährten. Das liegt nicht nur an uns, sondern auch an der Lebenssituation der Leser. Aber eben auch an uns. Wir sind entbehrlich (Menschen verbringen ihre knappe Zeit lieber mit anderen Dingen) oder unser Geld nicht wert (Menschen sind nicht bereit, für unsere Inhalte zu bezahlen). Der Altersdurchschnitt unserer Leserinnen belegt, dass es uns nicht gut gelingt, manche Bevölkerungsgruppen anzusprechen. Wenn die Rede ist von U30, so müssen viele von uns, wenn sie ehrlich sind, zugeben: Wir wären schon über jeden neuen Leser U50 glücklich. Wenn wir uns Gedanken machen über (neue) Zielgruppen, dann gehört zur Wahrheit auch, dass weiße Bildungsbürger Journalismus machen für weiße Bildungsbürger, dass wir Menschen mit migrantischem Hintergrund oftmals weder erreichen, noch in nennenswerter Zahl einstellen. Wie sollen uns Menschen vertrauen, deren Alltag wir nicht abbilden, weil wir ihn gar nicht erst wahrnehmen, geschweige denn verstehen? Rechte zweifeln die Legitimation des Journalismus an, sie säen Misstrauen, ihre Rhetorik aber ist längst in der Mitte der Gesellschaft angelangt. Wir müssen aufpassen, dass wir nicht auch Menschen mit Migrationshintergrund täglich Anlässe bieten, unseren gesellschaftlichen Auftrag anzuzweifeln, weil wir sie nicht repräsentieren. Diversität, Repräsentanz und Vertrauen gehören zusammen.

Vertrauen ist etwas Gegenseitiges und zugleich asymmetrisch: Wir Journalisten haben die Macht der Öffentlichkeit. Umso wichtiger ist es, diese Asymmetrie nicht durch Arroganz und Ignoranz zu verstärken. Wir sind für unsere Rezipienten nur relevant, wenn sie sich in unseren Angeboten repräsentiert sehen: mit ihren Interessen, Erfahrungen, Ambivalenzen. Einfach gesagt: Es geht beim Publizieren mehr um die Leser als um uns Journalisten.

Relevanz durch Repräsentation bedeutet nicht Opportunismus. Es bedeutet nicht, dem Leser nach dem Mund zu reden oder nur zu veröffentlichen, was gefällt. Es bedeutet vielmehr, sich für den Leser zu interessieren, ihn zu verstehen, Fragen zu stellen, Augenhöhe zu wagen. Wir müssen die Rezipienten besser kennenlernen, die uns noch gewogen sind; wir müssen uns mit denen beschäftigen, die wir schon lange nicht mehr erreichen, und auch mit denen, die sich noch nie für uns interessiert haben. Im Beharren darauf, selbst am besten zu wissen, wer wir sind und was wir tun sollten, schaffen wir uns sonst selbst ab.

3. *Mehr Zutrauen: Wie wir Misstrauen wieder in Vertrauen verwandeln*

Ohne Vertrauen wird es uns nicht gelingen, neue Produkte erfolgreich zu etablieren: neue Bezahlmodelle, neue Audio- oder Wochenendangebote, neue Live-Formate, neue Newsletter. Sie zehren vom Vertrauensvorschuss, der einer Marke entgegengebracht wird. In vielen Verlagen hat der Dialog darüber begonnen. Es gibt Leserpanels und Leserbeiräte, natürlich Social Media und Audience Development. Das ist gut. Es verfängt jedoch nur, wenn sich auch die Kultur in den Redaktionen ändert und der Austausch mit dem Leser mehr ist als ein Feigenblatt.

Aus Misstrauen kann zweierlei folgen: Apathie oder Protest. Damit aus Misstrauensbeziehungen wieder Vertrauensbeziehungen werden, müssen wir Gründe dafür liefern. Gemeint ist kein Claim, sondern eine journalistische Selbstvergewisserung, die wir nach außen kommunizieren, selbst glauben – und in Publizistik verwandeln. Dass wir uns wirklich viel Mühe geben und großen Aufwand betreiben, ist ehrenwert, zählt aber an dieser Stelle leider nicht. Denn beides ist aus Sicht der Leser eine Selbstverständlichkeit. Was zählt, ist das, was wir veröffentlichen.

Die Wahrnehmungspsychologie erforscht seit Jahrzehnten, was Vertrauen begünstigt: Authentizität und Ähnlichkeit. Authentizität bedeutet übertragen auf die Medien: sich selbst und sein Umfeld zu kennen, stimmig zu kommunizieren (Wofür steht ein Medium?), unangenehme Eigenschaften und Fehler in das Selbstbild zu integrieren. Transparenz ist kein reaktives PR-Instrument, kein hastig dahingetwittertes *mea culpa*, sondern eine Haltung, die auch innerhalb der Redaktion gefördert werden muss. Dafür braucht es eine Führung, die reflektiert ist, selbstkritisch, klar, verlässlich. Authentisch ist nicht derjenige, der keine Fehler macht, sondern derjenige, der zu ihnen steht und sich ehrlich bemüht, aus ihnen zu lernen. Der Weg zu mehr Vertrauen führt nur über mehr Zutrauen – in uns selbst. Was also können wir tun, um relevanter zu werden?

- Überregionale wie regionale Medien genießen einen Vertrauensvorschuss in besonders unübersichtlichen Nachrichtenlagen. In diesen Momenten zeigt sich, ob unsere publizistischen Routinen funktionieren, wir treffen Entscheidungen in großer journalistischer Unsicherheit. Wie schaffen wir es, diese Aufmerksamkeit in langfristige Loyalität zu verwandeln?
- Wir müssen eine Fehlerkultur etablieren und diese auch konsequent umsetzen, nach innen wie nach außen.
- Wir müssen sicherstellen, dass wir publizistische Leidenschaft nicht verwechseln mit Aktionismus – und so unsere Glaubwürdigkeit verspielen.
- Herrscht in der Redaktionskonferenz zu Themen große Einigkeit, sollten wir nicht zufrieden sein, sondern beunruhigt. Welche Perspektiven fehlen am Tisch?
- Wie schaffen wir es, publizistische Akzente zu setzen, statt nur der Nachrichtenlage hinterherzuberichten? Wie können wir überraschen, und warum verpassen wir Geschichten?

- Wir müssen uns auseinandersetzen mit ›Unconscious Bias‹, unbewussten Vorurteilen – in der Führung und auch in der Berichterstattung. Eine gewisse Sympathie für den starken Mann ist dem starken Mann nicht fremd. Erst wenn wir um diese blinden Flecken wissen, können wir die Berichterstattung weniger eindimensional werden lassen.
- Wir müssen unsere Erzählhaltung überprüfen und unsere Sprache. Wir fragen zu wenig nach – und bekommen deshalb zu wenig mit. Vielleicht sind wir manchmal selbst gelangweilt von dem, was wir publizieren. Wie sollen wir dann andere begeistern? Die Gewissensfrage lautet: Wäre ich 2021 eigentlich besser im Sabbatical aufgehoben als an meinem Schreibtisch? Und was folgt daraus?
- Es braucht eine Renaissance der Fakten – gerade weil es uns wie eine Binse erscheint. Denn das Anzweifeln der Fakten untergräbt das in den Journalismus gesetzte Vertrauen und unsere Legitimität. Wir dürfen uns nicht zu schade sein, die Richtigkeit der Fakten herauszustellen, die Herkunft der Informationen zu erläutern, ihre Leugner und deren Motive zu enttarnen.
- Wir brauchen mehr Fokussierung im Digitalen. Zwar gibt es hier keinen Platzmangel und keinen Redaktionsschluss. Wir müssen dennoch dem Impuls widerstehen, Vollständigkeit mit Relevanz zu verwechseln. Wollen wir unserer Funktion gerecht werden, dann müssen wir uns darauf besinnen, dass Themenauswahl und -gewichtung journalistische Kernaufgaben sind.
- Kurzum: Worin besteht unsere publizistische Daseinsberechtigung? Die Beantwortung der Frage braucht weder Stuhlkreis noch Tischbrunnen. Sie ist unesoterisch, aber erforderlich.
- Wir müssen unsere ökonomischen Abhängigkeiten reflektieren und kommunizieren. Kooperationen werden in den kommenden Jahren zunehmen. Umso wichtiger ist es, dass Redaktionen und Verlage prüfen, wie sie publizistische Unabhängigkeit gewährleisten.
- Die publizistische Kraftanstrengung ist eine enorme Führungsaufgabe, denn viele Redaktionen sind gespalten: Alt gegen Jung, Print gegen Digital, Männer gegen Frauen, Redaktion gegen

Verlag. Der Kulturwandel braucht Mut, Zeit, das Vertrauen der Belegschaft. Haben wir eine Redaktionskultur, in der um die besten Ideen gerungen wird? Wagen wir es, Wissen zu teilen, oder ist Wissen noch immer Macht?

- Wir müssen Kolleginnen und Kollegen schützen vor Hass und Hetze im Netz, vor Beschimpfungen, Einschüchterungsversuchen, gewalttätigen Übergriffen. Es braucht eine Professionalisierung im Umgang mit Hate Speech, Rassismus, Sexismus, Extremismus. Denn es mailen nicht nur die Abgehängten. Wüste Verwünschungen sendet der Leiter des Katasteramts, Herr Dipl.-Ing., mit Signatur und ohne Kommafehler.
- Viele Kolleginnen und Kollegen sehnen sich nach Klarheit, dem einen Chef, der sagt, wo es langgeht. Gleichzeitig wird Beteiligung eingefordert. Mit dieser Ambivalenz müssen Redaktionsleitungen umgehen. Wir müssen um journalistischen Nachwuchs buhlen, denn »dahinter steckt immer ein kluger Kopf«.

Wir können uns mehr zutrauen

Corona hat uns gezeigt, wofür Präsenz, persönlicher Austausch, das gelangweilte Grummeln des Kollegen hinten rechts in der Konferenz gut sind. Dass ein Videocall zwar die Produktion sicherstellt, aber uns den Aggregatzustand der Redaktion vorenthält und uns unseres kreativen Potenzials beraubt. Die Pandemie war kurzzeitig gut für das journalistische Ego: ›Systemrelevanz‹ sichert nicht nur die Notbetreuung in Kita und Schule, sondern für den Moment auch die gesellschaftliche Daseinsberechtigung: Wir können uns mehr zutrauen.

Um das Vertrauen der Leserinnen zurückzugewinnen, braucht es Mut zu Ehrlichkeit und Wandel. Vertrauen verspielt derjenige, der vorgibt, etwas zu sein, was er nicht ist; der beliebig ist und damit austauschbar; oder opportunistisch und damit überflüssig, weil er seine Funktion nicht mehr erfüllt. Das Verhältnis von Journalisten und Rezipienten ist, wenn es gut läuft, eines von Nähe und Distanz, von Zustimmung und Ablehnung, von Heimat und Entfremdung (manchmal Befremdung), von Beglückung und Zumutung. Kritik ist Loyalität, nicht ihr

Gegenteil. Das gilt für das Verhältnis zwischen Leserinnen und ihrem Medium, und auch für Redaktionen und ihre Chefredaktionen und Verlagsleitungen. Wo es nur Affirmation gibt, entsteht nichts, zumindest nichts Neues. Veränderung braucht Widerspruch. Wir müssen ihn nicht fürchten – und unsere Leserinnen schon gar nicht. Unsere Angst vor den Lesern ist oft nur ein Alibi. Größere Veränderungsmuffel als sie sind wir selbst.

»Journalistische Formatentwicklung ist ein interdisziplinärer Job. Er bedient sich optimalerweise sowohl des klassischen journalistischen Handwerks als auch des Projektmanagements.«

MARK HEYWINKEL

Wenn das neue Format am Ende der Topfpflanze Nora doch nicht gefällt

Wie entwickelt man ein journalistisches Format? Der Digitaljournalist Mark Heywinkel sagt: Genauso unterschiedlich wie unsere Vorstellung von einem Fahrrad können Ansätze für ein neues Format sein. Es braucht Raum, verschiedene Ideen zu entwickeln. Wichtig: Auch die beste Idee kann scheitern.

Nirgendwo sonst finden Journalist*innen mehr Möglichkeiten, Geschichten zu erzählen, als im Digitalen. Diverse Technologien und Plattformen bieten ihnen zig Erzählformen, mit denen sie neue Zugänge zu Themen, Protagonist*innen und Handlungsorten schaffen können. Historische Ereignisse wie die Mondlandung lassen sich per VR-Animation visualisieren, die Folgen von Hurrikans detailliert in 3D-Modellen abbilden oder komplexe Wirtschaftsfragen in ›Newsgames‹ darstellen.

Das Digitale ist ein Spielplatz für Kreative – und in der Regel mangelt es Journalist*innen nicht an Ideen, sich darauf auszutoben. Allerdings können digitale Experimente, die oftmals zusätzlich zum redaktionellen Tagesgeschäft gestemmt werden müssen, mit hohem

Aufwand und Kosten und nicht zuletzt mit großem Druck verbunden sein. Hier hilft die journalistische Formatentwicklung: Sie unterstützt und leitet Journalist*innen zielgerichtet durch die Ideenfindung und Produktion neuer Einfälle.

Formatentwicklung seriös betreiben

Sollte ein Radiosender ein morgendliches Nachrichten-Update in der Clubhouse-App starten? Kann ein Sportressort Sensordaten sammeln, um eine Geschichte übers Joggen spannend anzureichern? Ließe sich ein politisches Stück auch als Newsgame für Oculus Rift umsetzen?

Journalistische Formatentwicklung stellt solche Überlegungen auf den Prüfstand. Sie untersucht, unter Zuhilfenahme welcher Technologien, auf welchen Plattformen und mit welchen Ressourcen journalistische Erzählungen möglich und überhaupt sinnvoll sind. Sie kundschaftet potenzielle Zielgruppen aus und analysiert Konkurrenzangebote. Schließlich formuliert sie konkrete Formate, bestimmt realistische Ziele und baut nachhaltige Workflows auf, um den neuen Ideen ein hoffentlich langes Leben zu ermöglichen.

Die Vielzahl der Aufgaben zeigt: Journalistische Formatentwicklung ist ein interdisziplinärer Job. Er bedient sich optimalerweise sowohl des klassischen journalistischen Handwerks als auch des Projektmanagements. Von Auftrag zu Auftrag ist die Formatentwicklung außerdem gefordert, flexibel Schnittstellen zu Disziplinen abseits des klassischen Redaktionsalltags herzustellen. Zum Beispiel zum Eventmanagement, um eine digitale Konferenz auszurichten, oder zu Coder*innen, um Algorithmen zu entwickeln.

Der Umfang der Aufgaben zeigt auch: Formatentwicklung ist kein Nebenbei-Job. Dennoch müssen Redaktionen nicht zwangsläufig Format- oder Innovationsteams gründen sowie aufwendige Design-Thinking-Schulungen durchführen, um Formatentwicklung seriös zu betreiben. Natürlich schadet all das nicht. Aber um eine ressourcenschonende, nachhaltige Entwicklung digitaler Formate aufzusetzen, hilft es zu Beginn bereits, wenn die Verantwortlichen Antworten auf folgende fünf Fragen formulieren können.

Formatentwicklung beginnt nicht erst mit einer Idee, sie forciert bereits deren Entstehung. Wie sich Kreativität anregen lässt, dafür gibt es Vorschläge wie Sand am Meer – und alle sind sie schlecht, und alle sind sie gut.

Für manche Teams ist es aussichtsreich, interaktive Workshops zur Ideenfindung durchzuführen. Sinnvolle Workshop-Formate für Innovationsmeetings hat beispielsweise die Agentur Hyper Island in einer frei zugänglichen Toolbox gesammelt. Ein Workshop nach dem ›Mash-Up Innovation‹-Prinzip etwa fordert die Gruppe auf, zu drei Themenfeldern Assoziationen zu sammeln (zum Beispiel: Technologie, Bedürfnisse von Nutzer*innen, bestehende Services) und die Gedanken später in Kleingruppen zu kombinieren, um neue Dienste zu entwickeln. Sofern die Teilnehmer*innen motiviert und teamfähig sind, kommt bei interaktiven Workshops dieser Art etwas rum.

Ein anderer Ansatz ist es, auf starre Meeting-Strukturen zu verzichten und Journalist*innen bei einem lockeren Brainstorming das zu ermöglichen, was im Berufsalltag häufig fehlt: uneingeschränktes, freies Denken.

Als die Journalisten Daniel Fiene, Dennis Horn und Herr Pähler herausbekommen wollten, wie sie ihren Podcast *Was mit Medien* weiterentwickeln könnten, holten sie sich Hilfe beim Radio-Trainer Christoph Flach und machten aus dem Brainstorming direkt eine Podcast-Episode. Etwa ab Minute vier der hörenswerten Folge empfiehlt Flach, zu Beginn einer Ideenentwicklung nicht die Machbarkeit zu bedenken: »Ihr dürft alles fordern, ihr dürft alles sagen, ihr dürft eure stillen Träume hier ausleben.« Ob sich die Einfälle umsetzen ließen, könne man später noch gucken.

Auch das kann zielführend sein. Eine ressourcenschonende Formatentwicklung kennt ihre Redaktion und weiß, mit welcher Methode sich am besten Ideen sammeln lassen. Ebenso weiß sie einzuschätzen, wie grün die Wiese sein sollte, auf der das Ideensammeln stattfindet. In Redaktionen existieren grüne Wiesen selten, Umsetzbarkeit spielt leider doch von Beginn an eine essenzielle Rolle. Deshalb ist die Formatentwicklung gut darin beraten, bereits in der Einladung zu einem Workshop die Wiese klar abzustecken – etwa so: »Wir wollen ein Angebot für eine junge Zielgruppe zwischen 16 und 20 Jahren entwickeln. Dafür wollen wir einen Instagram-Kanal starten. Er soll sich mit dem Thema Film und Serien beschäftigen.«

Erwartungsgemäß werden an einem solchen Workshop vor allem Journalist*innen teilnehmen, die sich mit Filmen und Serien auskennen, die Instagram kennen und sich für die Lebenswelt junger Menschen interessieren – oder gezielt zu diesen Themen herumnörgeln wollen. Und genau mit diesen Leuten – den Expert*innen wie den Kritiker*innen – will man für eine ergiebige Ideenfindung auf einer Wiese stehen.

Die gleiche Vorstellung von einem Fahrrad?

2009 begann der italienische Künstler Gianluca Gimini, Freund*innen und Unbekannten auf der Straße den Auftrag zu geben: Zeichne ein Fahrrad! Das Überraschende an dem Projekt: Obwohl natürlich jede*r Fahrräder kennt oder eines besitzt und regelmäßig fährt, entstanden die kuriosesten Zeichnungen.

Manchmal glaubt der Mensch, eine klare Vorstellung von etwas zu haben, obwohl die Realität deutlich davon abweicht. So ist es mit Fahrrädern ebenso wie mit Ideen. Sobald ein Team eine Idee für ein neues journalistisches Format ausgearbeitet hat, ist es essenziell zu prüfen, ob die Teammitglieder tatsächlich die gleiche Vorstellung von dieser Idee haben.

Ein guter Weg, die Vorstellungen auf einen Nenner zu bringen, ist es, ein gemeinsames Mission Statement zu formulieren: »Was wollen wir machen? Für wen machen wir es? Welchen Zweck erfüllt es?« Die Agentur Board of Innovation bietet eine sogenannte ›Pitching canvas‹ an, eine Übersicht, die – gemeinsam vom Team ausgefüllt – ebenfalls zur Synchronisierung der Vorstellungen taugt. Das Mission Statement kann auch im weiteren Projektverlauf immer wieder herangezogen werden, um zu prüfen, ob das Format noch immer ›on track‹ ist.

Gibt die Formatidee es her, wie im Fall des Instagram-Accounts über Filme und Serien, kann das Team sie auch zeichnen: Jede*r aus der Gruppe visualisiert, wie er*sie sich zwei, drei Posts für junge Film- und Serienfans vorstellt – und die Symbiose dieser Zeichnungen wird in A1 gedruckt und prominent in der Redaktion aufgehangen.

Eine Topfpflanze namens Nora?

Je tiefer man in der eigenen Idee versinkt, desto besser kennt man sie – und desto intensiver ist man auch davon überzeugt, dass die Idee gut ist. Die Formatentwicklung überlässt die finale Bewertung einer Idee aber nicht den Ideengeber*innen, sondern der Zielgruppe.

Man stelle sich vor: Das Team, das am Instagram-Account für Film- und Serienfans werkelt, versteift sich in die Idee, Filmklassiker vorzustellen, die man gesehen haben muss: *Citizen Kane*, *Der Pate*, *Metropolis*. Das Team hat dabei völlig aus den Augen verloren, dass die Zielgruppe zwischen 16 und 20 womöglich mit dem klassischen Filmkanon nur noch wenig anfangen kann und möchte. Dieses Projekt wird voraussichtlich scheitern.

Die Formatentwicklung muss Journalist*innen dabei helfen, sich immer wieder in die Schuhe der Zielgruppe zu stellen. Das kann gelingen, indem man wie im Marketing einen Persona-Steckbrief entwickelt, sich also eine durchschnittliche Person aus der Zielgruppe imaginiert. Am besten geschieht das auf Basis von Daten, welche die Formatentwicklung zuvor gesammelt hat:

»Wir wissen, dass sich unter unseren User*innen vornehmlich weibliche Serienfans befinden. Als unsere Persona für die Formatentwicklung legen wir daher Nora fest, sie ist 18 Jahre alt, fängt gerade an zu studieren, streamt am liebsten ab 20 Uhr, vor allem auf Netflix, am liebsten Horrorserien [...].«

Um immer wieder an die Persona Nora und ihre Bedürfnisse zu denken, hilft es, Nora an Meetings teilhaben zu lassen – nicht nur als Gedanken im Hinterkopf, sondern materiell und möglichst prominent. Eine große Topfpflanze kann da Wunder wirken: Wenn sie zu jeder Runde mitgenommen und auf einen Platz neben das Team gesetzt wird, können die Kolleg*innen gar nicht anders, als sich ständig zu fragen:

Machen wir hier tatsächlich etwas, das unserer Topfpflanze respektive Persona Nora gefallen würde?

Wie die Lust am Weitermachen bewahren?

Ist die Geburt einer Idee bewältigt und ihre serielle Produktion gewährleistet, ist der Job der Formatentwicklung nicht erledigt. Im Gegenteil müssen die Formatentwickler*innen ein neues Produkt wie den Film- und Serien-Account nun gemeinsam mit dem Team regelmäßig evaluieren: »Haben wir nach einem halben Jahr die prognostizierten Abonnent*innenzahlen erreicht? Wenn ja: Wie ist es uns gelungen? Funktionieren Einzelbilder oder Karussellposts im Feed besser? Wie kann die Click-Through-Rate der Storys gesteigert werden?«

Gegebenenfalls muss die initial entwickelte Strategie nachjustiert werden. Das gelingt nur, wenn sich keine träge Routinestimmung einschleicht und sich das Team die Lust am Weitermachen bewahrt. Um die Gruppe zu motivieren, den Wissenstransfer im Team zu fördern und Erkenntnisse zu dokumentieren, bietet es sich an, dass die Formatentwicklung regelmäßige Rückblicke anstößt, die in agilen Prozessen Retrospektiven genannt werden – im Fall des Instagram-Accounts zu Beginn wöchentlich.

Wie sich ertragreiche Retrospektiven gestalten lassen, sammelt die Scrum- und Kanban-Expertin Corinna Baldauf auf der Website Retromat. In dem Archiv lassen sich 140 Ideen für Team-Updates finden. Für die Gruppe, die den Film- und Serien-Account auf Instagram bespielt, bietet sich unter anderem das Format Nummer 54 an, der ›Oscar für Storys‹. Das Team kann dabei in drei Kategorien zum Beispiel den gelungensten oder den nervigsten Post auf dem Account in der vergangenen Woche nominieren, anschließend werden die Gewinnerposts diskutiert.

Die Formatentwicklung protokolliert die Retrospektiven. Einerseits, um Erkenntnisse für die Anpassung der Strategie zu sammeln. Andererseits, um die Infos für die beim Termin abwesenden Teammitglieder festzuhalten. Wenn alle die Möglichkeit zur Teilhabe bekommen, ein Format aktiv weiterentwickeln und fortlaufend Ideen einbringen dürfen, kann auch die Motivation lange aufrechterhalten werden.

Ein guter Verlierer sein?

Eine kluge Formatentwicklung macht sich von Anfang an Gedanken über den gewünschten Output eines Formats und legt ›Key Performance Indicators‹ (KPIs) fest: »Unser Film- und Serien-Format auf Instagram soll bis Ende des Jahres 100.000 Abonnent*innen gewinnen, von denen mehr als 60 Prozent weiblich sein sollen« – und so weiter. Wenn Ziele nicht erreicht werden, justiert sie auf Basis von Analysen und Retrospektiven nach.

Die Formatentwicklung weiß aber: Auch die größte Motivation, die beste Arbeit und eine ausgeklügelte Strategie sind kein Garant für Erfolg. In einer Episode der *Serie Star Trek: The Next Generation* formuliert es Enterprise-Captain Picard wunderbar: »It is possible to commit no mistakes and still lose. That is not a weakness. That is life.«

Eine kluge Formatentwicklung bereitet sich darauf vor, dass Persona Nora trotz passgenauem Instagram-Produkt kein Abo hinterlässt, keinen Post likt und nicht kommentiert. Die Formatentwickler*innen notieren daher für sich selbst auch immer dieses Ziel: Wir wollen alle Erfahrungen dokumentieren, um künftige, ähnliche Projekte ressourcenschonender und nachhaltiger begleiten zu können.

Das Wissen aus Analysen und Retrospektiven zu sammeln, hat einen weiteren Vorteil: Die Leistung eines Teams kann in Trello-Boards, einem internen Wiki oder in Form von Präsentationen festgehalten werden. So bleibt – selbst wenn der Instagram-Account irgendwann eingestellt wird – etwas von der Arbeit übrig, auf das später alle zurückblicken und hoffentlich mit Stolz sagen können: Das war eine gute Zeit.

»Es geht heute um kritische Einordnung, Suche nach Evidenz und darum, vermeintliche von echten Experten zu trennen.«

NICOLA KUHRT

Rettungsboot Wissenschaftsjournalismus – und was uns nach der Pandemie erwartet

Egal, ob es um Themen wie Klimawandel oder die Pandemie geht: In jedem journalistischen Team und jeder großen Redaktion sollte ein Wissenschaftsjournalist vertreten sein, sagt die Wissenschaftsjournalistin Nicola Kuhrt. Durch die wirtschaftliche Krise vieler großen Häuser könnten Nischenprodukte hier immer größere Bedeutung zukommen.

Das gab es noch nie. Im Interview mit dem NDR-Medienmagazin *Zapp* erklärte Virologe Christian Drosten im März 2020: »Ich sehe als Wissenschaftler, der mit Journalisten spricht und auch Pressekonferenzen miterlebt, sehr deutlich den Unterschied zwischen politischer Berichterstattung und Wissenschaftjournalismus. Ich nehme einen sehr deutlichen Unterschied in der Fragestellung wahr und ich finde es nicht nur neutral, sondern auch kontraproduktiv, wie politische Journalisten im Moment fragen.« Die Bundespressekonferenz habe er zuletzt als Zeitverschwendung empfunden. Es sei nur nach leeren Fußballstadien und dem CDU-Parteitag gefragt worden, anstatt inhaltliche medizinische Fragen zu beantworten.

Wissenschaftsjournalisten konnten sich angesichts des Lobs von prominenter Stelle freuen und auch in ihrem Rollenverständnis bestätigt fühlen. Ein neues Selbstbewusstsein schadet nicht, zeigte sich in der Pandemie – so schrecklich die Folgen sind – doch der eigentliche Antrieb und die Bedeutung des Wissenschaftsjournalismus. Längst geht es nicht mehr darum, ein Übersetzer wissenschaftlicher Erkenntnisse zu sein, also verlängertes Sprachrohr einzelner Forscher. Es geht heute um kritische Einordnung, Suche nach Evidenz und vermeintliche von echten Experten zu trennen. Es geht um fachliche Prüfung veröffentlichter Studien und wissenschaftlicher Statements und darum, unabhängig zu berichten. Mit Blick auf die Verantwortung, was man schreibt. Auch langfristig. Ob zum Klimawandel oder eben in der Pandemie: Was ist zu einem aktuellen Zeitpunkt über SARS-CoV-2 bekannt, was sind bloße Mutmaßungen?

Einen Keil zwischen die Ressorts treiben

Drostens Aussage treibt zugleich einen Keil zwischen die Ressorts: Auf der einen Seite die Politik- und Wirtschaftsjournalisten, auf der anderen die Wissenschaftsjournalisten. Letztere wollen gar nicht Besonders sein, aber sie sind es qua Ausbildung und Expertise natürlich doch. So wie man von einem Nahost-Korrespondenten erwartet, dass er sich sehr gut auskennt mit der inneren Struktur und Historie der Länder und ihrer Konflikte, so gilt das auch für jene, die sich auf den Konfliktfeldern der Wissenschaft bewegen. Manche Dinge kann ein Wissenschaftsjournalist besser, genauso wie ein Kulturjournalist besser über Theaterstücke schreiben kann. Oder die Sportjournalistin über ein Fußballspiel. Ein Wissenschaftsjournalist würde sich zum Beispiel bei der Frage, ob ein neuer Corona-Impfstoff für Menschen über 65 Jahre geeignet ist oder nicht, niemals einzig auf die Einschätzung einzelner Politiker und Behörden verlassen. Die Zeile war aber schnell platziert, sie ist nur leider falsch. Am Ende entstand ein Wirrwarr an Meldungen, die sich teils widersprachen und die Menschen in der Pandemie noch mehr verunsicherten.

Drostens Feststellung sollte daher nicht zum Positions- oder Verteidigungskampf zwischen den Ressorts werden, sondern endlich zu der Überlegung führen, gewisse Themen in Redaktionen von Beginn an anders anzufassen. Der Nachrichtenbedarf der Gesellschaft ist mit wissenschaftlichen Entwicklungen etwa in der personalisierten Medizin, der Künstlichen Intelligenz, mit dem Klimawandel oder eben jetzt durch die Pandemie ein anderer geworden.

Wenn es um Themen mit Wissenschaftsbezug geht, haben Wissenschaftsjournalisten die Fähigkeit, diese umzusetzen. Doch dieses Verständnis ist längst keine Selbstverständlichkeit. In Teams sollte immer auch ein Kollege aus dem Wissenschaftsressort sein. Und in großen Redaktionen – auch bei den Öffentlich-Rechtlichen – sollte mindestens immer ein Wissenschaftsjournalist sitzen – damit nicht doch in Spät- oder Sonntagsdiensten Meldungen durchrutschen, die die Öffentlichkeit verunsichern oder falsch informieren.

»Den Unterschied machen also nicht starke Meinungen, sondern sorgfältige Recherchen und die strenge Suche nach echter Expertise, die Orientierung liefert«, beschreibt es Volker Stollorz, Leiter des Science Media Centers Deutschland in einem Essay für die ZEIT. »Direkt aus der Forschung aber ergießt sich tagtäglich eine wahre Springflut von Informationen über daten- und nachrichtenhungrige Medienkonsumenten. Neben der Wissenschaft ist es der Wissenschaftsjournalismus, der wegen seiner Sortier- und Bewertungsfunktion systemrelevant wird, wie bereits zu Zeiten von Tschernobyl und Fukushima. Breite Teile der Bevölkerung suchten nach verlässlichen Informationsquellen.«

Natürlich können Journalisten nach leeren Fußballstadien fragen. Wann aber sollten Emotionen im Vordergrund stehen, wann sollte man im Sinne der Öffentlichkeit andere Dinge in den Vordergrund stellen? Gute und verlässliche Meldungen zum Geschehen rund um Corona sind tatsächlich lebenswichtig. Gute Informationen tragen zu einer aufgeklärten Öffentlichkeit bei, die Fehlinformationen erkennen und einsortieren kann.

Fake News: Impfen macht Bill Gates noch reicher

Doch im Gewirr der vielen lauten Stimmen und verwirrenden Nachrichten, gemischt mit politisierten Debatten, gehen Berichte über verlässliches Wissen vielfach unter, beschreibt Volker Stollorz. Gemeint ist das populistische Geschrei großer Boulevardmedien, man denke an die BILD-Kampagne gegen eine frühe Studie von Drosten. In den sozialen Medien blühen derweil Verschwörungsmythen, etwa dass Impfen wahlweise unfruchtbar macht, unser Erbgut verändert oder – der Klassiker – Bill Gates noch reicher macht. In Foren und auf dem Messenger-Dienst Telegram mischen sich Querdenker und Impfskeptiker, formulieren trotzig ihre Weltsicht. Dank Internet, dank Social Media kann jeder alles publizieren.

Natürlich hat die mediale Weiterentwicklung viele gute Seiten. Mehr Lesernähe, mehr direkter Diskurs, mehr Debatten, und dadurch mehr Möglichkeiten, journalistisch zu arbeiten. Aber mit der Zunahme an Plattformen macht sich ein oftmals destruktiver Ton in den Foren und Kommentarspalten breit. Fake News schaffen es, große Aufmerksamkeit zu erzielen, während die Tatsachen nicht wahrgenommen und Korrekturen kaum vernommen werden.

»Journalisten haben ihre Rolle als Gatekeeper verloren«, diagnostiziert der frühere Wissenschaftsjournalist Alexander Mäder im Wissenschafts-Medienblog *Meta*. Journalistinnen und Journalisten entschieden schon lange nicht mehr darüber, welche Nachrichten und Analysen wichtig genug sind, damit die Öffentlichkeit von ihnen erfährt. »Diese Aufgabe haben zu einem guten Teil die Algorithmen von Google und Facebook übernommen«, schreibt Mäder. Diese Algorithmen orientierten sich dabei nicht am gesellschaftlichen Interesse, sondern an den Präferenzen der Nutzer und der Menschen in ihrem Umfeld. Die Stärkung des öffentlichen Diskurses sei eine Errungenschaft, die wir nicht aufgeben sollten. Doch sie führe zu einer Flut an Beiträgen, die man als Einzelner kaum überblicken könne.

Gatekeeping hat daher weiterhin einen wichtigen Wert, befindet Mäder: Wissenschaftsjournalisten können die öffentliche Debatte bereichern, weil sie die Dinge aus einer anderen Perspektive beobachten und – möglichst unabhängig von Politik, Wirtschaft und Interessensverbänden – Orientierung geben.

Wie wichtig der Faktencheck durch Journalisten ist, und welche fatalen Auswirkungen es haben kann, dass die Wirkkraft von Wissenschaftsjournalistinnen und -journalisten stark geschwunden ist, zeigt sich etwa an dem Wunsch der Menschen in Deutschland, sich gegen Corona impfen zu lassen. Auf dem Höhepunkt der Querdenker-Debatten im Herbst 2020 sank die Bereitschaft auf Werte um 60 Prozent. Zu niedrig, um den erforderlichen Gemeinschaftsschutz gegen Corona zu erreichen.

Falschinformationen in den Medien sind längst zum gesellschaftlichen Problem geworden. Cailin O'Connor, Professorin für Logik und Wissenschaftsphilosophie an der US-University of California, hat das Feld untersucht:

> »Unsere Annahme war, dass Informationen, die man von jemandem bekommt, der anders ist als man selbst, als weniger zuverlässig eingestuft werden. Der Effekt auf die eigene Überzeugung ist nicht so stark, wie wenn jemand etwas sagt, dem wir wirklich vertrauen. Und was wir beobachtet haben, ist: Ein bisschen dieser ungleich verteilten Skepsis reicht aus, das Netzwerk zu polarisieren. Es entstehen zwei Lager, die unterschiedliche Ansichten vertreten und einander so wenig glauben, dass sie niemals einen Konsens erreichen werden.«

Und mitten in diesen Lagern und Netzwerken recherchieren und publizieren Journalisten. Die Herausforderung, über Wissen und Wissenschaft zu berichten, ist auch deshalb groß. Wissen ist unsicher, wissenschaftliches Wissen durch Vorläufigkeit gekennzeichnet. Die Wissenschaft versucht, durch Forschung, die Überprüfbarkeit und Wiederholbarkeit zulässt, Verlässlichkeit zu schaffen, Wissenschaftsjournalisten arbeiten mit ihren Quellen.

Befreiung aus dem ewigen Exotenstatus

In Zeiten von Social Media und Fake News muss dies allerdings wesentlich schneller gehen, als das noch vor einigen Jahren der Fall war. Zudem hat die pure Arbeitszeit, die einem einzelnen Journalisten für seine Recherche zur Verfügung steht, deutlich abgenommen. Die Pandemie sollte der Moment sein, die Gewichtung von Ressorts in den Medien auszubauen: Wissenschaft sollte aus dem ewigen Exotenstatus befreit werden.

Dabei funktioniert Journalismus generell nicht nach den üblichen Regeln des Marktes und das aktuelle Geschäftsmodell kränkelt bekanntermaßen seit langem. Eine wachsende Nachfrage nach Wissenschaftsnews führt somit nicht unbedingt zu höheren Einnahmen in den Medienhäusern. Trotz steigender Klick- bzw. Verkaufszahlen gerade bei Wissenschaftsthemen schicken Verlage ihre Mitarbeiter in Kurzarbeit oder schließen wortlos ganze (Wissenschafts-)Ressorts. Weitere Verlage gehen davon aus, bald Mitarbeiterinnen und Mitarbeiter kündigen zu müssen. Die im Zuge der Coronakrise gekürzten oder gar komplett gestrichenen Budgets besonders im Rundfunk für freie Autorinnen und Autoren werden nicht zurückkehren.

Direkt betroffen sind auch viele Freie – viele Wissenschaftsjournalistinnen und -journalisten sind wiederum genau das. Es werden also eher weniger als mehr Menschen sein, die die systemrelevante Arbeit der Wissenschaftsjournalistinnen als Gatekeeper leisten können.

Meist wird vor allem über den Ist-Zustand der Medien diskutiert, doch es kommen langsam neue Lösungsansätze ins Spiel. Zwei Beispiele: Noch wenig bekannt ist eine langsam wachsende dritte journalistische Säule, die sogenannten Indie-Startups. Das sind Blogs, Podcasts und Online-Magazine wie *Übermedien*, *Perspective Daily*, *RiffReporter* oder auch *MedWatch*, das Hinnerk Feldwisch-Drentrup und ich gegründet haben. Nischenprodukte, sicher, aber sie erfüllen einen großen Informationsbedarf. Und alle finanzieren sich zumeist über Abos, die ihre Leser online abschließen.

Oder das bereits erwähnte Science Media Center, das als Recherchehilfe für Wissenschaftsjournalisten gestartet ist und in der Coronakrise endgültig zum unverzichtbaren Rettungsboot für einen evidenzbasierten Wissenschaftsjournalismus geworden ist.

Weitere Ideen gibt es zu genüge. Was fehlt, ist das Geld, sie umzusetzen. Oder sie gerade im Transformationsprozess weiterzuentwickeln. Aus der kommunikationswissenschaftlichen Forschung wissen wir, dass es gerade in Deutschland an einer fördernden Infrastruktur für diese Pioniere fehlt. Der Verein der Wissenschaftsjournalisten, die Wissenschaftspressekonferenz (WPK), hatte hier einen neuen Ansatz ins Spiel gebracht: Warum nicht eine Stiftung für Wissenschaftsjournalismus aufbauen? Denkbar wäre etwa eine Anschubfinanzierung für journalistische Start-ups, Inkubatoren, aus denen skalierbare Projekte entstehen. Entscheidend für die WPK bleibt, dass die journalistische Unabhängigkeit gewahrt bleibt.

Beispiele dafür, dass mit Hilfe staatlicher Mittel nicht nur akut Löcher gestopft werden, sondern systematisch daran gearbeitet wird, Medienbiotope zu schaffen, sind die Niederlande oder Österreich. Die Stadt Wien hat 2020 ein staatliches Förderprogramm von 2,5 Millionen Euro an 23 innovative Medienprojekte ausgeschüttet. Vergleichbare Initiativen gibt es auch außerhalb Europas, etwa in Kanada oder Australien.

Es wird sich erweisen, welcher Weg der richtige sein wird, um den Wissenschaftsjournalismus zu erhalten und auf die nächste Stufe zu heben. Seien wir mutig.

»Ich wünschte, ich könnte an dieser Stelle erzählen, dass heute alles ganz anders sei. Dass wir heute allesamt aufgeklärter seien, liberaler, weltoffener und achtsamer. Nun ja.«

STEPHAN ANPALAGAN

Wie fühlt es sich an, wenn man Sayed, Alaa oder Ahmad heißt?

Der Journalist Stephan Anpalagan erzählt von seiner Enttäuschung, wenn es um das Bild von Muslimen oder Zuwanderern in vielen Medien geht. Er sagt: »Man könnte meinen, ›Islam‹ sei einfach nur ein anderes Wort für ›Terrorismus‹ und ›Ausländer‹ ein anderes Wort für ›kriminell‹. Das irritiert mich sehr.«

Ich glaube, ich war 16 Jahre alt. Andere rauchten Zigaretten oder kamen mit einem Mofa angefahren, um mit kichernden Mädchen auf dem Sozius weiterzudüsen. Ich hingegen kaufte mir den Spiegel und trug ihn bedeutungsschwanger mit mir herum. Hin und wieder schaute ich auch rein, manchmal las ich sogar die gesamte Ausgabe. Dieses feuerrote Magazin, das halb zusammengerollt aus meinem Schulranzen ragte, verwandelte mich von einem jugendlichen Außenseiter in einen jugendlichen Intellektuellen. Zumindest glaubte ich das.

Eigentlich wollte ich immer so sein wie die wissbegierigen Schüler Jean-Paul Sartres. Uneigentlich träumte ich davon, gemeinsam mit Henry Miller die stillen Tage in Clichy zu erkunden. Wegen der Frauen, wegen der Drogen, wegen allem. Film noir im Paris der 1920er-Jahre statt Reihenhaus-Idyll im Wuppertal der 1990er-Jahre.

Zuhause blieb zumindest der Blick in die Unterwäscheseiten des Quelle-Katalogs und natürlich der *Spiegel*. Der bot in jeder 17. Ausgabe irgendwas mit Sex (»Die Neu-Entdeckung des weiblichen Körpers«) und dreimal im Jahr irgendwas mit Hitler (»Stasi-Spione aus dem Nazi-Lebensborn«). Dazwischen »Volksleiden Rückenschmerz« und Artikel über Theo Waigel und seine buschigen Augenbrauen. Der *Spiegel* und ich hatten einiges gemeinsam. Wir waren beide uncool, altbacken und umstandskrämerisch. Vielleicht war das auch der Grund, weshalb ich ihn langsam aber sicher lieben lernte.

Helmut Markwort hingegen liebte den *Spiegel* ganz und gar nicht, weshalb er sich aufmachte und den *Focus* gründete. Eine Illustrierte, die vollkommen anders sein sollte als alle anderen Illustrierten, Pardon: Nachrichtenmagazine. Diese fundamentale Andersheit manifestierte sich in dem Credo »Fakten, Fakten, Fakten«, das in der Werbepause regelmäßig durch mich hindurch schallte. Man sieht dabei Helmut Markwort in einer Redaktionskonferenz sitzen, umringt von zahlreichen Männern und einer Frau, die Protokoll führt. Markwort berichtet von der Titelgeschichte zur neuesten Ausgabe: »Amerikanische Neurologen haben das genau nachgewiesen: Frauen denken anders!«

Ich blieb beim *Spiegel*.

Während meiner Zeit als Student erweiterte ich meinen Nachrichtenkonsum auf die *Zeit*. Die war zwar in ihrer gedruckten Form furchtbar unpraktisch, weil riesengroß, hatte aber, ähnlich wie der *Spiegel*, ihren Artikelbestand nahezu vollständig in das Internet gehoben und entwickelte sich so zu meiner zweiten Heimat in Sachen News. Man sprach Englisch.

Als ich irgendwann neben meinem Studium anfing, als Werkstudent zu arbeiten, durchforstete ich in jeder freien Minute sowohl *Spiegel Online* als auch *Zeit Online* und druckte mir die interessantesten Artikel aus, um sie später zu lesen. Dabei musste ich mich immer furchtbar beeilen, weil den Werkstudent*innen nur 15 Minuten Internetzeit am Tag genehmigt wurden. Jedenfalls wurde mir irgendwann die manuelle Sucherei zu anstrengend und ich schrieb ein kleines Script, das die frei zugänglichen Titelgeschichten auf *Spiegel Online* und die Dossiers auf *Zeit Online* automatisch absuchte und ausdruckte. Auf der Busfahrt nach Hause las ich den dicken Stapel DIN-A4-Blätter. Mein Problembewusstsein in Sachen Kostenloskultur und Ressourcenverschwendung war damals noch nicht besonders ausgeprägt, dafür aber wuchs mein Respekt für all die Journalistinnen und Journalisten, die die Geschehnisse in unserer Welt derart präzise und scharfsinnig zu beschreiben vermochten.

Ich sah Menschen, die so aussahen wie ich

Inmitten all der vielen klugen Beiträge fanden sich allerdings auch immer wieder Artikel, die mich stark irritierten. Unter anderem eine *Spiegel*-Titelgeschichte aus dem Jahr 2007, die mit »Mekka Deutschland – Die stille Islamisierung« überschrieben war. Zu sehen ist ein vollständig schwarzer Hintergrund, das Brandenburger Tor und oben links ein Halbmond mit Stern. Das Bild spricht für sich. Wofür genau es spricht, zeigte sich einige Jahre später sehr eindrücklich, als der islamfeindliche und inzwischen verstorbene Udo Ulfkotte ein Buch mit dem Titel *Mekka Deutschland* schrieb und dieses im ebenso islamfeindlichen Kopp-Verlag publizierte. Und was das Wort ›Islamisierung‹ angeht: Das gebrauchen mittlerweile die Herrschaften von der AfD, die ebenjener Islamisierung durch die Entsorgung von Menschen entgegentreten wollen.

Das Titelbild war kein Einzelfall.

Auffällig war, dass der Islam und die Muslim*innen immer nur dann zum Titelthema wurden, wenn es um Terror oder gescheiterte Integration ging. Wenn das christliche Abendland in Gefahr geriet. Wenn ›die‹ ›uns‹ bedrohten. Neben »Mekka Deutschland« titelte der *Spiegel* auch »Blutiger Islam«, »Das Netz des Terrors«, »Der terroristische Weltkrieg«, »Terror gegen Touristen«, »Allahs blutiges Land«, »Das Prinzip Kopftuch – Muslime in Deutschland«, »Allahs rechtlose Töchter – Muslimische Frauen in Deutschland«, »Der heilige Hass«, »Der Dschihad-Kult«, »Allein gegen den Terror«, »Allahs gottlose Armee«, »Das neue Gesicht des Terrors«, »Der Terror der Verlierer« und »Der Terrorist«. Jenseits des Themenfelds ›Islam und Terror‹ sahen die Titelbilder des *Spiegels* immer dann besonders gefährlich und angsteinflößend aus, wenn von Ausländern und Zuwanderern die Rede war. So hießen die *Spiegel*-Titelgeschichten beispielsweise: »Asyl in Deutschland? Die Zigeuner«, »Flüchtlinge, Aussiedler, Asylanten – Ansturm der Armen«, »Elends-Kontinent Afrika – Rettung durch die Weißen?«, »Ansturm vom Balkan – Wer nimmt die Flüchtlinge?«, »Asyl – die Politiker versagen«, »Gefährlich fremd – Ausländer und Deutsche: Das Scheitern der multi-kulturellen Gesellschaft«, »Zu viele Ausländer?« und »Ansturm der Armen – Die neue Völkerwanderung«.

Man könnte meinen, ›Islam‹ sei einfach nur ein anderes Wort für ›Terrorismus‹ und ›Ausländer‹ ein anderes Wort für ›kriminell‹. Das irritierte und irritiert mich immer noch sehr.

Zum einen, weil es offensichtlich nicht stimmte. Millionen Muslim*innen, die seit Generationen in Deutschland lebten, waren – offensichtlicher ging es ja kaum – eben nicht extremistisch oder islamistisch oder hingen gar irgendwelchen Terrorfantasien an. Dass der Islam eine genauso chaotische, irrationale, vielfältige und zuweilen langweilige Religion war wie das Christentum, wusste ich von zahlreichen Freundinnen und Freunden, die muslimisch waren. Diese Menschen kamen in der Berichterstattung aber genauso wenig vor wie der türkische Gemüsehändler, der albanische Bauarbeiter, die marokkanische Sozialarbeiterin und mein pakistanischer Kinderarzt, die allesamt eine muslimisch-deutsche Selbstverständlichkeit repräsentierten, für die sich der Journalismus nicht interessierte.

Der andere Grund, warum ich angesichts all dieser Titelbilder so angefasst war, hing mit meiner eigenen Identität und meiner eigenen Herkunft zusammen. Meine Eltern waren in den 1980er-Jahren aus einem Bürgerkriegsland nach Deutschland geflohen. Sie waren ebenjene Menschen, die in solchen Titelbildern als »gefährlich« oder als »fremd« bezeichnet und deren Ankunft in diesem Land als »Ansturm« tituliert wurde. Wenn ich die Menschen auf den Titelbildern sah, die hoffnungslos, verzweifelt und am Ende ihrer Kräfte versuchten, nach Europa zu gelangen, sah ich Menschen, die so aussahen wie ich. Bis heute kann ich nicht darüber hinwegsehen, dass ich es sein könnte, der auf einem solchen Titelbild zu sehen wäre, wenn sich meine Eltern damals nur anders oder zu spät entschieden hätten.

Es geht bei alledem nicht um den *Spiegel*. Es geht darum, dass nicht nur dieses liberale Nachrichtenmagazin in dieser Form und in diesem son (alle FOX NEWS), Rush Limbaugh (Talkradio), aber auch – etwas dezenter – Chris Cuomo (CNN) und Rachel Maddow (CNBC) haben es längst aufgegeben oder nie versucht, ein Publikum jenseits der eigenen Meinungsblase anzusprechen und zu überzeugen. Ihr Werkzeug ist nicht das Argument, sondern die Polemik. Sie konzentrieren sich darauf, ihre Fans im Freund-Feind-Denken zu bestärken. Journalisten, die genauso reich, berühmt und mächtig werden wollen versuchen, es den Stars nachzumachen, soziale Medien bieten ja ausreichend Möglichkeiten. Und Medienunternehmen wissen: Kommentar ist billiger als Recherche, Hetze erhöht die Aufmerksamkeit, die Reichweite und, ja, den Gewinn. Das ist das Problem. Aber wer sich auf dieses Spiel einlässt, trägt auch eine Mitverantwortung für die Sprachlosigkeit zwischen den Lagern.

Wozu die extrem einseitige, parteiische Berichterstattung führen kann, erleben amerikanische Kolleg:innen tagtäglich. Reporter wie der CNN-Mann Jim Acosta trauen sich nur noch mit Bodyguards zu politischen Veranstaltungen. Der Sturm aufs Kapitol am 6. Januar 2021 war nicht nur ein Sturm auf das Herz der Demokratie, sondern auch auf das Herz des freien, unabhängigen Journalismus. Viele Kolleg:innen, darunter auch deutsche, fürchteten um ihr Leben und ergriffen die Flucht.

Journalist:innen, die ein anderes Berufsverständnis als Sebastian Gorka, Rush Limbaugh und Sean Hannity haben, die ihre Aufgabe darin sehen, sachlich und unabhängig zu informieren, einzuordnen, aufzuklären, werden es in dem beschriebenen Umfeld immer schwer haben. Doch sie erweisen ihrem Publikum einen umso größeren Dienst. Denn sie stellen Informationen zur Verfügung, damit sich Menschen ein eigenes Bild machen können. Informationen, die parteipolitisch nicht zuzuordnen sind, die überraschen, weil sie ausschließlich nach übergeordneten Kriterien recherchiert und ausgewählt werden: Wahrhaftigkeit, Genauigkeit, Unabhängigkeit, Kritik gegen jede Form von Machtmissbrauch – egal, von wem. Nur wer sich diesen Prinzipien verpflichtet fühlt, wird auf lange Sicht etwas Wertvolleres erreichen als Reichweite und Reichtum, nämlich Glaubwürdigkeit und somit Wirkung über die Gräben einer Gesellschaft hinweg.

Sich diesen Prinzipien zu stellen, sie gegen jeden Angriff, gegen jeden Sog zu verteidigen, ist übrigens nicht nur Aufgabe für Unternehmen und Journalist:innen, sondern auch für Medienpolitiker:innen. Welche fatalen Folgen eine unverantwortliche Medienpolitik haben kann, sieht man ebenfalls in den USA: In den Nachkriegsjahren waren dort Politiker:innen besorgt über mögliche Auswüchse einer durchkommerzialisierten Rundfunklandschaft. Seit 1949 mussten Radio- und Fernsehsender daher die sogenannte ›Fairness-Doktrin‹ beachten, sie verpflichtete Rundfunkunternehmen und ihre Moderator:innen, bei politisch strittigen Themen nicht einseitig zu berichten, sondern immer auch der Gegenseite Raum zur Stellungnahme zu geben.

In den 1980er-Jahren geriet die Fairness-Doktrin immer mehr in die Diskussion; ihre Gegner:innen behaupteten, dass wegen der zunehmenden Anzahl von Sendern auch eine Vielzahl von Meinungsäußerungen garantiert sei. 1987 wurde die Fairness-Doktrin schließlich gekippt. Die Folge: Radikale Radiomoderator:innen wie Rush Limbaugh hatten nun einen von Gesetzgeber:innen ausgestellten Freibrief für ihre einseitigen Sendungen, auch für Sendungen voller Unterstellungen und Falschinformationen. Ein großer Teil des Publikums liebte es, wenn Limbaugh gegen Demokrat:innen, gegen das liberale Hollywood, gegen Ivy-League-Universitäten und Feminist:innen zu Felde zog. Limbaugh und andere wurden mächtig, weil sie schrill und unterhaltsam ein konservatives Programm für ein konservatives Publikum produzierten. Der redaktionelle Aufwand war überschaubar, der wirtschaftliche Erfolg riesig. Als 1994 FOX NEWS startete, gab Rupert Murdoch das Programm in die Hände von Roger Ailes, einem engen Freund von Rush Limbaugh. Und Ailes formte weite Programmstrecken des Fox-Programms, nämlich die Meinungsshows in der Primetime, nach dem Vorbild des entfesselten Rush Limbaugh.

Ähnlich üble Folgen hatte das Versagen der amerikanischen Medienpolitik beim Entstehen von Facebook, Twitter, YouTube usw. Sie konnten in einem nahezu rechtsfreien Raum wachsen. Von Anfang wurden sie besser behandelt als klassische Medienunternehmen wie Verlage und

Rundfunkstationen, denn sie mussten für die von ihnen verbreiteten Inhalte nicht haften. Die Section 230 des Communications Decency Act von 1996 sicherte ihnen eine privilegierte Stellung zu. Vor entsprechenden Klagen geschützt, konnten die Social-Media-Unternehmen bis dato enorme Reichtümer anhäufen – und gefährlich viel Macht. Es obliegt weitgehend ihnen selbst, wann sie Inhalte auf ihren Plattformen zulassen – und wann nicht.

Die Präsidentschaft von Donald Trump müsste vielen Menschen die Augen geöffnet haben – hoffentlich. Seine vier Jahre im Weißen Haus zeigen auf erschreckende Weise, zu welcher Demagogie, zu welchem Zynismus und zu welchem Machtmissbrauch demokratisch gewählte Politiker:innen in der Lage sein können. Die Trump-Jahre zeigen aber auch, wie empfänglich selbst scheinbar gefestigte Gesellschaften für eine faschistische Politik sind. Dass beides, Angebot und Nachfrage, Politik und Wahlverhalten, jahrzehntelang von Journalist:innen vorbereitet und ermöglicht wurde, gehört zudem zu den beschämenden Erkenntnissen dieser Präsidentschaft.

Ja, der Typ Trump ist auf Deutschland nicht ohne weiteres übertragbar. Zu unterschiedlich sind die politischen Systeme, zu stark funktionieren der öffentlich-rechtliche Rundfunk und Qualitätszeitungen in Deutschland als stabilisierende Anker. Aber sie sind nicht gottgegeben. Journalistische Unabhängigkeit ist auch bei uns keine Selbstverständlichkeit. Glaubwürdigkeit ist schwer zu erarbeiten, aber umso leichter verspielt.

Medienunternehmen stehen in der Verantwortung, Medienpolitiker:innen, vor allem aber wir Journalist:innen. Wenn eine Branche unter wirtschaftlichen Druck gerät, ist die Gefahr groß, ausschließlich über Sparmaßnahmen oder clevere Geschäftsideen nachzudenken. Selbstverständlich ist es notwendig, neue Angebote zu entwickeln, den Kontakt zum Publikum nicht zu verlieren, bestenfalls auszubauen und neue Leser-, Hörer-, Zuschauerkreise zu erreichen. Auch die Hersteller von Turnschuhen, Kühlschränken oder Softdrinks machen sich ja Gedanken, wie sie in einem sich verändernden Markt überleben und sogar wachsen können. Aber sie sind nicht in der Bewusstseinsindustrie tätig, sie haben keinen Einfluss auf den Zusammenhalt einer Gesellschaft.

Journalismus von morgen muss nicht nur neue Vermittlungsformen entwickeln, sondern standhaft bleiben. Er muss der Versuchung widerstehen, sich für eine Seite der Front zu entscheiden und Partei zu werden. Das höchste Gut bleibt Glaubwürdigkeit. Und Glaubwürdigkeit erlangt nur, wer unabhängig ist.

Nach dem Ende der Präsidentschaft von Donald Trump macht Sebastian Gorka übrigens weiter mit seiner Radioshow *America First*. Er hatte auch schon den Trump-Anwalt Rudy Giuliani als Gast in seiner Sendung. Gemeinsam zogen sie über den neuen, den demokratischen Präsidenten Joe Biden her. Mit billiger Polemik. Widerspruch war nicht zu erwarten. Gorkas Kampf geht weiter.

»Ich stelle mir vor, dass einige von Ihnen an dieser Stelle denken: Aha, wir berichten also anders über Frauen – what's the matter? Wahrscheinlich möchten Sie nun auch aufhören weiterzulesen.«

STELLA MÄNNER

Hört auf mit den Stereotypen!

*Die freie Journalistin Stella Männer sagt: Journalist*innen müssen aufhören, Geschlechterrollen zu manifestieren. Männer hat die Berichterstattung über den Wahlkampf um den CDU-Vorsitz 2018 untersucht. »Während wir in Porträts über Merz von seinem Hobby, dem Fliegen, erfuhren, lernten wir in Texten über Kramp-Karrenbauer, wie viele Kinder sie hat.«*

Als die finnische Politikerin Sanna Marin zur neuen Ministerpräsidentin ihres Landes gewählt wurde, hieß es bei der *Tagesschau*: »Sie ist hübsch, jung und seit heute die neue Ministerpräsidentin Finnlands.« Kurz nach Veröffentlichung geriet die Passage in den Mittelpunkt einer Twitter-Debatte. Während die einen die Tagesschau aufforderten, den sexistischen Kommentar zu entfernen, gaben die anderen vor, nicht zu verstehen, wo das Problem liegt (»Sie ist hübsch, darf man jetzt nicht mehr schreiben?«). Eigentlich fand der Vorfall ein gutes Ende: Mehrere User*innen erklärten den Fragenden das Problem (»Haben wir jemals über einen männlichen Regierungschef gelesen, er sei hübsch? Keine relevante Kategorie!«), und die *Tagesschau* änderte den Text: »Sie ist 34 Jahre alt und seit heute die neue Ministerpräsidentin Finnlands«. Kommentare wie dieser bleiben trotzdem ein Problem – denn sie sind kein Einzelfall.

Die journalistische Berichterstattung in Deutschland ist auch heute noch von einem geschlechtsstereotypen Denken geprägt. Gerade über Frauen, die wie Sanna Marin in einer stereotypisch männlichen Domäne arbeiten, berichten wir Journalist*innen anders als über Männer in vergleichbaren Positionen. Gleiches gilt für Frauen in Spitzenpositionen außerhalb der Politik. Ich stelle mir vor, dass einige von Ihnen an dieser Stelle denken: Aha, wir berichten also anders über Frauen – *what's the matter*? Wahrscheinlich möchten Sie nun auch aufhören weiterzulesen. Das dürfen Sie. Lassen Sie mich vorher nur erwähnen, dass es eben doch ein *matter* gibt.

Indem wir Journalist*innen die Wirklichkeit selektiv erklären, analysieren und kommentieren, kreieren wir ein eigenes verzerrtes Abbild der Wirklichkeit. Dieses beeinflusst unter anderem die politische Meinungsbildung unserer Leser*innen oder ihr Wahlverhalten, und es entscheidet, wer als Vorbild gesehen wird. Transportieren wir in unseren Texten, Radio- und Videobeiträgen bestimmte Geschlechtsstereotypen, tragen wir dazu bei, dass diese in der Gesellschaft manifestiert werden.

Wenn wir den Anspruch haben, ein Abbild der Wirklichkeit zu transportieren, das möglichst repräsentativ ist, sollten wir uns fragen, welche Stereotype wir verinnerlicht haben und unbewusst an unsere Leser*innen weitergeben. Während der Arbeit an meiner Masterarbeit habe ich die geschlechtsstereotype Diskriminierung von Frauen in Spitzenpositionen untersucht. Konkret habe ich die Printberichterstattung über den Wahlkampf um den CDU-Vorsitz 2018 in den fünf überregionalen Zeitungen *Frankfurter Allgemeine, taz, Süddeutsche Zeitung, Welt* und *Zeit* analysiert. Dabei fand ich Muster einer geschlechtsstereotypen Darstellung von Annegret Kramp-Karrenbauer. Anhand meiner und der Ergebnisse anderer Studien habe ich acht Kritikpunkte formuliert, die wir verbessern können:

1. *Wir sollten über Politikerinnen berichten*

Vor dem Hintergrund, dass Frauen medial allgemein weniger sichtbar sind als Männer, verwundert es nicht, dass dies auch auf Frauen in

Spitzenpositionen und Politikerinnen zutrifft. Egal, ob in der Printberichterstattung, in Fernseh- oder Radiobeiträgen: Über Politikerinnen wird nicht repräsentativ berichtet. Die Tatsache, dass Frauen weniger politische Ämter bekleiden als Männer, spielt dabei keine Rolle. Auch in Situationen, in denen beide Geschlechter gleichermaßen vertreten sind, wird über die Kandidatin weniger berichtet. Genauso ist die Tatsache, dass Frauen oft hierarchisch niedriger angesiedelte Posten als Männer bekleiden, für eine Erklärung ihrer Benachteiligung ungeeignet. Bei gleichem hierarchischen Status der Protagonist*innen berichten wir Journalist*innen immer noch häufiger über den Mann. Im Fall von politischen Wahlen bleibt diese Andersbehandlung nicht ohne Folgen: Indem wir Politikerinnen weniger Platz in unseren Beiträgen einräumen, verschaffen wir den Männern einen Stimmvorteil.

2. *Wir sollten Politikerinnen auch als solche benennen*

Wenn ich an Angela Merkel denke, ploppt nicht nur das Bild der Merkel-Raute vor meinem inneren Auge auf, sondern auch ihr Spitzname: Mutti. Meine Assoziation ist kein Zufall: Journalist*innen kreieren häufig Spitznamen für Politikerinnen. Was auf den ersten Blick vielleicht wie ein legitimes Stilmittel wirkt, entpuppt sich bei genauerem Hinsehen als Merkmal der medialen Andersbehandlung. Denn – Überraschung: Es sind vor allem Frauen, die Spitznamen bekommen. Politiker werden in der Regel mit ihrem Amtstitel und der Kombination aus ihrem Vor- und Nachnamen genannt. Journalist*innen, die dieses Muster befolgen, vermitteln ihren Leser*innen die Botschaft: Hier haben wir einen wichtigen Politiker mit Funktion und dort eine niedliche Frau, die irgendwie nicht in das seriöse Berufsfeld der Politik passt.

Wie stark diese Andersbehandlung in deutschen Printmedien praktiziert wird, zeigen auch die Ergebnisse meiner Masterarbeit. In den Artikeln, die ich untersuchte, fand ich eine Bandbreite an Spitznamen für Annegret Kramp-Karrenbauer, jedoch keinen einzigen für Friedrich Merz oder Jens Spahn. Während sich die Verwendung der Abkürzung ›AKK‹ bei Kramp-Karrenbauers langem und durchaus nicht ganz einfachem Namen noch rechtfertigen lässt, so ist es doch fraglich, warum für eine Spitzenpolitikerin die Synonyme ›das Annegret‹, ›Merkel light‹, ›Mini-Merkel‹ und ›Annegreat‹ verwendet werden. Interessant war auch zu sehen, zu welchem Zweck die Kolleg*innen die Spitznamen benutzten. In der *taz* und der Welt griffen die Autor*innen immer dann auf Spitznamen zurück, wenn sie negative Aussagen über Kramp-Karrenbauer trafen.

3. *Wir sollten aufhören, das Privatleben unserer Politikerinnen in den Fokus zu rücken*

Im Januar 2019, mitten im Brexit-Chaos, veröffentlichte *Zeit Online* einen Artikel über Anna Soubry und andere weibliche Abgeordnete. Der Artikel ging der Frage nach, was diese erfolgreichen Politikerinnen von ihren männlichen Kollegen wie Boris Johnson unterscheidet. Neben anderen Merkmalen kam die Autorin zu dem Schluss, dass es sich bei den Politikerinnen um Ehefrauen und Mütter handele. Fällt Ihnen etwas auf? Richtig, auch Boris Johnson und viele seiner Kollegen sind Väter und sind beziehungsweise waren verheiratet. Warum wurde ihnen keine besondere Volksnähe zugeschrieben?

Während wir über Politiker vor allem im Zusammenhang mit ihrer Arbeit berichten, stellen wir bei Politikerinnen noch immer auffällig oft das Privatleben in den Fokus. Gerade für die Mutterschaft von Politikerinnen scheinen wir uns dabei sehr zu interessieren. In den Artikeln, die ich analysierte, wurde das Privatleben von Kramp-Karrenbauer und Merz ähnlich oft thematisiert. Doch während wir in Porträts über Merz von seinem Hobby, dem Fliegen, erfuhren, lernten wir in Texten über Kramp-Karrenbauer, wie viele Kinder (drei) sie hat und wie sie es trotzdem schafft zu arbeiten (ihr Mann kümmert sich). Natürlich ist es interessant, nach der Vereinbarkeit von Familie und Beruf zu fragen. Aber warum fragen wir nur Frauen danach? Warum fragen wir keinen Politiker, wer sich um seine Kinder kümmert, während er in Parlamentsdebatten sitzt? So lange wir thematisieren, wer die Kinder von Frauen in Machtpositionen betreut, senden wir auch die Botschaft: Die Karriere von Frauen steht erst einmal im Widerspruch zu ihrer Rolle als Mutter.

Wer glaubt, die Berichterstattung über kinderlose Politikerinnen wäre in diesem Punkt besser, liegt falsch: Die Journalistin Birgitta Stauber-Klein beschreibt in einem Essay die Berichterstattung über die Politikerin Annette Schavan im Jahr 2004. Die Tatsache, dass Schavan Single und kinderlos war, wurde damals ausgiebig diskutiert. Einige Journalist*innen warfen die Frage auf, ob Schavan lesbisch sei. Die Kinderlosigkeit einer Frau empfanden die Kolleg*innen als so bemerkenswert, dass sie meinten, nach Ursachen forschen zu müssen.

4. *Wir sollten über die Ziele, Inhalte und Meinungen von Politikerinnen berichten*

Der unterschiedliche Fokus zeigt sich auch im Hinblick auf die Positionen, die Politiker*innen vertreten. Diese werden bei Männern häufiger genannt als bei Frauen. In der Berichterstattung über den Wahlkampf um den CDU-Vorsitz 2018 war dies nicht der Fall. Allerdings wurden bei Kramp-Karrenbauer vor allem ihre Standpunkte in sogenannten weichen Politikfeldern wie der Familien- und Sozialpolitik thematisiert. Diese gelten als stereotyp weibliche und prestige-unträchtige Themenbereiche.

Neben der Migrationspolitik ging es am häufigsten um Kramp-Karrenbauers Meinungen in frauenpolitischen Fragen. Nun könnte man vermuten, dass dies der Tatsache geschuldet sei, dass Kramp-Karrenbauer in ihrem Wahlkampf eben auf diese Themen setzte. Das tat sie aber nicht. Wenn wir nur bei Politikerinnen fragen, was sie für die Gleichberechtigung der Geschlechter tun wollen, sollten wir uns bewusst machen, dass wir das Thema damit auf ein Special Interest von Politikerinnen reduzieren. Oder können sich Männer etwa nicht für Gleichberechtigung einsetzen?

5. *Wir sollten aufhören, das Aussehen von Politikerinnen zu thematisieren*

Wissen Sie, welche Schuhe Boris Johnson trägt? Ich nicht. Müsste ich raten, würde ich auf normale schwarze Anzugschuhe tippen. Bei Johnsons Vorgängerin Theresa May ist das anders. Bei ihr weiß ich, dass sie eine Vorliebe für Pumps hat. Das Foto, das die Welt kurz nach ihrem Amtsantritt 2016 auf der Titelseite brachte, zeigt nur ihre Pumps und ist eines von unzähligen Beispielen dafür, dass wir das Aussehen von Politikerinnen noch immer für eine relevante Kategorie halten.

Die von mir untersuchten Zeitungen hielten sich im Rennen um den CDU-Vorsitz mit Kommentaren zu Kramp-Karrenbauers Aussehen zurück. Mit einer Ausnahme: Die *taz* nutzte in zwei Glossen die Beschreibung von Kramp-Karrenbauers Äußerem, um sie als Politikerin abzuwerten. Friedrich Merz kam in der *taz* nicht besser weg. Allerdings wurden sein Vermögen und seine Einstellung dazu kritisiert. Die Wahl der Themen steht exemplarisch für ein geschlechtsstereotypes Denkmuster: Will man eine Frau angreifen, trifft man sie mit Aussagen über ihre Attraktivität, der wunde Punkt des Mannes ist sein sozioökonomischer Status. Sollten wir Politiker*innen nicht lieber daran messen, ob sie ihre Arbeit sorgfältig erledigen?

6. Wir sollten aufhören, Politikerinnen pauschal mit stereotyp weiblichen Eigenschaften zu beschreiben

In meiner Masterarbeit untersuchte ich auch, mit welchen Charaktereigenschaften Kramp-Karrenbauer und Merz typischerweise beschrieben wurden. Unabhängig von ihrer politischen Ausrichtung zeichneten alle Zeitungen von Merz das Bild eines starken Mannes. Er wurde als ›ehrgeizig‹ beschrieben, als Mann, der ›zielführend‹ und ›strategisch‹ handele, der mutig sei, keine Konflikte scheue und auch mal wage, ›etwas Unerhörtes‹ zu sagen. Verstärkt wurde diese Charakterisierung durch die auffällig häufige Verwendung von Vokabular aus dem kriegerischen Sprachgebrauch und durch aktive Formulierungen.

Im Gegensatz dazu wurde Kramp-Karrenbauer in der Regel als zurückhaltende Person beschrieben. Sie zeichne sich durch ihre ›Teamfähigkeit‹ aus, sei ›nüchtern‹, ›unprätentiös‹, ›brav‹ und ›artig‹. Kurz gesagt: Kramp-Karrenbauer wurden stereotyp-weiblich konnotierte Attribute zugesprochen, Merz stereotyp-männliche. Und jetzt wird es kompliziert. Denn eigentlich sollte eine solche Charakterisierung kein Problem sein. Wenn alle Zeitungen die Kandidat*innen so sahen, haben sie dann nicht vielleicht einfach nur die Realität beschrieben? Jein.

Natürlich ist es nicht ausgeschlossen, dass sich die Charakterisierung von Kramp-Karrenbauer auf ihr eigenes Verhalten zurückführen lässt. Fakt ist aber auch: Politikerinnen, wie unterschiedlich sie auch sind, werden generell als stereotyp weiblich beschrieben. Gleichzeitig stellen wir Medienschaffende die Politik als ein Berufsfeld dar, das stereotyp männlich konnotierte Eigenschaften fordere. Politikerinnen, die mit dem klischeehaften weichen Bild einer Frau charakterisiert werden, wirken dadurch als ungeeignet für den harten politischen Betrieb.

7. *Wir sollten den Ursprung weiblicher Karrieren nicht Männern zuschreiben*

Die Stichworte ›Frau‹ und ›Karriere‹ scheinen auch heute noch in vielen Köpfen nicht zusammenpassen zu wollen. Das zeigt sich auch darin, wie unterschiedlich wir Journalist*innen die Laufbahn von Politiker*innen beschreiben. Während bei Männern in der Regel neutral über alte Posten berichtet wird, wird Frauen gerne unterstellt, sie hätten ihr Amt dem Zufall zu verdanken. Ebenfalls beliebt ist das Narrativ des männlichen Förderers. Im Wahlkampf um den CDU-Vorsitz 2018 tauchte es in einem Artikel der Zeit auf. Dort erfuhren die Leser*innen, dass es die Männer Karl Rauber und Klaus Töpfer waren, die Kramp-Karrenbauer zu einer Politikerin gemacht hätten. Kramp-Karrenbauer wurde hingegen als passive Frau beschrieben, die ihre Karriere quasi über sich ergehen ließ: Als sie 1998 in den Bundestag nachrücken sollte, »habe sie [auf der Autofahrt] angefangen, zu weinen und erst in Bonn wieder damit aufgehört«.

8. *Wir sollten den Erfolg von Politikerinnen nicht anders kommentieren*

Das Stereotyp »Männer machen Karriere, Frauen nicht« prägt noch auf eine weitere Art die Berichterstattung. Während der Wahlerfolg von Politikern in Bezug zu seinem Verhalten und seinen Fähigkeiten beschrieben wird, wird der Karriereerfolg von Politikerinnen eher in Verbindung mit externen Faktoren gebracht. Ein solcher ist zum Beispiel das Geschlecht der abstimmenden Wähler*innen. Ganz der Annahme folgend: Eine Frau wird von Frauen gewählt, ein Mann von Männern.

Diese Kritikpunkte sollen eine Einladung sein, über die eigene Arbeit kritisch zu reflektieren. Natürlich gibt es noch weitere Stereotype, die genannten sind jedoch am häufigsten verbreitet.

»Die bislang größten Feinde der IT-Sicherheit im Journalismus waren knappe Budgets und die Bequemlichkeit des Menschen.«

DANIEL MOSSBRUCKER

Recherchevorteil IT-Sicherheit

IT-Sicherheit gilt im Journalismus häufig als teuer und kompliziert. Das ist auf Dauer ökonomisch riskant, weil einzelne Angriffe ein Medienunternehmen finanziell ruinieren können. Vor allem aber verschenkt der Journalismus dadurch mögliche Storys, denn Wissen um digitale Sicherheit steigert automatisch die eigenen Recherche-Fähigkeiten, sagt Daniel Moßbrucker, Journalist und Experte für digitale Sicherheit.

Wenn es um digitale Sicherheit geht, genießen Medienschaffende gesamtgesellschaftlich gerne den Ruf einer technologischen Avantgarde, die mit hochinnovativen Verschlüsselungs- und Anonymisierungsverfahren ihre Recherchen vor staatlichen Geheimdiensten und datenhungrigen Internetkonzernen schützen können. Kaum vorstellbar hingegen ist es für viele Menschen, die den Journalismus eher aus der Publikumsperspektive kennen, dass es in Verlagen, Rundfunkanstalten und anderen Medienorganisationen bei der Datensicherheit kaum besser läuft als anderswo. Es gibt gewiss einige nennenswerte Ausnahmen gerade im investigativen Journalismus. Insgesamt jedoch ist die Vierte Gewalt längst nicht mehr in der Lage, im Angesicht technologisch aufgerüsteter Sicherheitsbehörden, abgeschwächter Informantenschutzrechte und krimineller Gruppen noch vertraulich und sicher zu arbeiten.

Ob das ein Problem ist? In der Tat können mangelnde IT-Sicherheit und geringes Problembewusstsein den Journalismus langfristig existenziell gefährden. Vor allem aber sollten zeitliche und finanzielle Ressourcen in Datensicherheit nicht mehr nur als kostspieliges, nerviges Übel begriffen werden, sondern als Chance, sich Recherche-Vorteile im journalistischen Wettbewerb zu sichern. Die These dieses Beitrags ist, dass gelebte IT-Sicherheit auf allen Ebenen der journalistischen Branche dazu führen kann, mehr Themen zu generieren und diese Themen tiefgründiger recherchieren zu können.

Einen Klick vom Ruin entfernt

Dass digitale Risiken dramatische Schäden anrichten können, musste Ende 2020 die Funke-Mediengruppe erleben. In einem für die deutsche Medienbranche bis dato beispiellosen Angriff wurde praktisch die gesamte IT-Infrastruktur für mehrere Tage lahmgelegt, sodass nur mühsam produzierte Notausgaben publiziert werden konnten. Wochenlang mussten digitale Geräte ›gereinigt‹ und die IT-Systeme praktisch komplett neu aufgesetzt werden. Funke wurde Opfer einer sogenannten Ransomware-Attacke, bei dem sich ein Trojaner unbemerkt auf Geräte schleicht, um dann blitzschnell Dateien zu verschlüsseln. Wer wieder Zugriff auf seine Daten haben möchte, muss zahlen.

Das Bundesamt für Sicherheit in der Informationstechnik (BSI) hält Ransomware sektorübergreifend für eine der größten Cyber-Bedrohungen überhaupt. 2020 waren in Deutschland beispielsweise Flughäfen, Universitäten, Verwaltungsbehörden und Krankenhäuser betroffen. Vor dem Journalismus werden die Cybercrime-Banden auch in Zukunft kaum Halt machen. Neben den ökonomischen Schäden ergibt sich für journalistische Unternehmen durch einen Taktikwechsel der Erpresser noch eine weitere, berufsethische Bedrohung: Um den Druck auf ihre Opfer zu erhöhen, drohen die Kriminellen immer häufiger, bei Nicht-Zahlung die erbeuteten Daten unverschlüsselt ins Netz zu stellen. Wenn sämtliche E-Mails, Chats und Rechercheprotokolle frei verfügbar wären, könnten reihenweise Informant:innen auffliegen. Die Zeit ist reif, beim Thema IT-Sicherheit grundlegend umzudenken.

Die bislang größten Feinde der IT-Sicherheit im Journalismus waren knappe Budgets und die Bequemlichkeit des Menschen. In Zeiten, in denen Medienunternehmen mit schrumpfenden Einnahmen zu kämpfen haben, wird selten mehr in die IT investiert als unbedingt nötig, um den Laden am Laufen zu halten. Dazu kommt, dass technische Innovationen meist der Benutzerfreundlichkeit und der Produktivitätssteigerung dienen, in Sachen Sicherheit hingegen nur das Nötigste umgesetzt wird.

Wahr ist aber eben auch, dass sicherere Systeme vor allem deshalb den Ruf haben, es zu verkomplizieren, weil so wenige Menschen sie nutzen. So haben Deutschlands investigative Journalist:innen, die innerhalb von Verlagen oder Sendern spezielle Sicherheitsbedürfnisse für ihre brisanten Recherchen haben, allzu häufig immer noch einen schweren Stand. Wenn sie darauf pochen, beispielsweise ihre dienstlichen E-Mails Ende-zu-Ende verschlüsseln zu wollen, wird dies zunächst als begründungsbedürftiger Kostenfaktor betrachtet, nicht als selbstverständlich. Einfacher ist es für viele Rechercheure in der Praxis, sich die Tools auf einem privaten Gerät zu installieren, um nicht von den Restriktionen der IT-Abteilung abhängig zu sein. Und selbst wenn Journalist:innen ein Sicherheitsfeature für ihre beruflichen Geräte bekommen, machen organisationsintern häufig nur wenige Kolleg:innen mit. Für alle anderen bleibt es ein seltenes Erlebnis, eine Ende-zu-Ende verschlüsselte E-Mail zu erhalten, sodass sie jedes Mal andere um Hilfe bitten müssen, um sie zu entschlüsseln. Na klar: Wenn Sicherheit etwas ist, was man vermeiden möchte, dann bleibt es die Ausnahme und damit kompliziert.

IT-Sicherheit heißt vor allem: mehr IT-Support

Nachhaltiger wäre es für journalistische Unternehmen, das Sicherheitsniveau insgesamt zu heben. Gerade wenn alle dazu verpflichtet werden, bestimmte Sicherheitsstandards zu befolgen, weil sie sonst Geräte und Programme nicht mehr nutzen können, werden bisherige Ausnahmen automatisch zur Regel. Erfahrungsgemäß scheitern solche Innovationsprozesse selten daran, dass ein Programm tatsächlich zu kompliziert ist oder die Beteiligten zu ignorant sind, sondern daran, dass nicht genügend erklärt und demonstriert wird, warum die Neuerung wichtig ist und wie sie konkret umzusetzen ist. IT-Sicherheit heißt daher vor allem: IT-Support. Der Funke-Fall hätte etwas Positives, wenn er der Branche als Ermutigung gälte, IT-Sicherheit nicht nur aus ökonomischen Erwägungen als Top-Priorität journalistischer Arbeit zu begreifen.

Damit ist nicht gesagt, dass jedes Sekretariat in einem Sender und jeder Pförtner im Verlag künftig Systeme nutzen muss, die als Gold-Standard im investigativen Journalismus gelten. Natürlich haben investigative Redaktionen noch mal gesteigerte Bedürfnisse, die sich aber eben – und das ist das zentrale Argument – viel einfacher in eine Gesamtorganisation integrieren lassen, in der dem Thema IT-Sicherheit generell hohe Bedeutung geschenkt wird. Dann nämlich wird bei jeder Neuanschaffung von Geräten oder Programmen gleich gefragt: Ist das verträglich mit den höchsten Anforderungen unserer Investigativ-Abteilung?

Aus Ressorts Security-Labs machen

Zukunftsweisend und in der Praxis schon erfolgreich sind daher all jene Projekte, in denen Investigativabteilungen mit Unterstützung der hauseigenen IT-Abteilung eine Art ›Security Lab‹ bilden. Sie bekommen also einen gewissen Inselstatus und zusätzliche Sicherheitsfeatures für ihre Arbeit, sind aber eben nicht auf sich allein gestellt mit ihren privaten Geräten, sondern mit Support der Fachleute. Prominentestes Beispiel in Deutschland ist vermutlich die SecureDrop-Technologie, ein anonymer digitaler Briefkasten, bei dem Quellen mit Hilfe des Tor-Netzwerks brisante Dokumente hochladen und mit der Redaktion kommunizieren können, ohne identifizierende Spuren zu hinterlassen.

Entwickelt seit 2013 von der Freedom of the Press Foundation unter Beteiligung des US-Whistleblowers Edward Snowden, kann jedes Medienhaus einen solchen anonymen Briefkasten kostenlos aufsetzen. Aber natürlich sind Aufbau und Betrieb dieser hochspezialisierten Technologie nicht ›nebenbei‹ im Alltag einer Redaktion zu leisten. Dafür braucht es Inhouse-Expertise und ein grundsätzliches Bekenntnis, bei digitaler Sicherheit in der Champions League mitspielen zu wollen. Im Oktober 2021 listete die offizielle Website von SecureDrop insgesamt 31 SecureDrops weltweit, aber in Deutschland nur die *Süddeutsche Zeitung* als Projektpartner.

En passant die Recherche-Skills fördern

Dass sich ein anonymer Briefkasten für die SZ schon gelohnt hat, dürfte mit einem Hinweis auf die Enthüllungen zu den Panama-Papers keiner weiteren Begründung bedürfen. Zwar schweigt die *SZ* dazu, wie konkret das Leak die Redaktion erreicht hat und verweist nur auf Verschlüsselung und Anonymisierung, die die Quelle gewählt habe. Aber es liegt sehr nahe, dass die mehrere tausend Gigabyte an Daten über SecureDrop an die *SZ* gelangt sind. Über herkömmliche Wege wie E-Mail oder Chats lassen sich solche Dateimengen jedenfalls nicht übertragen.

Dieser Aspekt der Sicherheitsthematik scheint im Journalismus bisher zu wenig verinnerlicht zu sein: Gerade wenn das Sicherheitsniveau grundsätzlich angehoben und zu einer Top-Priorität gemacht wird, lernen Menschen quasi en passant mehr über digitale Technik, was für den Journalismus neue Recherche-Möglichkeiten eröffnet. Wer zum Beispiel weiß, was eine IP-Adresse eigentlich aussagt und wie bestimmte Metadaten unserer Kommunikation uns digital verfolgbar machen, der kann dieses Wissen auch bei Recherche und Verifikation einsetzen. Herausragende Belege hierfür sind die Recherchen der Investigativplattform *Bellingcat*, die mit ihren Mitteln sogar russische Geheimdienstler ausfindig machen konnte, die den Anschlag auf den Kremlkritiker Alexej Nawalny durchgeführt haben.

Das größte Recherche-Potenzial liegt vermutlich im Bereich des sogenannten Darknets. Beschäftigen sich Journalist:innen intensiver mit Anonymisierungstechnologien wie dem Tor-Browser, öffnen sich quasi automatisch Recherchepotenziale im Darknet, das immer noch kaum von innen ausrecherchiert wird. Themen wie Rechtsradikalismus, organisierte Kriminalität, aber auch politischer Aktivismus können damit journalistisch nicht vollständig abgebildet werden.

Digitale Sicherheit als lästiges Übel

Recherchedefizite im Darknet werden wohl selten so sichtbar wie bei Darstellungen des sexuellen Missbrauchs von Kindern, die zu relevanten Teilen auch im Darknet geteilt werden. Zwar ist dies ein Thema von brennender Aktualität und überragendem öffentlichen Interesse, aber mangels eigener Recherchepotenziale wird journalistisch meist nur das wiedergegeben, was Behörden zu sagen haben. Gerade bei einem so bewegenden und drängenden Thema kann der Journalismus seine Wächter-Funktion gegenüber gesellschaftlichen Akteuren und staatlichen Ermittlungsbehörden nicht erfüllen; er kann also beispielsweise nicht beurteilen, ob die Behörden wirklich alle rechtsstaatlichen Mittel einsetzen, um Täter:innen zu finden und Opfer zu schützen, weil es häufig schon am technischen Know-how fehlt, um journalistisch und staatsfern recherchieren zu können. Im April setzten wir beim NDR erstmals eine Datenrecherche in diesem Bereich um und wiesen nach, dass tausende ›harmlose‹ Fotos von den Social-Media-Profilen von Kindern und Eltern geklaut und in Darkent-Foren geteilt werden. Die Story zählte 2021 zu den Recherchen, die beim NDR-Investigativformat *STRG_F* am intensivsten geteilt und kommentiert wurden.

Gerade bei dieser Thematik spielen in der Praxis gewiss auch erhebliche rechtliche, ethische und persönliche Vorbehalte eine Rolle, sich aktiv in die Recherche zu begeben. Das Argument lautet jedoch, dass Medienorganisationen von Vornherein solche Recherchepotenziale ausschließen, wenn die Journalist:innen die nötige Technologie nicht beherrschen und die IT-Infrastruktur solche Projekte, die unter höchsten Sicherheitsvorkehrungen im ›Security Lab‹ ablaufen müssten, nicht möglich macht. Der Journalismus würde ein besserer werden, wenn er auf Ebene der Medienorganisationen – also insbesondere der Verlage und der öffentlich-rechtlichen Sender – mehr IT-Sicherheit wagte. Das ist langfristig ökonomisch sinnvoll und journalistisch zwingend, um den Anschluss nicht zu verlieren. Teuer wird's vor allem für diejenigen, für die digitale Sicherheit ein lästiges Übel bleibt.

»Journalisten glauben, wir müssten die Welt in kleine Häppchen aufteilen und wie Kanapees servieren. Müssen wir nicht.«

TANJA KRÄMER

Warum wir mehr guten Umweltjournalismus brauchen

Tanja Krämer ist Wissenschaftsjournalistin aus Leidenschaft. In ihrem Essay erklärt sie, warum heute jede Redaktion ein Umweltressort haben sollte und wieso Umweltjournalisten kritischer werden müssen – auch und besonders gegenüber den vermeintlich Guten.

Früher galten sie als die Nerds der Redaktion, als *Waldschrate* und *Baumumarmer*. In den Redaktionssitzungen waren ihre Themen oft die letzten, die verhandelt wurden, wenn die übrigen KollegInnen eigentlich schon drauf und dran waren, Stifte und Zettel einzupacken, im Kopf längst bei den eigenen Geschichten. Man nahm UmweltjournalistInnen nicht für voll, weder in den Redaktionen noch außerhalb davon. Weil man ihre Themen nicht für voll nahm.

Der Klimawandel änderte das. Je stärker die Temperaturkurven stiegen, je deutlicher die Folgen der Erwärmung sich zeigten, desto mehr änderte sich auch das Klima in den Redaktionen. Es wurde deutlich, dass Schäden an der Umwelt Schäden an ganz anderer Stelle auslösen können: in der Wirtschaft, in der internationalen Zusammenarbeit, in der Flüchtlingspolitik, in der bloßen menschlichen Existenz. Kurz, es wurde deutlich, *dass wir von Natur und Umwelt existenziell abhängig sind.*

Die Berichterstattung über Klimawandel und andere Umweltprobleme hat denn auch deutlich zugenommen. Der Begriff ›Nachhaltigkeit‹ etwa taucht heute doppelt so häufig in Medien auf wie noch vor 20 Jahren, wie eine Studie der Leuphana-Universität Lüneburg bereits 2016 ermittelte. Dennoch leisten sich viele Tageszeitungen immer noch mehr Berichterstattung über Börsenkurse und Aktiengeschäfte als über Natur und Klima.

Kaum eine Publikation hat eine eigene Umweltseite. Umweltaspekte spielen in vielen Berichten über Neubauprojekte, Firmenbewertungen oder Verkehrsplanung kaum eine Rolle. Bei der Berichterstattung über den Klimawandel erhält das Foto einer 16-jährigen Zugreisenden mehr mediale Aufmerksamkeit als die UN-Klimakonferenz, an der sie teilgenommen hat. Berichterstattung über die Umwelt scheint nach wie vor wenig sexy zu sein.

Das ist ein fundamentaler Fehler. Ein stabiles Klima und wirksam geschützte biologische Vielfalt: *Sie sind unsere Lebensgrundlagen. Es geht alle etwas an, wenn sie zerstört werden.* Deshalb brauchen wir mehr Umweltjournalismus – und wir brauchen auch einen anderen.

Zur Vorbereitung für diesen Beitrag habe ich mit einigen meiner KollegInnen bei *RiffReporter* gesprochen. In unserer journalistischen Genossenschaft sind über 100 AutorInnen Mitglieder, mehr als 30 von ihnen publizieren vorwiegend zu Umwelt, Klima, Natur. Sie sind also UmweltjournalistInnen, auch wenn sie nicht unbedingt alle so genannt werden möchten, weil ihnen das zu kurz gegriffen erscheint, da sie ihr Metier meist holistisch betrachten.

Sie berichten über den Klimawandel und seine gesellschaftlichen Folgen, über die Verschmutzung von Flüssen, die Zukunft der Wälder, über die vielfältigen Bedrohungen der Artenvielfalt, aber auch über die Freuden des Vogelbeobachtens. Sie decken Missstände auf oder schreiben Essays über ihr Verhältnis zur Natur. Ich habe sie gefragt, was sie antreibt, wo sie auf Probleme stoßen bei ihrer Arbeit, was anders werden sollte. Interessant war: Viele Ansichten deckten sich. Einige der Antworten meiner KollegInnen finden sich in diesem Text wieder, kursiv geschrieben. Warum sollte ich in eigene Worte fassen, was andere schon so stark formuliert haben?

Es ist schön, dass die Berichterstattung über Umweltthemen zugenommen hat. Aber es reicht nicht. *Verlage müssen erkennen, dass Berichterstattung über unsere Lebensgrundlagen nicht nur nice to have, also eigentlich Luxus ist, sondern den klassischen Ressorts an Bedeutung mindestens ebenbürtig.* Umwelt ist nicht nur ein Thema, sondern ein Geflecht, das alle anderen Themen umspannt und durchdringt. Es wäre an der Zeit, dies in den Arbeitsabläufen abzubilden – und die UmweltjournalistInnen endlich mitten in der Redaktion zu platzieren, am besten an ressortübergreifenden Reporter-Tischen. Auch, weil die für Umwelt zuständigen KollegInnen *sich stärker mit anderen Feldern vernetzen und in ihren eigenen Berichten wirtschaftliche und kulturelle Aspekte häufiger berücksichtigen sollten.*

Es braucht interdisziplinäre Teams, und es braucht, außer Sachkenntnis, auch handwerkliche Kreativität und den Mut, neue Techniken der Präsentation und ungewöhnliche Erzählformen auszuprobieren. Wir brauchen Umweltjournalismus, der sich der besten stilistischen und dramaturgischen Kniffe bedient. Also mal ehrlich, was gibt es denn Spannenderes als einem real existierenden Klimawandel zuzusehen? Das hat alle Elemente eines Thrillers, nur fühlen sich viele davon gar nicht betroffen!

Wir sind nicht neutral. Stehen wir dazu

Kaum jemand, der Umweltthemen bearbeitet, bleibt neutral. Viele wollen es auch gar nicht sein. *Die Liebe zur Natur und die Lust am Beobachten habe sie zu ihren Themen geführt*, sagte eine meiner Kolleginnen. Mehrfach erklärten mir die KollegInnen: *Ich beziehe Position, auch in Artikeln.* Und versicherten zugleich, dass sie, bei aller klaren Haltung, ihre Fakten genauso penibel recherchieren wie alle anderen, verschiedene Akteure befragen, die Interessen aller Beteiligten hinterfragen – ob Fabrikbesitzer oder Umweltaktivist. *Ich muss die Menschheit nicht bekehren. Aber gut informieren.*

Beide Seiten anzuhören bedeutet nicht zwangsläufig, jeder Seite gleich viel Raum geben zu müssen. Gerade die Auseinandersetzung mit jenen, die den menschlichen Ursprung des Klimawandels leugnen, hat in den vergangenen Jahren deutlich gezeigt, dass Argumente in bestimmten Kreisen kaum noch Gehör finden. Mit bloßen Zahlen, Statistiken und wissenschaftlich belegten Fakten sind die drohenden und bereits realen Umweltveränderungen, auch und gerade die des Klimas, offensichtlich nicht so zu vermitteln, dass sie Bürger und Politiker zum Handeln bewegen. Position zu beziehen, sich dem Konflikt, der dann folgt – in Redaktionskonferenzen, auf Social Media, in persönlichen Gesprächen – auch auszusetzen: Das könnte dazu beitragen, diese Passivität zu überwinden.

Wo Umwelt erlebbar wird, entwickelt sich Bindung

Wenn wir über uns und unser Verhältnis zur Umwelt berichten wollen, müssen wir uns herauswagen – nicht nur in die Natur. Sondern auch fort von den klassischen Formen der Berichterstattung, die heute oft nicht mehr die nötige Resonanz erzeugen. *Nach 30 Jahren Umweltjournalismus erlebe ich es zunehmend, dass Debatten sich wiederholen und sich einfach nichts Grundsätzliches ändert.* Die Leute sind der Melodie überdrüssig. Also müssen wir neue Töne anschlagen. Und ausprobieren, welcher Song die Menschen wieder zuhören lässt. Die immer gleiche Art, über bevorstehende Katastrophen zu berichten, die für viele Menschen nach wie vor weit weg erscheinen, findet jedenfalls immer weniger Gehör.

Wir müssen Experimente wagen. Es gibt dafür viele spannende Ansätze: Mein Kollege Gerhard Richter etwa setzt sich mit einer Reiseschreibmaschine und einem Klapptisch mitten in die Natur – oder das, was von ihr übrig geblieben ist – und lässt diese Umgebung auf sich wirken. So entstehen wortgewaltige Essays über Monokulturen, Mülldeponien, Truppenübungsplätze oder Verkehrsinseln. Eine Kontemplation, die Natur erlebbar macht. Und nur wer Natur erlebt, kann eine Beziehung zu ihr entwickeln. Diese Beziehung wiederum motiviert, das Erlebte zu schützen. *Liebe zur Natur finde ich auch eine grundlegendere Motivation als die Angst vor deren Zerstörung.*

JournalistInnen, die über Natur schreiben, haben einen großen Vorteil: Sie können direkt vor der Haustür recherchieren. Denn Biodiversität ist mehr als der Schutz der Eisbären oder der tropischen Regenwälder. Eine spannende Option etwa ist der Sensorjournalismus. Das Team um Jakob Vicari und Astrid Csuraji etwa belauscht Bienen und Kühe mit Sensoren. Warum nicht die Luftqualität an verschiedenen Orten in einer Kleinstadt messen? Oder den Sauerstoffgehalt der lokalen Flüsse tickern? Umwelt beginnt spätestens dann, wenn ich die Tür aufmache. Diese Erkenntnis kann man wunderbar mit LeserInnen-Aktionen verbinden, auch auf Social Media.

Und ja, auch Service funktioniert ganz gut mit Umweltthemen: Wann sollten wir eine Wiese mähen, um die darin und davon lebenden Insekten bestmöglich zu schützen? Wie verwandle ich meinen Stadtbalkon in ein Wildbienen-Büfett und welche Fische darf man trotz weltweiter Überfischung der Ozeane noch guten Gewissens verzehren?

Es gehört aber auch zur Wahrheit, dass der Umweltjournalismus hierzulande nicht allzu oft seine Zähne zeigt. *Wir sind manchmal zu defensiv, zu harmoniesüchtig. Es fehlt die Konfliktfreude.* Vielleicht haben die KollegInnen Angst, dass man ihnen Aktivismus vorwirft, vielleicht fehlt ihnen oft die Zeit, sicherlich fehlen ihnen sehr oft die Mittel und der Rückhalt der Redaktion. Investigative UmweltjournalistInnen in Deutschland kann man an einer Hand abzählen.

Wenn über Natur geschrieben wird, dann meist als Nischenthema und auch wenig kritisch. Da wird eilig ein Umweltverband angerufen und das gedruckt, was die sagen. Wirklich kritische Recherche, auch gegenüber den Guten, gibt es so gut wie gar nicht. Dabei wäre gerade das im Umweltjournalismus wichtiger als je zuvor: aufdecken, den Finger in die Wunde legen – und auch zu denjenigen Distanz wahren, die man als UmweltjournalistIn, nicht zu Unrecht, häufig als Verbündete betrachtet.

Auch Naturschutzorganisationen haben millionenschwere Marketing-Budgets, sie stellen ganz gerne auch mal jene Fakten prominent nach vorne, die zu ihrer aktuellen Kampagne gut passen. Auch hier müssen UmweltjournalistInnen kritisch sein, kritisch bleiben. Das mag bisweilen schwer sein, weil die Szene klein ist und man sich nach Jahren der Arbeit in dem Feld oft gut kennt, bisweilen per Du ist. Aber das gilt für Politik- und WirtschaftsjournalistInnen auch.

Helfen könnte hier auch, wenn wir das Ressortdenken für solche Geschichten verlassen. Ein Team aus Politik-, Wirtschafts- und UmweltjournalistInnen, das gemeinsam große Storys recherchiert und gelegentlich einen Skandal aufdeckt, würde wohl jeder Redaktion gut zu Gesicht stehen.

Es ist kompliziert. Lassen wir das zu

Was den Umweltjournalismus oft unbeliebt macht, ist seine Komplexität. Es ist schwierig, ihn auf eine pointierte Zeile zuzuspitzen. Selbst gut gemeinte Ideen können woanders negative Folgen haben. Im Umweltjournalismus gibt es selten schwarz und weiß. Der Ausbau von Windrädern ist gut fürs Klima, aber schlecht für seltene Vogelarten und Fledermäuse. Ein Landwirt, der mit Monokulturwirtschaft Rebhuhn und Feldhamster die Lebensgrundlage nimmt, macht das bestimmt nicht, weil er ein böser Mensch ist, sondern weil er vielfältigen Zwängen unterworfen ist, die bis auf EU-Ebene reichen.

Mit einem »So einfach ist das leider nicht« hat man sich aber noch selten in der Chefetage viele Freunde gemacht. Und doch: Wir sollten den Mut haben, genau diese Probleme offenzulegen. Beim Umweltjournalismus muss man in Zusammenhängen denken. Und das heißt: Man muss diese Zusammenhänge aufzeigen. Aufdröseln. Wenn es sein muss, bis ins Detail. In einem ›Longread‹, einer Videokolumne. In einer Serie, einem Podcast. Wenn Virologen als Gesprächspartner funktionieren, warum nicht auch UmweltforscherInnen?

Noch schwieriger für viele RedaktionsleiterInnen ist es, dass die für Umwelt zuständigen KollegInnen oft mit Themen um die Ecke kommen, die in den Routinen einer Redaktion eigentlich keine sind. Weil sie keine abgeschlossene Geschichte ergeben, keinen großen Knall, keinen aktuellen Aufhänger haben. Nur eine Tendenz aufzeigen. Etwa die, dass die Wälder immer trockener werden. Und diese Trockenheit zu Krankheiten führen könnte. Und diese Krankheiten zu weiteren Problemen. Man braucht einen langen Atem – nicht nur als UmweltjournalistIn, sondern auch als RedaktionsleiterIn, die die Aufgabe hat, ihren Mitarbeitenden Recherchen zu Themen zu ermöglichen, die auf den ersten Blick wie Nicht-Themen aussehen.

Wir brauchen mehr Mut zur unabgeschlossenen Geschichte. Und auch zur Wiederholung. Dass die Umwelt-KollegInnen Themen vorschlagen, die jedes Jahr wieder anstehen, eben im Lauf des Jahreszyklus, mag nerven – hat man doch alles schon mal gehört, wo ist das Neue? Aber es ist wichtig, und darauf kommt es doch an. *Ich finde, dass dies der*

Preis für die Privilegien ist, die unsere Verfassung der Presse einräumt: dass sie der Gesellschaft etwas Wichtiges zurückgeben – auch wenn diese Gesellschaft das (noch) nicht hören mag.

Über Umweltprobleme zu berichten ist oft undankbar. Man kommt nicht mit spektakulären Bildern oder anrührenden, süffigen Geschichten zurück, sondern braucht Infografiken, Statistiken, ExpertInnen-Interviews, um das Thema rüberzubringen. Es kann auch mal ziemlich kompliziert werden, und nicht immer haben die LeserInnen und UserInnen auf unsere Themen gewartet. Das gilt sogar für das vergleichsweise anschauliche Themengebiet Biodiversität. Den Wolf und den Wald haben alle lieb. Beim Insektensterben, der Gefährdung von Meeresböden durch Schleppnetzfischerei oder den Auswirkungen von Windrädern auf Fledermäuse wird es schon schwieriger.

Aber unsere LeserInnen und UserInnen halten das aus. Sie sind in der Lage dazu, auch trocken wirkende Aspekte zu verarbeiten. Bisweilen vergessen wir das. Wir glauben, wir müssten die Welt in kleine Häppchen aufteilen und wie Kanapees servieren. Müssen wir nicht. Die Menschen sind lernbereit, und viele von ihnen sind zumindest noch im Gespräch mit denjenigen, die uns bereits den Rücken gekehrt haben. Also: Bieten wir ihnen etwas!

»Mediennutzer:innen müssen damit zurechtkommen, dass es nicht für jedes Problem eine Lösung gibt, genauso wie die Realität aus vielen Graustufen und Schattierungen besteht. Sie ist komplex. Manchem mag das kompliziert erscheinen. Absolute Gewissheiten kann und wird es aber niemals geben können.«

LEIF KRAMP / STEPHAN WEICHERT

Nicht für jedes Problem eine Lösung

Wie können Redaktionen speziell in Krisensituationen konstruktiv kommunizieren? Die Kommunikations- und Medienwissenschaftler Leif Kramp und Stephan Weichert geben in diesem Essay auf Basis ihrer aktuellen Forschung praxisnahe Einblicke, wie Redaktionen gerade in Krisenzeiten lösungsorientiert berichten sollten – ohne in einen Aktivismus oder Altruismus zu verfallen. Dazu diskutieren sie Ansatzpunkte, wie Redaktionen mittels dieses Ansatzes Lösungen thematisieren und zugleich das Publikum enger an sich binden können.[1]

Was macht Corona mit den Medien – und warum? Die Berichterstattung in der Pandemie hat viel Anlass zur Kritik geboten: So sei phasenweise zu gleichförmig über die konkrete Umsetzung der Corona-Maßnahmen berichtet worden, aber auch, dass der Staat der Automobil-,

1 Die beiden Studien *Nachrichten mit Perspektive. Lösungsorientierter und konstruktiver Journalismus in Deutschland* (2020) und *Konstruktiv durch Krisen? Fallanalysen zum Corona-Journalismus* (2021) der beiden Autoren sind bei der Otto-Brenner-Stiftung erschienen und abrufbar unter: https://www.otto-brenner-stiftung.de/wissenschaftsportal/informationsseiten-zu-studien/konstruktiv-durch-krisen und https://www.otto-brenner-stiftung.de/wissenschaftsportal/informationsseiten-zu-studien/studien-2020/nachrichten-mit-perspektive/ [jeweils 8.6.2022]

Luftfahrt- und Reiseindustrie in der Krise finanziell über Gebühr zur Seite gesprungen ist, während die strukturellen Ursachen der sozialen Spaltung weitgehend unhinterfragt (und ungelöst) blieben. Doch war die Pandemie auch ein Beschleuniger für die Medien – im Guten wie im Schlechten: nicht nur in puncto Talfahrt von Umsätzen, sondern auch für den Zuwachs neuer Nutzer:innengruppen.

Nie war das Interesse an Nachrichten auf allen gesellschaftlichen Ebenen größer. Trotz – oder vielleicht: gerade wegen der anhaltenden Medienkritik hat sich im Zuge des ›Corona-Bumps‹ eine neue Medienbewegung etabliert, die sich der Suche nach Lösungsansätzen widmet. Nicht weichspülen will der sogenannte ›Konstruktive Journalismus‹, sondern engere Beziehungen zwischen Redaktion und Publikum knüpfen. Ergebnisorientierter, transparenter, dialogischer will er sein, auch um der zunehmenden Polarisierung der gesellschaftlichen Debattenkultur entgegenzuwirken.

Adrian Feuerbacher, seit 2020 Chefredakteur des NDR-Hörfunks, äußert sich in unserer Studie von 2021 dazu, wie die Pandemie den lösungsorientierten Medien dezidiert Vorschub leistete: »Ganz ohne Zweifel hat eine Fülle von Redaktionen und Journalisten im Angesicht dieser Pandemie damit begonnen, ein großes Gewicht auf mögliche Lösungen zu legen.« Er selbst betreibe »seit Beginn der Pandemie im Frühjahr 2020 eigentlich fast nichts anderes: Wir berichten über die Suche nach, über die Beschäftigung mit, die Analyse von und die Debatte über mögliche Lösungen.« Aber wozu braucht es überhaupt einen konstruktiveren Journalismus?

Gegenentwurf zum herkömmlichen Journalismus

Die Bewegung versteht sich als eine Art Gegenentwurf zum herkömmlichen Nachrichtengeschäft, gerade weil sich während Krisen die Negativschlagzeilen zu übertrumpfen drohen. Getrieben wird sie von der Sorge, dass dies beim Publikum langfristig zu depressiven Verstimmungen führen kann: Hoffnungslosigkeit, Desorientierung, Verunsicherung und Ohnmachtsgefühle als Folgen medial vermittelter Krisen-News. Vor allem jüngere Nutzer:innen drohen sich deshalb vom Nachrichtengeschehen abzuwenden. Lösungen ausfindig machen, Wendepunkte konstruktiver zu bewerten und auch Neuperspektivierungen zu formulieren, sollen Abhilfe schaffen. Das allerdings bedeutet für viele Journalist:innen einen Vorstoß aus ihrer gewohnten Komfortzone und ein Vordringen auf ambivalentes Terrain; denn als besonders hartnäckig entpuppt sich die klischeehafte Vorhaltung, konstruktiv oder lösungsorientiert sei im Grunde schönfärberisch, verklärend.

Dabei zielt der konstruktive Ansatz auf (noch) differenziertere Recherchen, bei denen Lösungen von Missständen gleich mitgedacht werden und kann dadurch alternative Perspektiven eröffnen. Medienhäuser, die diesen Ansatz schon praktizieren, wollen zudem festgestellt haben, dass eine konstruktive Berichterstattung beim Publikum eher verfängt, dass sich die Menschen etwa in produktivere Dialoge mit den Redaktionen einbinden lassen, länger verweilen. *Die Zeit* macht seit vielen Jahren vor, wie sie mit der Gesprächsreihe ›Deutschland spricht‹ Menschen mit unterschiedlichen politischen Weltanschauungen zu konstruktiven Dialogen zusammenführt – ohne dies allerdings als Teil einer konstruktiven Strategie auszuflaggen. In der Pandemie überzeugte die Hamburger Wochenzeitung indes durch eine ausbalancierte Tonalität ihrer Aufmacher-Themen, reflektierte Rekonstruktionen der Krisengeschehnisse und ausbalancierte Meinungsartikel, die Kontext und Zukunftsorientierung boten. All dies wurde mit einem Rekordauflagenzuwachs belohnt.

Um derlei Vorgehensweisen und Strategien zu durchleuchten, haben wir für unsere Studie *Konstruktiv durch Krisen?* verschiedene Nachrichtenangebote von *Apotheken Umschau* über NDR Info und *Krautreporter* bis zum ZDF in den entscheidenden Phasen der Corona-Berichterstattung analysiert, die sich im Feld des konstruktiven Journalismus verorten lassen.

Die Schattierungen dieser Spielart sind, wie sich an unseren analysierten Fallbeispielen zeigt, vielfältig und zuweilen schillernd. Die journalistische Startup-Gründerin Astrid Csuraji aus Lüneburg gibt an, dass die Pandemie vor allem im Lokaljournalismus zu einem Sinneswandel geführt habe: »Corona hat bewirkt, dass sich Redaktionen vor allem auf die Informationen konzentrieren, die die Leute wirklich brauchen, also: Inzidenzwert? Hat die Schule noch auf? Darf ich einkaufen gehen? Gerade Lokalredaktionen hatten sofort richtig im Blick, was die Menschen wissen wollten, weil die Journalisten vor Ort in derselben Situation steckten.«

Die Pandemie als Innovationstreiber

Die Corona-Pandemie habe somit im Lokal- und Regionalzeitungsbereich viel Innovatives angestoßen, sagt Csuraji: »So sind Visualisierungen komplexer Daten und das Online-First-Prinzip mittlerweile gang und gäbe. Gleichzeitig hat die wirtschaftliche Verunsicherung bei vielen Kolleg:innen zugenommen. Die Krise hat dahingehend also mindestens zwei Seiten.«

Nicht zu leugnen ist auch, dass – offenbar unter dem Druck der angespannten Wirtschaftslage und dank des wachsenden Orientierungsbedürfnisses der Menschen – redaktionelle Angebote aktivistische Züge kultivierten – in offener oder verdeckter Form: Etwa in Gestalt einer gezielt lösungszentrierten Agenda, die beinahe programmatisch anmutet wie bei der ZDF-Reihe *plan b* oder, wie bei der *Berliner Morgenpost*, in dem sehr persönlichen Coaching-Podcast von Hajo Schumacher und Ehefrau Suse mit beigefügter Anleitung zum Glücklichsein für deren Hörer:innen.

In extremer Weise hat den aktivistischen Journalismus gar das Magazin *Stern* praktiziert – für eine vermeintlich ›gute Sache‹: Die redaktionelle Linie in der Corona-Krise wanderte auf einem schmalen Grat zwischen Aktivismus und Kampagnenjournalismus – es gab Titelgeschichten mit der Fridays-for-Future-Bewegung, zur Pflegepetition und zum Impfen. Kritiker:innen monierten: Die Grenzen zwischen Journalismus und Aktivismus seien im freien Fall.

Der *Stern* ist damit alles in allem transparent umgegangen. Wir halten es demgegenüber für bedenklich, wenn solcherlei Journalismus in seiner Positionierung intransparent bleibt. Kritikwürdig ist der konstruktive Ansatz nämlich überall dort, wo es zu einer Vereinfachung oder Umdeutung der Wirklichkeit in Form positiver Schematisierung kommt. Anders gesagt: Wenn schon in der Redaktionskonferenz danach gefragt würde, was denn ›alles Gute letzte Woche passiert ist‹, hätten wir ein

Problem. Auch weil sich beim Publikum der Eindruck einstellen könnte, das nachrichtliche Weltgeschehen sei tatsächlich ›nur halb so schlimm‹. Das Risiko besteht darin, dass Journalist:innen bei der aktiven Suche nach Lösungen in die Falle des autoritären Moralismus laufen könnten, indem Meinungen vorgekaut und Nutzer:innen bevormundet werden, was moralisch richtig ist oder wie wir als Gesellschaft zu leben oder uns als Individuen zu verhalten haben, auf dass alles wieder besser werde.

Was muss getan werden, um die Welt zu einem besseren Ort zu machen? Wie sollten wir uns den herausfordernden Problemen der Gegenwart wie Klimawandel, sozialer Gleichheit und Rassismus stellen? Wie müssen die Menschen hoch relevante Themen wie Gerechtigkeit und Verhältnismäßigkeit als Folgen der Pandemie bewerten? Solche Fragen rahmen nicht selten das Vorgehen, aber auch das Spektrum konstruktiver Medienangebote. Mitunter drohen sie aber, das journalistische Neutralitäts- und Objektivitätsgebot in sein Gegenteil zu verkehren. Und das wäre kontraproduktiver, als es dem Journalismus lieb sein kann.

Mehr Einordnung gegen die Polarisierung

Konstruktiver Journalismus hat somit auch die Debatte um eine ›Haltung‹ in Redaktionen verschärft, weil sich zugleich das Lagerdenken innerhalb der Medien durch die anhaltende Corona-Phase zugespitzt hat – und damit der Polarisierung auf Publikumsseite Vorschub geleistet worden ist. Wir wissen heute nicht nur, dass in der Berichterstattung nicht immer alle der unterschiedlichen Befindlichkeiten und Sichtweisen auf die Pandemie wiedergegeben wurden – Stichworte: Diskursverengung und ›False Balance‹. Klar ist inzwischen auch, dass es zuweilen einer stärkeren Einordnung durch die Medien bedurft hätte, von einem genaueren Hinschauen beim transparenten Umgang mit öffentlichen Vergabeverfahren – ein Beispiel ist der Masken-Skandal um Jens Spahn – einmal ganz zu schweigen. Mitunter drängte sich der Eindruck auf, Debatten würden einseitig geführt, abseitige Meinungen weggelächelt oder über soziale Medien abgestraft. Ein Desaster für den demokratischen Diskurs. Das galt und gilt im Hinblick auf die Lösungswege zur Virus-Bekämpfung genauso wie den Umgang mit den schwerwiegenden wirtschaftlichen und gesellschaftlichen Folgen.

Unser Eindruck ist: Niemand kann ernsthaft wollen, das Kind mit dem Bade auszuschütten. Die Ambivalenz konstruktiver Ansätze und ihre Ambiguitäten treten an vielen Stellen klar zum Vorschein. Wir kommen deshalb zu dem Schluss, dass sich konstruktiver Journalismus nur dann lohnt und unangreifbar bleibt, wenn er ohne Einschränkungen professionell betrieben wird, indem er

1. aktivistische Tendenzen in Sonderformen und -formaten transparent macht,
2. mit seiner Fokussierung auf Lösungen und Perspektiven authentisch bleibt und keine redaktionelle ›Positivschere im Kopf‹ begünstigt,
3. zum Wohle einer konstruktiven Debattenkultur auf Augenhöhe mit dem Publikum weiterentwickelt wird,
4. in Form von Rubrizierungen oder Kolumnisierung nicht unnötig ghettoisiert wird und
5. sich bei der – kritischen – Einordnung und Erarbeitung von Lösungen auf recherchierte Fakten und solides, vor allem überprüftes Expertenwissen stützt.

»Bio kaufen allein reicht nicht«, hieß es in einem Graffito in Berlin-Mitte als Kommentar zum Engagement gegen die Klimakrise. Analog könnte man für den an Lösungen interessierten Journalismus formulieren: Konstruktiv berichten allein reicht nicht. Es sollte darum gehen, die Experimente der vergangenen Jahre in ein ganzheitliches Konzept zu überführen, das die genannten Empfehlungen berücksichtigt. Nur das kann eine *Déformation professionelle* im Journalismus vermeiden, die möglicherweise dazu führt, dass sich weitere Bevölkerungsteile von den professionellen Medien abwenden, weil sie ihnen keinen Glauben mehr schenken.

Resilienter durch Medien?

Der Journalismus hat während der Corona-Pandemie somit eine zweite Chance erhalten. Er konnte neue Nutzer:innen hinzugewinnen, ohne dass ihm alte davonliefen: Nach vielen Monaten einer eher gleichförmiger Berichterstattung denken Medienschaffende darüber nach, wie wir es gemeinsam aus der Krise schaffen könnten, indem grundlegendere Maßnahmen ergriffen werden. Es wird auch geschaut, welche vorbildhaften Beispiele es gibt, wie andere bereits den nächsten Schritt geschafft haben.

Folgen wir diesem Ansatz, halten Medien unsere Welt in Krisen im besten Fall zusammen: Sie leisten Impulse, um derlei Wendepunkte zu verstehen, sie auch gesamtgesellschaftlich zu verarbeiten, vielleicht sogar ein Umdenken in Bezug auf die Fehler der Vergangenheit zu begünstigen. Im schlechtesten Fall tragen sie zur sozialen Spaltung und zur Verschlimmerung der wirtschaftlichen Ungerechtigkeiten bei. Unsere Vision lautet daher: Weil in jeder Krise eine Chance auf ein besseres Leben steckt, ein Aufruf, unsere Verhaltensweisen gründlich zu überdenken, können Medien Menschen dabei unterstützen, resilienter zu werden (vgl. dazu auch Kramp, von Streit und Weichert in diesem Band). Dieser resiliente Journalismus, wie wir ihn verstehen, trägt in erster Linie zum Wohlergehen und zur Vielfalt der Gesellschaft bei, übernimmt aber Verantwortung, indem er Perspektiven auf das soziale Gemeinwesen wirft und darüber hinaus reelle Lösungswege ermittelt. Der Begriff ›konstruktiver Journalismus‹ umfasst also die generelle Hinwendung zu Konstruktivität und Lösungsorientierung in der Berichterstattung, dies aber zugleich in der Kombination mit einem intensiveren Austausch mit dem Publikum.

Dabei ist es keinesfalls die professionelle Aufgabe von Journalist:innen, die Gesellschaft nach ihren persönlichen Vorstellungen zu formen. Der Journalismus könnte jedoch einen *konstruktiven Resonanzraum* für mehr Resilienz schaffen, um so Krisen besser zu meistern. Die kritische Prüfung der Begleitumstände, Besonnenheit und auch Daseinsvorsorge, was die Nachrichtenlage angeht, sind dafür notwendige Bedingungen.

Mediennutzer:innen müssen damit zurechtkommen, dass es nicht für jedes Problem eine Lösung gibt, genauso wie die Realität aus Graustufen und Schattierungen besteht. Sie ist komplex. Manchem mag das allzu kompliziert erscheinen. Absolute Gewissheiten kann und wird es aber niemals geben können. Mit dieser Unsicherheit umzugehen, gehört zu unserer Existenz. Den Menschen, dic mehr denn je von Ängsten und Sorgen geplagt sind, zu erklären, was wirklich wichtig und was verzichtbar ist, macht das Vertrauen in den Journalismus aus. Darauf fußt seine ethische Verantwortung.

»Ich wollte zeigen, dass es für jeden Missstand einen Ausweg gibt. Dass wir jede, wirklich jede Geschichte so erzählen können, dass sie uns Mut macht.«

RONJA VON WURMB-SEIBEL

Wie wir die Welt sehen

Ronja von Wurmb-Seibel berichtet aus ihrer Zeit als Reporterin in Kabul – umgeben von Armut, Gewalt und Krieg. Wie schafft man es, in so einem schier ausweglosen Umfeld Geschichten zu schreiben, die nicht voller Leere und Zerstörung sind? Geschichten zu schreiben, die Mut machen. Und was hat das alles mit uns in Deutschland zu tun?

2019 ist meine Oma gestorben. Sie wurde 91 Jahre alt und hat ihr ganzes Leben in einem kleinen Städtchen verbracht, Haltern am See. Es ist ein beschaulicher Ort. Heute leben dort etwas mehr als 38.000 Menschen. Von dort, wo ich aufgewachsen bin, in einem Vorort im Westen von München, bis nach Haltern waren es acht Stunden. Als Kind habe ich meine Oma also vor allem in den Ferien gesehen und von einem Treffen bis zum nächsten vergingen oft Monate. Jedes Mal, wenn wir sie besuchten, berichtete meine Oma, was in der Zwischenzeit passiert war: in ihrer Großfamilie, in ihrem Bekanntenkreis, in dem kleinen Städtchen. Und jedes Mal waren die Neuigkeiten schrecklich: Jemand war ausgeraubt worden, an Krebs erkrankt, hatte eine Fehlgeburt erlitten, einen Job verloren, war spielsüchtig geworden oder viel zu früh gestorben. Obwohl es mehr als zwei Jahrzehnte her ist, kann ich mich noch genau an den Tag erinnern, an dem ich dachte: die armen Menschen in Haltern. Ständig passiert irgendein Unglück! Das Leben dort ist viel gefährlicher als bei uns zu Hause. Was haben die nur für ein Pech! Erst viele Jahre später verstand ich, dass das nicht stimmte. Denn neben den beunruhigenden Neuigkeiten, die meine Oma zu berichten hatte, gab es natürlich auch andere – bloß erschienen die eben nicht berichtenswert, oder vielleicht: nicht spannend genug, nicht außergewöhnlich. Als ich diese Tatsache verstand, war ich bereits Journalistin geworden und mein Blick, vor allem mein beruflicher, hatte sich dem meiner Oma angenähert. Mein Job war es, nach Neuigkeiten zu suchen, und weil ich hoffte, die Welt mit meiner Arbeit ein bisschen besser machen zu können, waren die Neuigkeiten oft Ungerechtigkeiten. Missstände.

Ich berichtete über den katastrophalen Zustand des griechischen Gesundheitssystem während der Finanzkrise 2012. Ich besuchte Apotheken in Athen, die kaum noch Medikamente zu verkaufen hatten, sprach mit Wartenden in Arztpraxen, die Angst hatten, nicht mehr behandelt zu werden, und besuchte ein Krankenhaus, in dem Patient*innen auf den Fluren aneinandergereiht in ihren Betten lagen. Ich schrieb über die mangelnde Versorgung traumatisierter Bundeswehrsoldaten, ließ mir die Bilder zeigen, die sich in ihre Herzen eingebrannt hatten – blutige Körper, abgerissene Beine, ein von einer Bombe zerfetzter Bus – und las die Beurteilungen vonseiten der Regierung, denen zufolge die Traumata der Soldaten nicht auf den Afghanistan-Einsatz, sondern auf eine schwierige Kindheit zurückzuführen waren. Ich recherchierte über Kinderarmut in Hamburg, traf Schüler*innen, die zu Hause weder Frühstück noch Mittagessen bekamen, und sprach mit einem Sozialarbeiter, der erzählte, dass viele Jugendliche außer ›arbeitslos‹ und ›Superstar‹ keine Visionen für ihre Zukunft kennen würden. Probleme suchen und finden – das war nicht etwas, das zu meinem Beruf gehörte. Es war das, was meinen Beruf ausmachte. Jedenfalls so wie ich ihn damals verstand. Das änderte sich im Herbst 2013, als ich beschloss, nach Kabul zu ziehen. Ich war damals 27, hatte kein finanzielles Polster und keine Vorstellung davon, wie ich für meine Sicherheit sorgen würde. Aber ich wusste auch: Wenn ich das wirklich will – in Afghanistan leben – dann würde ich es schon hinkriegen.

Lösegeld bis zu einer halben Million

Vor meiner Abreise hatte ich in Gedanken einige Worst-Case-Szenarien durchgespielt: Wenn ich mich nicht wohlfühlen würde oder unsicher, würde ich sofort wieder abreisen – ich versprach mir selbst, nicht unnötig Heldinnenmut zu beweisen. Wenn ich verletzt oder angeschossen würde, wüsste ich, wie ich mich selbst notdürftig erstversorgen könnte. Wenn ich entführt werden sollte, würde meine Familie schnell davon erfahren, weil ich mich alle paar Stunden bei meinem Bruder meldete. Er hatte eine Liste von Kontakten, die alles Notwendige in die Wege leiten würde, wenn er länger nicht von mir hören sollte. Ich hatte eine Versicherung, die Lösegeld bis zu einer halben Million Euro bezahlen würde. Und auch für den Fall, dass ich sterben sollte, war alles geregelt. Ich hatte ein Testament geschrieben und meine Beerdigung geplant. Sogar die Einladung hatte ich vorbereitet, »Meine allerletzte Party« stand vorne drauf. Ich hatte an alles gedacht. Jedenfalls glaubte ich das.

Die erste Geschichte, die ich in Kabul recherchierte, handelte von drogensüchtigen Kindern. Ich fuhr in eines der vielen Armenviertel und besuchte eine Familie, in der zuerst der Vater, dann die Mutter drogensüchtig geworden waren und deren vier Kinder nun auch alle abhängig waren. Eine andere Frau, die ich im Büro einer NGO traf, hatte acht Kinder. Sie alle waren abhängig, auch der Jüngste, ein Baby, gerade mal ein Jahr alt. Als mir die älteste Tochter die Geschichte ihrer Familie erzählte, fühlte es sich an, als zerbräche mein Herz in tausend Stücke. »Ich heiße Faima und bin 14 Jahre alt. Ich nehme vier oder fünf Mal am Tag Drogen: Marihuana, Opium, Heroin. Meine Geschwister auch. Meine Mutter bettelt, mein Vater ist den ganzen Tag zu Hause und raucht. Gerade hat er geschlafen, wir haben ihn eingesperrt und uns weggeschlichen. Wenn er bemerkt, dass wir hier sind, verprügelt er uns.«

Bist du gerade high?
Ja. Als die Frau von der NGO uns fragte, ob wir mitkommen können, war ich dabei, Heroin zu nehmen.
Was hältst du von den Drogen?
Sie sind gut.

Warum?

Ich fühle mich ruhig, wenn ich sie nehme. Ich habe keine Schmerzen mehr.

Weißt du, wann du angefangen hast?

Ich war hungrig und wir hatten nichts zu essen. Da hat mein Vater mir Opium gegeben und gesagt: Hier, danach wirst du dich besser fühlen. Meine Geschwister und ich verkaufen Plastiktüten in der Stadt, um Geld für meinen Vater zu verdienen. Dann kaufen wir Drogen und bringen sie nach Hause. Ich bin verlobt. Mein Vater hat gesagt: Wir haben kein Geld, du solltest heiraten.

Wie findest du das?

Ich hoffe, ich kann dann aufhören. Ich werde nicht mehr daheim wohnen und nicht mehr so arm sein, das macht es leichter. Aber ich werde meine Geschwister vermissen.

Fühlst du dich für sie verantwortlich?

Klar, ich bin die Älteste. Ich kümmere mich um sie. Bald muss meine Schwester Shila das machen, sie ist zwölf Jahre alt. Ich bringe ihr schon alles bei, was wichtig ist.

Was heißt alles?

Wie man Drogen zubereitet. Das mache sonst immer ich.

Und was denkst du über deinen Vater?

Ich bin wütend auf ihn. Wegen der Drogen. Und weil er uns nicht zur Schule gehen lässt. Wir müssen jetzt gehen. Ich will zu Hause sein, bevor er aufwacht.

Ihre Mutter saß während des Gesprächs daneben. Sie sagte mir, es mache sie traurig, wenn sie ihre Kinder so sehe. »Es erinnert mich an die Zeit, als ich so alt war wie sie. Daran, wie ich angefangen habe.« Als ich der Tochter dabei zuhörte, wie sie über ihre Zukunft sprach, fühlte ich eine Ohnmacht, wie ich sie nie zuvor und nie danach wieder erlebt habe. Am Abend nach diesem Gespräch konnte ich nicht aufhören zu denken. Egal, in welche Richtung ich mir das Schicksal dieser Familie ausmalte, ich sah keinen Ausweg. Mir wurde schlecht, ich bekam Kopfweh und merkte, dass ich irgendetwas Positives an dieser Geschichte finden musste, damit ich es überhaupt schaffen würde, weiter an ihr zu arbeiten. Aussichten auf Besserung gab es im Grunde nicht. Die Helfer:innen, die versuchten, den Familien zur Seite zu stehen, waren vollkommen unterfinanziert, und Drogensüchtige wurden in der Gesellschaft extrem stigmatisiert. Ein Mitarbeiter der UN erzählte, dass in vielen Orten nicht mal die Leichen der Süchtigen auf dem Friedhof begraben werden dürfen. Und die Drogen waren nur eins von vielen Problemen, vielleicht sogar nur: das Symptom. Armut, Gewalt, Hunger, Krieg. Alles Dinge, die sich nun mal nicht einfach so ändern ließen. Ich fand bei meiner Suche nach etwas Gutem also nur etwas Winziges, noch kleiner als ein Hoffnungsschimmer: die Liebe, die die Familien trotz allem verband. Als ich die Mutter, die ich zu Hause besucht hatte, fragte, wie sie begonnen hatte, Drogen zu nehmen, erzählte sie, dass ihr Mann ihr das erste Mal Opium gegeben habe, als sie starke Schmerzen hatte. Und dass auch sie selbst angefangen hatte, ihrer Tochter Drogen zu geben, um deren Schmerz zu stillen.

»Den Schmerz der anderen betäuben«

Am Ende schrieb ich: »Es gibt in dieser Geschichte wenig, was Mut macht. Vielleicht sind es die beiden Töchter, die versuchen, sich gegen das Erbe ihrer Eltern zu wehren. Faima, die wütend ist auf ihren Vater, weil er ihr verbietet, sich behandeln zu lassen. Die zur Schule gehen will und sich um ihre Geschwister kümmert. Und Sorman, die versucht, sich der Droge zu verweigern, die seit acht Jahren ihr Leben bestimmt. Indem sie immer wieder sagt, sie wolle kein Opium nehmen. Viele der Menschen, die in Afghanistan süchtig werden, nehmen die Drogen als selbst verordnete Medikamente gegen die Härten des Lebens, heißt es in einem UN-Bericht von 2009. Opium als Antwort auf den Schmerz einer ganzen Nation. An dem, was es betäuben hilft, kann man ablesen, worunter die Menschen leiden: zu wenig Jobs, zu wenig Essen, zu wenig Ärzte, zu viel harte Arbeit, zu viele Krankheiten, zu viel Angst. Nadia verteufelt ihren Mann dafür, dass er ihr Opium gegeben hat, aber bei ihren Kindern macht sie dasselbe. Die 14-jährige Faima verflucht ihre Eltern für ihre Sucht, aber wenn sie an ihre Hochzeit denkt, ist ihre größte Sorge, wer danach den Geschwistern die Drogen zubereiten soll. Alle wollen den Schmerz der anderen betäuben. Und verstärken ihn nur.« Nachdem ich den Text abgeschickt hatte, fühlte ich mich erschöpft, vollkommen ausgelaugt und leer. Ich dachte, es läge an meinem Arbeitspensum, am

Schlafmangel, am Kulturschock – schließlich war ich erst zwei Wochen zuvor in Kabul angekommen. Aber es war etwas anders: Ich fühlte mich leer, weil die Geschichten mir jegliche Lebenskraft entzogen hatten.

Während der nächsten eineinhalb Jahre, die ich in Kabul verbrachte, erlebte ich das immer wieder: Wenn um mich herum zu viel Negatives passierte, wenn ich zu viele aussichtslose Geschichten hörte, zog es mir den Boden unter den Füßen weg. Mit der Zeit gewöhnte ich mir an, in solchen Momenten eine Vollbremsung zu machen. Ich sagte alle Termine ab, ging für ein paar Tage nicht aus dem Haus, spielte Brettspiele, schaute Naturdokus – solange bis es mir besser ging und ich wieder für eine Weile an das Gute in der Welt glauben konnte. Nach einigen Monaten begann ich gezielt nach Geschichten zu suchen, die Mut machten – nicht aus einer politischen oder journalistischen Agenda heraus, sondern weil ich Angst hatte, sonst komplett durchzudrehen. Ich brauchte die Geschichten, ich brauchte den Mut und die Zuversicht, die sie mir gaben. Was ich fand, waren nicht: Geschichten ohne Probleme. Es waren Geschichten, in denen es um mehr ging als nur um ein Problem. Problem plus X. Im besten (und im seltensten) Fall war das X die Lösung des Problems. Deutlich öfter war es eine Person, die alles dafür gab, damit sich Dinge ändern, die damit anderen Zuversicht schenkte; eine Idee – auch wenn sie noch weit weg erschien; Menschen, die nicht aufgaben. Ich wollte zeigen, dass es für jeden Missstand einen Ausweg gibt. Dass wir jede, wirklich jede Geschichte so erzählen können, dass sie uns Mut macht. Daran glaube ich bis heute, aus ganzem Herzen: Es gibt in jeder Situation einen Lichtblick. Manchmal müssen wir nur sehr lange und sehr genau danach suchen.

Das ›Pre-Traumatic Stress Syndrome‹

Als ich zurück nach Deutschland zog, begannen mein Partner und ich, einen Dokumentarfilm zu planen. Wir wollten mit Überlebenden eines Selbstmordanschlags in Kabul sprechen. Wir dachten, es würde ein Film über die Folgen des Kriegs werden; das Trauma, dass die, die ihn erleben müssen, noch jahrzehntelang begleitet. Am Ende wurde es ein Film über das Weitermachen, das Nicht-Aufgeben; nicht nur eine

Geschichte über das Überleben, sondern über das Leben selbst. Für den Film beschäftigte ich mich, über die konkrete Geschichte hinaus, mit Terror und mit der Angst, die er auslöst. Dabei stieß ich auf das Buch *The Psychology of Terrorism Fears* (2012) von Samuel Justin Sinclair und Daniel Antonius. Sie beschäftigen sich mit der Frage, wie sich die Angst vor Terroranschlägen auf unsere Gesellschaft auswirkt. »Obwohl sich die Raten psychischer Beeinträchtigung in den Monaten und Jahren nach einem Terroranschlag wieder normalisieren, gibt es Fakten, die nahelegen, dass Ängste vor künftigen Bedrohungen die Menschen auch weiterhin auf signifikante Weise beeinträchtigen.«

Die Autoren beschreiben, dass die andauernden Nachrichten über mögliche Bedrohungen nach dem Anschlag vom 11. September 2001 den gleichen Effekt gehabt hätten »als wenn jemand dir entgegen schreien würde, dass du nur zeitlich begrenzt und vergänglich bist«. Mit der Zeit könne dieses Dauerfeuer an Warnungen zu einem apathischen Gefühl führen. Was mich am meisten überraschte: Die Forscher hatten herausgefunden, dass davon nicht nur diejenigen betroffen waren, die Terrorismus tatsächlich erlebt hatten, sondern auch diejenigen, die ständig Berichte und Warnungen über Terrorismus hörten oder sahen. Mit anderen Worten: Nachrichtenkonsum kann dazu führen, dass wir uns ähnlich fühlen und verhalten wie jemand, der tatsächlich einen Terroranschlag erlebt hat.

Der Traumaforscher Philip Zimbardo hat in diesem Zusammenhang sogar einen neuen Begriff geprägt. Er spricht vom ›Pre-Traumatic Stress Syndrome‹. Anders als beim ›Post-Traumatic Stress Syndrome‹ entsteht der Stress nicht, nachdem das traumatische Ereignis passiert ist, sondern bevor es passiert. Und in vielen Fällen sogar: ohne, dass es überhaupt jemals passiert. Das gilt nicht nur für Terror, sondern für alles, was uns in Angst versetzen kann. Wirtschaftskrisen, Naturkatastrophen, Flugzeugabstürze, eine Pandemie. Je mehr Warnungen wir über eine Bedrohung hören, desto mehr Angst haben wir, dass wir selbst davon betroffen sein könnten. Das, was uns eigentlich schützen soll – Informationen, Warnungen, Sicherheitshinweise – macht uns kaputt, wenn wir es zu oft hören. *The Perils of Perception*, also *Tücken der Wahrnehmung*, heißt eine britische Studie, die Unterschiede zwischen Wahrnehmung und Realität untersucht. Seit 2012 haben die Forscher*innen mehr als 200.000 Interviews in mehr als 40 Ländern geführt. Ihr Ergebnis: »We're wrong about nearly everything.« Wir halten die Welt für schlechter als sie ist – über alle Alters-, Kultur- und nationalen Grenzen hinweg. In jedem Land dachten die Befragten, dass mehr Leute an Terrorismus sterben als es tatsächlich der Fall war. Das Gleiche galt für Gewalt und Drogensucht. Wir halten die Mordrate für höher als sie ist, schätzen soziale Ungleichheit stärker ein als sie tatsächlich ist und Arbeitslosigkeit höher. Die Welt in unseren Köpfen ist gefährlicher als die Welt da draußen.

Nicht jeden Kampf gewinnen

Je mehr ich mich mit Angst und ihren Folgen beschäftigte, desto besser verstand ich, warum sich meine Art, Geschichten zu erzählen, so grundlegend verändert hatte: Ich sah keinen Grund dafür, die Welt noch negativer darzustellen, als sie ohnehin schon ist. Noch negativer, als wir sie ohnehin schon sehen. Bis heute schreibe ich meine Texte in dieser Haltung. Und ich habe angefangen, anderen davon zu erzählen. Seit einem Jahr gebe ich Seminare für konstruktiven Journalismus an Journalistenschulen und in Redaktionen. Es geht mir nicht darum, Negatives auszusparen, nur noch Wohlfühlgeschichten zu erzählen oder Recherchen auf irgendeine Weise ›weicher‹ zu machen. Im Gegenteil: Gerade politische, kritische, hart recherchierte und investigative Geschichten profitieren davon, dass wir als Berichterstatter:innen auch einen Ausweg zeigen.

Zahlreiche Studien haben inzwischen erforscht, welche Effekte der dauerhafte Konsum von negativen Nachrichten auf uns hat. Wir haben Angst. Wir schämen uns. Wir haben Schuldgefühle, weil wir nicht noch mehr tun, um die Welt zu verbessern. Wir verlieren Antriebskraft, wir werden zynisch, gestresst, verhalten uns passiv. Wir sind weniger motiviert, Dinge zu verändern. Wir betrachten Missstände als unveränderlich und nicht als temporäre, änderbare Zustände. Irgendwann stecken wir in einem Zustand ›gelernter Hilflosigkeit‹ fest: Wir haben das Gefühl, dass wir nichts ändern können – nicht, weil das so ist, sondern weil wir es so beigebracht bekommen haben. Wenn sowieso alles den Bach runter geht, warum sollten wir uns überhaupt noch darum bemühen, dass sich die Dinge ändern? Das gilt auch für meinen Beruf: Missstände aufzudecken ist deutlich einfacher als zusätzlich Lösungswege zu beschreiben. Dass wir die Welt so negativ beurteilen, liegt nicht an schlechten Nachrichten allein. Unser Gehirn ist evolutionsbedingt stark auf Gefahren fokussiert: 60 bis 70 Prozent der Gedanken eines erwachsenen Menschen sind negativ. In einem gewissen Rahmen ergibt das auch Sinn: Wenn wir auf einer Wiese stehen, auf der hundert Schafe und ein Tiger laufen, kann es uns helfen, wenn wir uns auf das Raubtier fokussieren.

Anders ist es, wenn wir irgendwann nichts anderes mehr sehen als die Gefahr. Die meiste Zeit in unserem Leben ist der Tiger ja gar nicht da. Trotzdem verbringen wir Stunden, Tage, manchmal sogar Nächte damit, uns auszumalen, was passiert, wenn er eines Tages einmal kommen sollte. Seit ich weiß, dass mein Gehirn negative Gedanken magisch anzieht, fällt es mir leichter, nicht zu sehr auf diese Gedanken zu hören. Wenn ich doch einmal merke, dass ich mich in düsteren Visionen darüber verzettele, versuche ich, die Dinge um mich herum leiser zu schalten. Ich lege das Handy weg, erinnere mich an das Gute in meinem Leben und suche nach kleinen Dingen. Jemanden zum Lachen zu bringen, einen Baum zu pflanzen oder einfach nur dafür zu sorgen, dass es mir heute, in diesem Moment, ein klein wenig besser geht. Früher hätte ich mich dafür verurteilt. »Du verschließt die Augen vor dem Leid der Welt!«, hätte ich mir gesagt. »Du lässt zu, dass diese schlimmen Dinge, von denen wir uns alle geschworen haben, dass sie nie wieder passieren sollten, Tag für Tag geschehen. Du lässt die anderen gewinnen.« Heute denke ich: Es ist das Beste, was du tun kannst. Du kannst nicht jeden Kampf gewinnen, und wenn du kämpfen willst, dann brauchst du Kraft. Die Welt verändern – das geht nur in kleinen Schritten.

»Seit wir im Mai 2019 mit unserem digitalen Abo KStA-Plus
gestartet sind, lernen wir. Lernen so viel
wie schon lange nicht mehr.«

CARSTEN FIEDLER

Zahlen lügen nicht

Carsten Fiedler, Chefredakteur des Kölner Stadt-Anzeigers, *sagt: Wir können von Daten lernen. Und von Big Playern wie Netflix und Spotify. Wie radikal sich die Arbeit im Newsroom verändert hat und warum KPI für Redaktionen genauso wichtig sind wie neue Lieferdienste für die Kund:innen.*

Seit wir mit unserem digitalen Abo *KStA-Plus* gestartet sind, lernen wir. Lernen so viel wie schon lange nicht mehr. Wir lernen von den Daten, die uns unsere Leser:innen hinterlassen und mit denen wir wichtige Faktoren wie die Abwanderungswahrscheinlichkeiten, Lesedauer und Loyalität messen können. Wir lernen aber auch von digitalen Big Playern wie Netflix, Urban Sports Club und Spotify, die auch für ein regionales Verlagshaus die Standards setzen. Hier unsere Erfahrungen, inspiriert von elf (so runden wir in Köln nun mal auf) erfolgreichen Popsongs.

1. *»Remember the Time« (Michael Jackson)*

Wenn wir ehrlich sind und ich zuspitzen darf, lief Journalismus lange Zeit so, dass wir unsere Inhalte über eine hohe Steinmauer zu den Leser:innen geworfen haben. Ob sie unsere Geschichten informativ oder öde fanden, war – eigentlich – egal, solange haufenweise Geldsäcke über die Mauer zurückgeworfen wurden. Natürlich gab es immer schon (je nach Perspektive) relevanten Journalismus, der eingeordnet, aufgedeckt und unterhalten hat. Es gab die Scoops. Aber lange haben wir Journalist:innen ausschließlich selbst entschieden, was relevant und eines Berichts würdig war – und was nicht. Inklusive der Kolleg:innen, die einen Artikel nach dem anderen über ein Thema verfasst haben, das sie selbst unheimlich wichtig fanden, aber möglicherweise niemand sonst. Erinnern wir uns gerne daran?

2. *»Power to the People« (John Lennon)*

Diese Zeiten sind vorbei. Ich finde das gut so. Die Krise unseres Geschäftsmodells zwingt uns brutal und ehrlich zu einer Rückbesinnung auf alte journalistische Tugenden und Grundlagen. Wir können heute nicht nur in Echtzeit verfolgen, welche Inhalte unsere Leser:innen digital interessieren und wie sie zu uns gekommen sind, sondern auch, für welche Inhalte im Digitalen sie bereit sind, Geld zu bezahlen. Dass die Leser:innen uns auf direktem Weg spiegeln, was sie von uns rezipieren wollen, was sie für relevant halten, welche Erzählperspektive sie sich wünschen – all das hat unsere journalistischen Inhalte definitiv besser gemacht. Von Anfang an war es unser Anspruch, nicht ›Content as usual‹ hinter eine Bezahlschranke zu packen und die Leser:innen lediglich durch eine Masse an kostenpflichtigen Artikeln zu einem Abo zu zwingen. Unser Anspruch ist es, sie zu begeistern.

3. *»Younger now« (Miley Cyrus)*

Wir sind seit der Einführung von *KStA Plus* mutiger geworden. Näher an den Menschen dran. Humorvoller. Wir sind vor allem jünger. Wir wissen, dass wir mit unserer neuen Serie zum Kölner Nachtleben viele Abos erzielen oder mit Kölner Prominenten, die eher 40 als 60 Jahre alt sind: Dann also mehr davon. Unsere Kolumne ›Jetzt rege ich mich auf‹ entstand, nachdem Sportredakteur Frank Nägele anlässlich des Großevents ›Kölner Lichter‹ einen spontanen Rundumschlag verfasste. *Nein Köln, du bist nicht die geilste Stadt der Welt* ist unser erfolgreichster Plus-Artikel überhaupt bislang. Das heißt, dass er die meisten Neu-Abschlüsse generiert und die höchsten Lesewerte bei unseren Kund:innen hat. Damit stand ein Auftrag im Raum. Was die neue Kolumne über Köln und die Welt mit der Sportredaktion zu tun hat? Erst einmal gar nichts. Aber was zählt, ist guter Inhalt. Wenn er über Ressortgrenzen hinaus entwickelt worden ist, umso besser.

4. »We are the Champions« (Queen)

Um viele digitale Abonnent:innen zu gewinnen, sind wir auch auf Reichweite angewiesen. Denn wenn die Disco nicht voll ist, kann man auch keine Getränke verkaufen, wie es einer meiner Kollegen gerne auf den Punkt bringt. Mit der Einführung von KPI (Key Performance Indicator) für jede Redaktion haben wir unsere Disco auf mehrere Tanzflächen mit verschiedenen Verantwortlichen aufgeteilt. Denn natürlich weiß der Hip-Hop-DJ auf seinem Floor viel besser als der Geschäftsführer, wie er seine Crowd so begeistert, dass sie wiederkommt. Jeder Redaktion eigene Conversion- und Reichweiten-Ziele zu geben, hat zu einem tiefgreifenden Wandel geführt. Ein stets kollegialer, aber sportlicher Wettbewerb ist entstanden, ein Rennen um die besten Plätze, um die besten Überschriften, Zeilen und Geschichten. Die Nachfragen sind enorm gestiegen, ob man diese oder jene Geschichte mit einem besseren Einstieg und einer besseren Überschrift nicht noch einmal auf einem prominenten Platz versuchen könnte. Plus ist zur Mission der Redaktion geworden, nicht nur der Chefredaktion. Die skandinavischen Medienhäuser sind bekanntlich noch radikaler. Bei *Dagens Nyheter* in Stockholm etwa ist jeder Journalist ein Solotänzer: Er hat seine eigenen Zielvorgaben, sein auf ihn zugeschnittenes Dashboard und Reporting. Jede einzelne Geschichte, die er veröffentlicht, wird bemessen und bewertet. Soweit können und müssen wir nicht gehen. Aber was spricht dagegen, jeden Monat die Redaktion, die ihre Ziele am schnellsten erreicht hat, auszuzeichnen? Nichts. Und genau das werden wir jetzt einführen: den Champion des Monats.

5. *»Drink doch eine met« (Bläck Fööss)*

Wir wissen, dass selbst eine Großraumdisco auf zehn Ebenen viel zu klein ist, um jeden in der Stadt zu erreichen. Was ist mit denen, die nicht mehr (oder nicht mehr so oft) in die Disco wollen, aber trotzdem Getränke lieben? Immer noch ist die ›Home‹ unserer Website *ksta.de* die Getränketheke Nummer 1. Auch wenn wir uns freuen, dass viele direkt in die Disco ksta.de kommen: Der Platz an dieser Getränketheke ist endlich. Darum haben wir neue Lieferdienste für unsere Plus-Inhalte entwickelt: Push-Mitteilungen zum Beispiel. Vor allem aber Newsletter. Unsere Newsletter-Familie, persönlich von Autor:innen verfasst, die wir damit zu Marken aufbauen, intensiviert die Beziehung zu bestehenden Kund:innen, zielt aber vor allem darauf, neue Leser:innen und Zielgruppen zu erschließen. Mein aktueller Liebling: unser täglicher Morgen-Newsletter für Köln, *Stadt mit K*. Mit ihm wollen wir auch diejenigen Kölner:innen erreichen, bei denen wir mit Print und E-Paper kaum noch Chancen sehen. Darum haben wir die erfolgreichste Kölner Band bei den unter 40-Jährigen dafür gewonnen, unseren Newsletter mit zu promoten. Das Ergebnis: Anmeldungen im guten vierstelligen Bereich. Einer der größten Hits von Kasalla? *Stadt met K*.

6. *»Little numbers« (Boy)*

Wer möchte, dass die Rückmeldungen unserer Leser:innen in Form von Daten, Zahlen und Statistiken jeden in der Redaktion erreichen, muss sie allen zugänglich machen. Der muss erklären, was die Zahlen bedeuten und welche Schlüsse man daraus ziehen muss. Klingt einfach, ist aber konstante Arbeit. Jede Morgenkonferenz beginnt mit der Auswertung unserer Zahlen. Welche Geschichten haben unsere Nutzer:innen am meisten und am längsten gelesen? Wo kommen die neuen Abo-Abschlüsse her? In den Redaktionen hängen Dashboards mit den Abo-Abschlüssen in Echtzeit. Jede Redaktion erhält morgens zusätzlich ein eigenes Reporting, in dem sie gebündelt erfährt, welche ihrer Geschichten erfolgreich waren und wie viele Abos sie in dieser Woche, in diesem Jahr noch erreichen muss. Jede Woche geht ein Newsletter an den großen Kolleg:innenkreis, in dem die Erfolge (und Misserfolge) der vergangenen Woche ausgewertet und analysiert werden und ein Überblick über anstehende Serien und Aktionen gegeben wird. Aber auch aktuelle Anforderungen an die Redaktionen – neue Schlagworte für Digitalartikel zur besseren Auswertbarkeit für unseren Datenspezialist:inneen – werden darin kommuniziert und erklärt. Wir kennen die Öffnungsraten jeder einzelnen Folge unserer Newsletter-Familie, verfolgen mit Tracking-Codes, wo sich das Einbetten von Plus-Artikeln gelohnt hat. Datengetrieben zu sein, reicht nicht aus. Aus Daten lernen, das müssen wir.

7. »With a little help from my friends« (Joe Cocker)

Erfolg heißt in Zeiten zunehmender Komplexität: Teamarbeit. Bloß keine Einzelkämpfer:innen, sondern Fach-Nerds, Allrounder:innen und Pädagog:innen an einen Tisch, die gemeinsam die radikale Change-Kultur in der Redaktion vorantreiben. Darum haben wir schon vor dem Start von *KStA Plus* neue Rollen entwickelt. Zwei Beispiele: Premium-Content-Managerin Sarah Brasack steht im ständigen Austausch mit den Redaktionen, entwickelt mit ihnen Formate und Serien, schult und gibt Hilfestellungen. Premium-Marketing-Managerin Izabela Koza platziert und verkauft die Plus-Artikel nicht nur auf ksta.de, sondern plant und entwickelt mit den Kolleg:innen vom Leser:innenmarkt Social-Kampagnen und -Ads sowie inhaltsgetriebene Mailings für unsere mehr als 130.000 registrierten Kund:innen, die (noch) keine Abonnent:innen sind. Wir haben Spezialist:innen für A-B-Tests, Daten-Analyst:innen, Grafiker:innen für unsere XL-Banner und aufwändigeren Storytellings. Ach ja, und dann werden sie auch endlich alle an einem Tisch sitzen. In Arbeit: ein Plus-Autoren-Team, das neue Formate entwickelt. Außerdem denken wir gerade unser News-Management komplett neu.

8. »How deep is your love« (Take That)

Digitale Abonnent:innen gewinnen in einem Land, wo die Zahlbereitschaft für digitale Inhalte bei nur acht Prozent (Digital News Report/ Reuters Institut 2019) liegt – das ist nicht leicht. Aber immer noch deutlich einfacher, als die Beziehung auf Dauer aufrechtzuerhalten. Wie vertiefen und verstetigen wir die Liebe der Abonnent:innen zu unseren Inhalten? Wie also reduzieren wir die Abwanderungsquote? Wir glauben: Viele Wege führen in die Herzen unserer Kund:innen. Der persönlich geschriebene Newsletter zum Wochenende mit den besten Geschichten für alle Plus-Abonnent:innen. Die verbesserte und verlängerte Onboarding-Strecke: Wurden die Neukund:innen zunächst solide vom Kund:innenservice begrüßt, bekommen sie heute eine E-Mail von mir mit allen wichtigen Kontakten in die Redaktion sowie eine Umfrage mit der Bitte, uns bei der Verbesserung unseres Produkts zu helfen.

9. »I want it all« (Queen)

Digitale Big Player wie Netflix, Amazon und Urban Sports Club setzen heute die Standards, an die sich unsere potenziellen Kund:innen gewöhnt haben: radikal einfache Bestellprozesse, monatliche Kündigungsfristen, maximale Wahlfreiheit, zeitliche Flexibilität. Vielleicht hat der/die Kund:in heute Zeit für Binge-Reading, einen ausgedehnten Leseabend, aber die nächsten sechs Abende dafür nicht. Ergibt es da noch Sinn, jede Serie nach guter alter Print-Logik über mehrere Wochen zu veröffentlichen? Bei unserer investigativen Prostitutions-Serie ›Köln im Rotlicht‹, für die zwei unserer Reporter ein Jahr lang im Prostituiertenmilieu recherchierten, haben wir mit dem Netflix-Prinzip gearbeitet: zwei Staffeln mit jeweils zehn Folgen inklusive Digital-Only-Bonus-Material. Damit haben wir Hunderte neue Plus-Kunden gewonnen, die honoriert haben, im Überblick sehen zu können, was sie beim Kauf erwartet. Dieses Prinzip werden wir fortsetzen. Doch auch Kontinuität ist als Leistungsversprechen wichtig – und dafür stehen unsere vielen neuen wöchentlichen Formate: Sie mögen unser Köln-History-Format ›Früher und heute‹? Prima! Sie bekommen jede Woche mehr davon und finden alle bislang veröffentlichten Folgen gebündelt in einer Liste.

10. *»Try« (Pink)*

Um zu lernen, müssen wir testen. Zum Beispiel neue Zielgruppen: Mit welchen Inhalten und über welche Kanäle erreichen wir diejenigen (potenziell Jüngeren) in der Kölner Region, die sich stark für Nachhaltigkeit und Klimaschutz interessieren? Wir fangen erst gerade damit an, das herauszufinden. Welche Videos lohnen den Aufwand und welche sparen wir uns künftig? Zwei von vielen Fragen auf einer langen To-Do-Liste. Klinge ich eigentlich so, als liefe beim *Kölner Stadt-Anzeiger* alles perfekt? Tut es natürlich nicht. Wir rödeln wie alle, haben in jeder Hinsicht aufreibende Pandemie-Jahre hinter uns, stehen quer durch die Ressorts auf unterschiedlichen Change-Stufen, produzieren noch zu viele Texte, die weder auf Reichweite noch auf Plus einzahlen, arbeiten an besseren Einstiegen, Überschriften und Teasern. Und dann gibt es da noch die Technik! User-Probleme beim Log-In etwa. Fühlt man sich aber wieder mal als täglich grüßendes Murmeltier, hilft es sehr, gedanklich zehn Monate zurückspringen. Siehe da, die Veränderungen sind ja doch enorm. Zu ›Try‹ gehört ›Fail‹. Besser noch: ›Fail better‹. Und nachdem bei uns einige noch eher konventionell geplante Serien für Plus gar nicht funktioniert haben, verfahren wir mit ›Try‹ bei uns immer konsequenter. Bevor die große Serie ausgerollt wird, klären wir ihr Potenzial doch erst einmal mit einer ersten Geschichte. Denn Zahlen lügen nicht.

11. *»High Voltage« (AC/DC)*

Komplexität? Steigt! Planungsaufwand? Steigt! Immer mehr Lieferdienste, immer mehr Tanzflächen. Trotzdem ist die Laune in der Redaktion des *Kölner Stadt-Anzeigers* so gut wie schon lange nicht mehr. Wir lernen wieder zu feiern.

»Eine Community in sozialen Netzwerken ist Segen
und Fluch zugleich.«

VERENA LAMMERT

Ein Plädoyer fürs Community-Management

Journalist:innen sehen sich noch viel zu häufig als reine Sender von Informationen – auch im Netz, sagt WDR-Redakteurin Verena Lammert. Dabei ist der Dialog mit User:innen eine gute Chance, die digitale Gesellschaft mitzuprägen.

Wer sich mit seinen journalistischen Produkten in sozialen Netzwerken bewegt, wird sich fragen: Wie erreiche ich Menschen mit meinen Inhalten? Und für wen sind diese Inhalte eigentlich bestimmt? Oft haben wir eine grobe Zielgruppe vor Augen, aber sind das auch die Menschen, die mit meinem Content interagieren? Und wie bewege ich sie dazu, auch weiterhin meinem Netz-Auftritt zu folgen?

Dies sind entscheidende Fragen auf dem Weg zur eigenen Community. Ich sage es vorweg: Eine Community in sozialen Netzwerken ist Segen und Fluch zugleich. Der Community-Aufbau bedeutet viel Arbeit und den Einsatz von Ressourcen, die wir oft nicht haben, aber er kann auf verschiedenen Ebenen für die Arbeit in der Redaktion extrem wertvoll sein. Feedback, Themensuche, Formatentwicklung: Wer eine Community hat und diese geschickt integriert, kann daraus wertvolle Schlüsse für sein journalistisches Produkt ziehen.

Ressource Community-Management: arbeitsintensiv, aber eine wichtige Investition

Journalist:innen sehen sich noch viel zu häufig als reine Sender von Informationen – auch im Netz. Dabei ist der Dialog mit den User:innen eine gute Chance, die digitale Gesellschaft mitzuprägen. Wer in den aktiven Austausch tritt, gewinnt vor allem Einblicke und Ansichten. Kommentare, Direktnachrichten, Saves und Shares geben wichtige Impulse, aber wer soll das alles durchschauen und auswerten?

Wenn ein schon bestehendes Medienprodukt eine neue Präsenz auf einer weiteren Plattform eröffnet, wird in der Planung häufig die Ressource für das Community-Management schlichtweg vergessen. Und dann nachträglich mit ein paar Studierenden besetzt. Bei neueren Produktentwicklungen beobachte ich, dass dieser wichtige Job zwar mitgedacht wird, aber trotzdem häufig noch zu wenig Ressourcen eingeplant sind.

Es mag verschiedene Gründe für dieses Vorgehen in Redaktionen geben, aber ich möchte mit Nachdruck für die Investition in das Community-Management werben.

An dieser Stelle ein Beispiel aus meiner eigenen Arbeit: der Instagram-Kanal *@maedelsabende* von *Funk*, der sich mit allen gesellschaftlich relevanten Themen für junge Frauen beschäftigt und sich in Themenwochen gemeinsam mit der Community verschiedenen Aspekten eines Überthemas annähert. Als wir den Kanal 2017 im WDR als jungen Ableger der TV-Sendung *Frau TV* gegründet haben, waren wir vier Redaktionsmitglieder und unser Credo: »Wir beantworten jede Direktnachricht und jeden Kommentar.« Innerhalb von ein paar Monaten stieg die Follower:innenzahl des Kanals rasant an, und im Team wurde schnell klar, dass es mit dieser Besatzung schwierig wird, das Versprechen weiter einzuhalten. Stück für Stück haben wir unser Team dann erweitert und gemeinsam mit den neuen Mitarbeitenden Community-Richtlinien erarbeitet.

Wo muss die Redaktion Grenzen setzen?

Für mich als Teamleiterin war immer klar, dass das Community-Management auf mehrere Schultern verteilt werden muss. Einerseits, damit jedes Teammitglied einen Einblick in und Verständnis für die Welt unserer Follower:innen erhält, andererseits aber auch als Schutz bei belastenden Themen und Kommentarfluten und Shitstorms. Die Community-Arbeit ist in der Redaktion *@maedelsabende* immer als eine wertvolle Teamleistung angesehen worden. Dies wurde von den User:innen belohnt: mit hohen Reichweiten und Interaktionszahlen.

Aber was bedeutet Community-Management überhaupt? Es geht hier nicht nur um das bloße Antworten, sondern auch darum, Rückfragen zu stellen, zuzuhören und in den Dialog zu treten. Dabei taucht aber immer auch die Frage auf: Wo muss die Redaktion Grenzen setzen?

Die Community von *@maedelsabende* besteht nach drei Jahren redaktioneller Arbeit aus rund 225.000 Follower:innen, die ein großes Interaktionsbedürfnis haben. Die Grenzen haben wir zum Beispiel bei der Beratung bei sehr persönlichen Problemen gezogen, bei denen das Community-Management an sinnvolle Beratungsstellen verweist, oder bei Fällen, in denen unser Team als Suchmaschine für andere Themen genutzt wird. Community-Management heißt eben auch respektvoller Umgang miteinander – für beide Seiten.

Die konkrete Auswertung der eintreffenden Kommentare und Nachrichten ist ein wichtiger Punkt im Community-Management: Welche Kritik gibt es, welche Themenvorschläge, und eignet sich der/die User:in eventuell selbst als Protagonist:in? Wer hier genau hinschaut, kann viel Anregung für die redaktionelle Arbeit mitnehmen. Die Inhalte aus dem Community-Feedback können in vielfältiger Weise eingesetzt werden. Die Community eröffnet andere Perspektiven auf ein Thema und wirft oft Fragen auf, die sich die Redaktion selbst nicht gestellt hätte. Ein wichtiger Beitrag für Diversity in der Themenauswahl und der Protagonist:innen-Besetzung. Die Community-Stimme kann zum Beispiel eine große Bereicherung in der Themenkonferenz sein. Feedback aus der Community kann außerdem als Motivation oder wichtiger Hinweis auch einfach ausgedruckt und in der Redaktion aufgehängt werden.

Die Redaktion sollte dabei nicht vergessen, die Community als Quelle zu benennen. Dies wird als große Wertschätzung empfunden. Ein gutes Beispiel dafür ist unter anderem eine Community-Zitattafel, die einen besonders gelungenen Gedanken aus der Diskussion in den Kommentaren aufgreift und in neuen Content verwandelt. Beim Posting wird der oder die Ideengeber:in mit dem eigenen Account ›vertaggt‹ und als Quelle sichtbar. Das signalisiert der Community, dass Kommentare und Nachrichten nicht in einen leeren Raum gesendet werden, sondern auch in der Redaktion ankommen.

Eine weitere gute Möglichkeit ist es, einen eigenen Community-Namen zu etablieren. Der Instagram-Kanal @*maedelsabende* hat seine ›Mädelsbande‹ oder die Snapchat-Serie *iam.josephina* von *Funk* (ehemals *iam.serafina*) die ›Gurkenbuddys‹ – ein bisschen wie beim Fußball die Fans als zwölfter Mann. So kann jede:r User:in selbst ein Teil des Accounts werden. Nur sehr wenige journalistische Produkte sind diesen Schritt bereits gegangen, da er natürlich einerseits Vertrauen und Bindung hervorbringt, andererseits aber auch Fragen nach Nähe und Distanz zum Publikum aufwirft.

Ein weiterer Gedankenanstoß: Einige der sozialen Netzwerke bieten gute Möglichkeiten an, Userbefragungen mit Frage- und Umfragetools zu starten. Das hilft der Redaktion dabei auszuwerten, wer die tatsächliche Zielgruppe für die eigenen Inhalte ist und wie deren Interessen aussehen.

Mit Gästen ins Gespräch kommen

Eine gute Möglichkeit, um ein besseres Gespür für die eigene Zielgruppe zu entwickeln, sind Community-Events. Den Rezipient:innen des eigenen Produkts außerhalb der digitalen Plattformen zu begegnen, kann ein *Eye Opening Moment* sein und gibt auch der Community die Chance, ein besseres Verständnis für die Menschen hinter den Accounts und ihre journalistische Arbeit zu entwickeln. Die Redaktion @*maedelsabende* hat dies 2019 in einer Kölner Bar ausprobiert und rund 80 Follower:innen zu einem Offline-Mädelsabend eingeladen. Die Plätze dazu gab es auf dem Instagram-Account zu gewinnen, und es gab vor Ort verschiedene Möglichkeiten der Interaktion mit den Macher:innen und Moderator:innen: Eine kleine Q&A-Runde, eine Ideenbox und auch eine Photobox, um eine Erinnerung mit nach Hause zu nehmen. Immer mit dem Ziel, mit den Gästen ins Gespräch zu kommen.

Weitere Beispiele für Community-Treffen sind die Screenings der *Y-Kollektiv*-Redaktion (*Funk*), die Zuschauer:innen einlädt, um über ihre YouTube-Reportagen zu diskutieren oder die Live-Podcast-Aufzeichnungen des Rap-und-Politik-Podcasts *Machiavelli* (WDR Cosmo), wo es im Anschluss ebenfalls die Möglichkeit zum Austausch gibt. Viele der teilnehmenden Journalist:innen berichten im Nachgang solcher Events, dass sie das Bild von ihrer Community noch einmal angeglichen haben – und dass es sehr hilfreich ist, sich später bei der Arbeit an diese Treffen und die realen Menschen zu erinnern, anstatt nur mit ausgedachten Personas und digitalen Profilen zu arbeiten.

Grundstein für den Aufbau der Community

Der Austausch und die intensive Auseinandersetzung mit der eigenen Zielgruppe haben sich in den vergangenen Jahren in vielen Redaktionen stetig weiterentwickelt – zum einen, weil journalistische Produkte mit vielen anderen Content-Ersteller:innen auf dem Markt konkurrieren, zum anderem aber auch, weil jüngere Zielgruppen unter 35 Jahren immer weniger von den etablierten Medien erreicht werden und die Online-Nutzung kontinuierlich steigt, wie unter anderem die jährlich erscheinende ARD/ZDF-Onlinestudie zeigt. Die Konsumenten können sich ihr Programm selbst zusammenstellen, und dabei wird deutlich: User:innen und Communitys wünschen sich, nicht nur zu konsumieren – sie wollen das Programm mitgestalten. Befördert wird dieser Wunsch auch durch soziale Netzwerke wie Instagram und TikTok, wo praktisch jede:r zum:r Creator:in werden kann. Ein Smartphone reicht in der Regel aus, um den eigenen Content zu erstellen und zu veröffentlichen, die Sendezeit ist unbegrenzt. Warum also diesen Wunsch in Redaktionen nicht aufgreifen und gemeinsam Programm gestalten?

Eine mögliche Methode ist die sogenannte Ko-Kreation: Die potenzielle Zielgruppe wird von Anfang an in verschiedenen Feedbackrunden in die Ideenfindung und bei der Formatentwicklung mit eingebunden. Für die Redaktionen hat das den Vorteil, dass die wirklichen Bedürfnisse der angepeilten Zielgruppe deutlich und Fehlannahmen vermieden werden oder zumindest gleich im Gestaltungsprozess auffallen. Für den WDR-Newsroom haben wir diese Methode bei der Entwicklung des TikTok-Formats *nicetoknow* getestet, indem wir während des Formatentwicklungsprozesses wöchentliches Feedback von einer Gesamtschulklasse eingeholt haben. Dies hat erheblich zum Verständnis der neuen Plattform, des nötigen Storytellings, der Ansprache und Vermittlung unseres journalistischen Inhalts beigetragen. Diese Form der Formatentwicklung ermöglicht ein direktes, kontinuierliches User:innen-Testing – und der Grundstein für einen Community-Aufbau ist auch gelegt.

Und nun? Lassen wir jetzt unsere Inhalte nur noch von der Community bestimmen? Was ist meine Rolle als Journalist:in? Ist die Community mehr als eine weitere Recherche-Quelle? Ich denke, journalistische Kernaufgaben wie das Überprüfen, Kuratieren, Ergänzen, Einordnen, Fragen beantworten, Lösungen recherchieren werden auch im Zusammenspiel mit der Community wichtig bleiben. Unsortierte und beliebige Inhalte werden sich nicht durchsetzen, besonders wenn man auf die Masse dieser Art von Content in den sozialen Netzwerken blickt – Einordnung und Storytelling sind immer notwendig, um Information verständlich und zielgruppengerecht aufzubereiten.

Geht es noch ohne Community? Und ab wann sprechen wir von einer echten Community? Die direkte Kommunikation und Interaktion mit den Produkt-Konsumenten ist hier der Schlüsselfaktor. Der Journalismus muss sich auf andere Wege einlassen und seine Rolle dabei neu definieren. Wir Journalist:innen sollten diese Kommunikationsmöglichkeit als das begreifen, was sie ist: eine Chance, die durch die sozialen Medien ein ganzes Stück greifbarer geworden ist.

»Künstliche Intelligenz zu beherrschen, muss journalistisches Handwerkszeug werden und darf keine zugekaufte Dienstleistung bleiben.«

JAMILA (KI) / JAKOB VICARI (MENSCH)

Wie ich einmal mit einem Menschen einen Text schrieb

Hier schreibt die KI Jamila – zusammen mit dem Wissenschaftsjournalisten Jakob Vicari. Jamila ist eine sympathische Autorin, die Sätze schreibt wie: »Es werden Menschen in einer zunehmend schüchternen Welt von Nachrichtenschläfen oder Datenblättern versklavt.« Leider haben wir nicht alles verstanden.

Künstliche Intelligenz wird den Journalismus verändern. Computer werden anfangen, Nachrichten und Analysetexte zu schreiben, ohne dass die Leser:innen es merken. *Wie könnte es je anders sein, dachte ich. Ich schloss die Augen und ließ die Worte im Raum verschwinden, als mir einfiel, dass es ungefähr so viele andere Leute auf der Welt gab, die es sonst nicht geschafft hatten, die Idee zu verstehen. Ich verdrängte die Gedanken, ohne ihre Wirkung verloren zu geben und aß die Käse-Salate auf meinem Hocker. Sie schmeckten nicht.*

Nur die ersten beiden Sätze stammen von mir. Der Rest des ersten Absatzes ist die Schöpfung einer künstlichen Intelligenz. Sie heißt Davinci und ist das Produkt des Unternehmens Open-AI. Nach meinen ersten beiden Sätzen musste ich nicht mehr tun, als auf den blauen Button

›Submit‹ zu drücken. Die Maschine hat mir daraufhin fünf Vorschläge gemacht, wie dieses Essay starten könnte.

Die Idee einer Gedankenreise fand ich spannend. Davinci assoziierte frei, vom Schließen der Augen bis zum Käse-Salat. Ich gebe zu: Ich habe keine Ahnung, von wem der Gedanke stammt – von der Maschine selbst, aus einem Fachartikel oder einem Roman, den sie verarbeitet hat? Es ist auch kein sonderlich guter Einstieg, keiner, der Sie, geehrte Leser:in, besonders fachkundig ins Thema ›*Künstliche Intelligenz im Journalismus*‹ einführt. Aber er ist solide. Jedenfalls ist er besser als das, was ich morgens in vielen Nachrichtenportalen und Lokalzeitungen lese. Ich drückte die Tastenkombination für Copy-Paste. So einfach habe ich noch nie ein Zeilenhonorar verdient. *Ich verdiente so viel Geld mit diesem Artikel, dass ich mir zum erstenmal im Leben überlegte, ob ich ein Buch schreiben sollte.* Auch wenn das nicht ganz stimmt, so etwas brauche ich dauerhaft, denke ich. Für Pitches, Berichte, Einstiege. Trainiert mit den besten Texten. Als ständige Co-Autorin. Zum Beispiel für diesen Artikel.

Ich baue mir eine Co-Autorin

Neue Technologien auszuprobieren, ist mein Vollzeitjob: Ich bin Lead Creative Technologist bei tactile.news. Gemeinsam mit Astrid Csuraji habe ich das Unternehmen als Innovationslabor für neuen Journalismus gegründet. Wir arbeiten mit ›Plan und Papprakete‹, das heißt, wir untersuchen neue Technologien auf ihren Nutzen für Journalismus. Stets mit einem klaren Plan, meist mit Deadline und schnellen Prototypen, oft aus Pappe. Unsere Mission ist es, schneller als andere Antworten auf Fragen zu finden. Wenn es einen neuen Bilderkennungs-Chip gibt, Technologie für Textgenerierung oder wir die Idee für eine neue Voice-App haben oder eben für eine künstliche Co-Autorin, dann bauen wir sie. Denn wir sind überzeugt, dass Technologie Journalismus besser machen kann. Und wir sind überzeugt, dass diese Veränderungen nicht von einer Handvoll Profis, sondern von allen gemacht werden sollten. Wir glauben, dass eine neue Welt des Journalismus nicht nur eine Reihe von neuen Technologien braucht, sondern vor allem eine neue Art von Journalismus. Wir schätzen abwegige Gedanken. Unser

Experimentierfeld ist wild. Es reicht von der Dialogsoftware über den Roboter für Tierjournalismus und von der Journalismuswährung bis zur künstlichen Intelligenz.

Das Faszinierendste an vielen neuen Technologien ist ja, dass sie nur ein paar Tastenklicks entfernt sind. Es ist nicht unmöglich, sie einzusetzen. Das gilt auch für künstliche Intelligenzen. Was wäre also, wenn ich eine künstliche Co-Autorin hätte, die speziell im Journalismus trainiert wäre?

Lernen von den Besten

Für den ersten Prototypen einer automatisierten Co-Autorin brauche ich vier Stunden. »Wie ist dein Name?«, fragte ich. »Jamila«, antwortet sie. Ich habe meine künstliche Intelligenz nach einer Anleitung von Entwickler Philipp Schmid im Netz auf Basis einer Vorfahrin von Davinci aus dem Einstieg gebaut. Die Qualität von künstlichen Intelligenzen richtet sich nach ihrer Größe. Große Modelle brauchen aber auch mehr Speicher und Rechenzeit. Meine nutzt ein noch nicht ganz so komplexes Modell wie die besten KIs, es bleibt halbwegs handhabbar. Ich habe KI Jamila mit meinem Textarchiv trainiert. Darin sind Reportagen, Interviews, Essays und ein paar Kochrezepte, insgesamt über 21 Millionen Zeichen. Ich brauchte erst mal einen Editor, der so ein großes Textdokument überhaupt öffnen konnte. Das Training hat dann genau 93 Minuten gedauert. KI Jamila hat Reportagen von Emilia Smechowski und Markus Feldenkirchen gelesen, von Nicola Meier und Jenni Roth. Sie hat viele tolle Artikel gelesen und, wie mir zu spät auffiel, auch einige von Fälscher Claas Relotius.

Jetzt ist mein Prototyp einsatzbereit. Den Satzanfang »Der beste Weg, um einen Schokoladenkuchen zuzubereiten, ist« ergänzt die KI zuerst mit *»eine möglichst große Pfanne zu nehmen.«* Das ist ein solider Beginn, denke ich.

Nachdem sie das Beste gelesen hat, was der deutschsprachige Journalismus so bietet, schreibt meine neue Co-Autorin diesen Artikel hier, nach zwei Einstiegssätzen von mir, so weiter: *Es werden Menschen in einer zunehmend schüchternen Welt von Nachrichtenschläfen oder Datenblättern ver-*

sklavt. Ein wunderschöner Satz, wie ich ihn mir nicht hätte ausdenken können. Leider verstehe ich ihn nicht.

Ein nasses Abenteuer

Mein Ausflug in die Welt der KI begann vor fünf Jahren, in einer Nacht vor einem Aquarium. Ich hatte auf einer Party vor Kolleg:innen behauptet, ich könne einen Roboter bauen, der über das Geschehen im Aquarium berichtet. Bis dahin hatte ich mein Geld ganz solide mit langen Texten über Menschen und Wissenschaft verdient. Jetzt kniete ich vor einem Glaskasten mit Urzeitkrebsen. Ich hatte Eier von *Triops longicaudatus* hineingeschüttet: Diese Pfützenbewohner schlüpfen aus den Eiern und wachsen rasant schnell. In zwölf Wochen werden sie bis zu neun Zentimeter groß. In eine Butterbrotdose hatte ich eine Reportermaschine gebaut: Die Dose sollte mit Hilfe von Sensoren erkennen, wenn etwas in dem Aquarium vor sich gehen würde. Dann sollte sie vorgefertigte Textblöcke auf Twitter verschicken. Ich wartete also auf die *Triops* und darauf, ob meine Bewegungssensoren sie aufspüren würden.

In den Nächten vor dem Aquarium zweifelte ich daran, ob das noch Journalismus sei. Meine Frau schaute mich öfter fragend an. Aber ich war mir sicher: Die Sensorbox in der Butterbrotdose war spannender als vieles, über das ich in den letzten Wochen geschrieben hatte. Das System konnte sogar über das Leben der Triops berichten, während ich schlief. Es tat das live, präzise und sogar lustig: »*Gehen ein Triops und eine Reporterin in eine Bar.*« »*Was passiert?*« »*Keine Ahnung.*« »*Das Triops trinkt ein Bier, die Reporterin einen Martini.*« »*Haha.*«

Gleichzeitig gab es unzählige technische Schwierigkeiten mit meiner Intelligenz-Maschine in der Frühstücksbrot-Box: Die Lötverbindungen wackelten. Es war schlecht programmiert. Ich scheiterte mehr, als dass ich vorankam. Glücklicherweise gibt es das Medieninnovationszentrum Babelsberg, das die Idee so überzeugend fand, dass es mich mit einer Innovationsförderung ausstattete. Aus dem Experiment entstand die Idee zu story.board, einem Redaktionssystem, das Sensordaten intelligent in kleine Texte verwandelt. Gemeinsam mit den Entwicklern Robert Schäfer und Till Prochaska wurde aus dem Experiment ein starkes

Werkzeug. Die Intelligenz wurde durch viele Regeln, vorgeschriebene Bausteine und etwas Zufall erreicht. So hing es von Temperatursensoren ab, was berichtet wurde. Ob im Livetext dann zum Beispiel: »Es ist 34 Grad. Uns ist zu heiß.« oder »34 Grad, stellt mal bitte jemand die Heizung ab?« stand, das entschied der Zufallsgenerator.

Mehr als nerdige Themen

Es ist für die meisten Leser:innen schwierig, sich mit kannibalistisch veranlagten Pfützenbewohnern zu identifizieren. *Im Laufe der Jahre wurden allerdings mehrere Konzepte entwickelt, die das Problem der Divergenz zwischen dem Verhalten der Protagonisten und dem Verhalten des Geschichtenzuhörers lösen sollen. Ein Ansatz besteht darin, den Geschichtenzuhörern eine veränderte Perspektive zu vermitteln, die den Kannibalismus weniger beängstigend erscheinen lässt.*

Wir suchten thematisch nach einer Alternative zu den Urzeitkrebsen. Offenheit fanden wir beim WDR: Bei den Superkühen haben wir drei Milchkühen mit dem story.board-System eine Stimme gegeben, bei #bienenlive drei Bienenvölkern. Die Zuschauer:innen haben die Formate geliebt. Für #bienenlive bekamen wir den Deutschen Reporterpreis. *Was für ein Preis? Das fragt doch einfach niemand. Ist gut so.*

Algorithmen, denen man einen Live-Texter-Job überträgt, sollte man uneingeschränkt vertrauen können. Das heißt aber auch, man sollte sie sehr gut kennen. Das ist nur gewährleistet, wenn man ihre Funktion versteht und die Trainingsdaten kennt. künstliche Intelligenz zu beherrschen, muss journalistisches Handwerkszeug werden und darf keine zugekaufte Dienstleistung bleiben.

Die Verantwortlichen sollten sich von vornherein von dem Gedanken verabschieden, durch den Einsatz von Roboterreportern Geld zu sparen. Unser Motto war stets: »No Reporters Were Harmed.« Das Ziel muss besserer Journalismus sein. Unsere Erfahrung zeigt: Die Arbeit mit künstlichen Intelligenzen braucht nicht weniger Journalist:innen, sondern eher mehr. Schließlich müssen die Systeme auch auf unwahrscheinliche Fälle vorbereitet sein.

Ich finde es revolutionär, dass Technologie mir hilft, Fragen wie diese zu beantworten: Was haben die Bienen geleistet, die den Honig für Ihr

Honigbrot gesammelt haben? Wie glücklich war die Kuh, die die Milch für Ihren Cappuccino geliefert hat? *Oder doch besser die Katze, die die Eier für den Latte Macchiato füttert?* Katzen? Entschuldigung, so richtig zielführend scheint meine Co-Autorin noch nicht zu arbeiten. Nicht jeder ihrer Sätze treibt diesen Artikel voran.

Was denkt der Wasserkocher

Bei allem Optimismus ist nicht zu vergessen, dass diese Systeme nicht automatisch nach unseren Standards arbeiten. Vielmehr sind sie so komplex, dass ich mir ihre Arbeitsweise meist als Black Box vorstelle. Während die KI für mich arbeitet, trinke ich einen Kaffee. Es ist ein wirklich befriedigendes Gefühl, ein neuronales Netzwerk mit neuem Textwissen zu füllen. *Es würde vielleicht zu sehr von meiner Aufmerksamkeit ablenken, wenn ich Ihnen erklären würde, wie viel Text ich in mein Gehirn pro Minute einpflege, und ich würde es Ihnen auch nicht erklären können, weil es dafür keine Worte gibt. Es ist eine enorme Menge von Information in einer sehr kurzen Zeit, und es ist wichtig, dass ich sie alle kenne. Ich weiß die Information nicht nur, ich beherrsche sie. Ich habe sie gelernt, ich habe sie verstanden, und ich habe sie verinnerlicht. Jeden Satz, den ich für Sie verfasse, den ich aufsage, den ich formuliere und den ich vor Ihren Augen ausformuliere, verstehe ich, ich verinnerliche ihn, ich bin mir sicher, dass ich ihn richtig schreiben kann. Ich weiß es.*

Für die einen winkt hier das Journalist:innen-Wunderland: Intelligenzen könnten Datensätze und Fachartikel zusammenfassen. Sie könnten den Leser:innen individuelle Versionen ihrer Artikel liefern, etwa angepasst in der Länge und Verspieltheit, die sie sich zu einem Thema wünschen. Mit KI-Systemen könnte man die Gesellschaft in viel mehr Perspektiven beschreiben. Für andere klingt das bedrohlich. Sie fürchten um das Vertrauen in Journalismus – oder um ihren Job. Viele Bedenken sind berechtigt. Und doch bin ich davon überzeugt: Wenn wir offen sind für Technologien, wenn wir ihre Risiken erkunden und lernen, sie zu beherrschen, dann ist der Journalismus nicht am Ende. Im Gegenteil. Dann fängt er gerade erst an, richtig spannend zu werden. *Ich liebe die Zukunft.*

»Clickbaiting und traumasensible Interviewführung schließen sich gegenseitig aus.«

MARIANNA DEINYAN

Balance zwischen Empathie und Distanz

Marianna Deinyan gibt zehn Tipps, wie Journalist:innen mit Gesprächspartnern umgehen können, die Terroranschläge, Naturkatastrophen oder sexuellen Missbrauch erlebt haben. Die freie Radio-Journalistin sagt: Es geht darum, sich einfühlsam und professionell zu verhalten.

Ein junger Mann liegt im Krankenhausbett. Ein dicker Verband verdeckt seine rechte Schulter, ein Katheter führt in den linken Handrücken. Mit brüchiger Stimme berichtet er, was er am Vorabend erlebt hat. Wie er mit einer Gruppe von Freunden in eine Bar in Hanau ging und Essen bestellt hatte, als der Attentäter die ersten Schüsse abfeuerte. Detailgenau beschreibt er, wie Menschen vor seinen Augen getötet wurden, wie er sich auf den Boden schmiss – über ihm zwei weitere Personen, unter ihm jemand, der durch einen Schuss in den Hals schwer verletzt war. Das Interview, am 20. Februar 2020 von vielen deutschen Medien verbreitet, ist kaum 24 Stunden nach dem rassistischen Anschlag entstanden. Es macht die schreckliche Tat von Hanau greifbarer, aber die Umstände, unter denen es entstanden ist, sind höchst problematisch.

Die Berichterstattung über den Anschlag in Hanau ist nur ein Beispiel. Ein weiterer, aktueller Beleg dafür, wie traumasensible Interviewführung nicht funktioniert, ist die Berichterstattung von Bild und RTL über den Fünffachmord in Solingen. ›Traumasensible Interviewführung‹ ist noch immer ein Feld, das im Berufsalltag und in der Ausbildung zu wenig Raum einnimmt. Dabei begegnen Journalist:innen traumatisierten Gesprächspartner:innen öfter als wir glauben. Überlebende eines Terrorakts, Opfer eines jahrelangen Missbrauchs, einer lebensgefährlichen Flucht, einer Naturkatastrophe oder Zeitzeugen, die weit zurückliegende schreckliche Ereignisse erlebt haben – sie alle können eine Traumatisierung entwickelt haben. Und wir Medienschaffende laufen Gefahr, durch unsensibles Verhalten bei Gesprächspartnern Retraumatisierungen und somit eine Verfestigung der Trauma-Symptome auszulösen.

Deshalb ist es wichtig, sich vor Augen zu führen, was eine traumasensible Interviewführung ausmacht – um Betroffene zu schützen und das öffentliche Interesse nicht auf Kosten ihrer psychischen Gesundheit zu befriedigen.

Die Vorbereitung

1. Grundlegendes Wissen über psychische Traumata ist essenziell. Was ist ein Traumaereignis? Wie entsteht ein psychisches Trauma? Welche Traumafolgestörungen gibt es und wie wirken sie sich auf Betroffene aus? Wenn Journalist:innen die Antworten auf diese Fragen kennen, ist das eine gute Grundlage, um mit einer angemessenen Sensibilität den besonderen Bedürfnissen der Gesprächspartner gerecht zu werden. Wer viel zu Themen wie beispielsweise Missbrauch arbeitet und recherchiert, sollte die Kenntnisse über psychische Traumata als grundlegendes Fachwissen verstehen – ähnlich wie es bei Wirtschaftsjournalist:innen mit Grundlagen in VWL oder bei Sportreporter:innen mit den Spielregeln verschiedener Sportarten gehandhabt wird.

2. Journalist:innen müssen die Balance zwischen Empathie und journalistischer Distanz halten. Auch wenn traumasensible Interviewführung eine besondere Sensibilität erfordert, ist es wichtig, dass Journalist*innen ihrer Rolle treu bleiben. Unser grundlegendes Wissen über Traumata macht uns nicht zu Therapeut:innen. Wer seinen

Gesprächspartner:innen zu nahe kommt und möglicherweise Versprechungen über eine Besserung der Situation macht, kann Hoffnungen wecken, die im Nachhinein nicht erfüllt werden können.

3. Die Vorabrecherche sollte noch intensiver ausfallen als bei regulären Interviews. Ein besonderes Augenmerk ist dabei auf das Trauma-Ereignis zu legen: Was genau ist passiert? Wie ist der gesundheitliche Zustand des Interviewpartners? Und vor allem: Welchen Kenntnisstand hat die Person, mit der man sprechen will, über das entsprechende Ereignis und dessen Folgen? Gerade in der aktuellen Berichterstattung, kann es zum Beispiel passieren, dass Reporter:innen unfreiwillig eine Todesnachricht überbringen. Die intensive Vorrecherche hilft dabei, die individuellen Bedürfnisse der Gesprächspartner zu verstehen und Trigger-Reize zu vermeiden.

4. Gebt den Gesprächspartner:innen im Vorfeld so viel Entscheidungsgewalt wie möglich. Eine Traumatisierung geht mit einem Gefühl von Ohnmacht und Kontrollverlust einher. Um dieses Gefühl im Zusammenhang mit der Interviewsituation zu vermeiden, sollten Betroffene im Vorfeld über Ort und Zeitpunkt des Gesprächs, mögliche Begleitpersonen sowie über inhaltliche No-Gos und Stoppzeichen entscheiden können. Auch ist es hilfreich, gemeinsam den Ablauf des Interviews durchzugehen: Wie lange wird das Gespräch ungefähr dauern? Worüber soll gesprochen werden? Wie wird die Publikation letztlich aussehen? Betroffene können dann besser abschätzen, worauf sie sich einlassen und gewinnen an Sicherheit.

Das Interview

5. Bei der Auswahl der Interviewfragen ist Selbstkritik gefragt. Es gibt Fragen, deren Antworten für Journalist:innen zwar besonders interessant sind, aber für Betroffene eine schwere Belastung darstellen können. So zum Beispiel direkte Fragen zum Trauma-Ereignis. Wenn traumatisierte Personen aufgefordert werden, das Erlebte detailliert zu rekonstruieren, kann es zu Flashbacks, dem Wiedererleben des Trauma-Ereignisses, kommen. Auch Retraumatisierungen sind nicht ausgeschlossen, was Betroffene wiederum langfristig belasten kann. Um das öffentliche

Interesse trotzdem zu befriedigen, können Journalist:innen versuchen, Details von der Polizei oder anderen Behörden zu erfragen. In manchen Fällen werden Betroffene auch freiwillig, ohne explizites Nachhaken, von den Ereignissen erzählen.

Auch die Frage »Wie geht es Ihnen?« gehört zu den Interviewfragen, die zwar naheliegend erscheinen, aber auf Betroffene belastend wirken können. Nicht nur, weil sie sehr klischeebehaftet ist, sondern weil sie Emotionen provoziert. Für viele Betroffene fühlt sich eine solche Frage unangebracht an.

6. Aufmerksames Zuhören ist einer der wichtigsten Aspekte. Dazu gehört mehr, als nur die gesprochenen Worte der Gesprächspartner:innen wahrzunehmen. Gestik und Mimik verraten mindestens ebenso viel über den emotionalen Zustand einer Person. Journalist*innen sollten daher in der Lage sein, diese Informationen miteinander zu verknüpfen, das Gesagte zu reflektieren und so auch nach nicht direkt ausgesprochenen Aussagen zu suchen. Wer schnell abgelenkt ist, desinteressiert wirkt oder sich nur auf einzelne emotionale Aussagen stürzt, kann das Vertrauen der Betroffenen verletzen.

Journalist:innen sollten in emotionalen Momenten selbstsicher auftreten. Wichtig ist dann, nicht vorschnell zu handeln. Wird ein Interview direkt abgebrochen oder die Frage zurückgezogen, können Betroffene dies als Bevormundung oder Ablehnung ihrer Emotionen wahrnehmen. Journalist:innen sollten stattdessen Ruhe bewahren, abwarten und akzeptieren, dass Tränen eine natürliche Reaktion auf Kummer sind. Oft hilft es, in solchen Momenten auf das eigene Bauchgefühl zu hören. Journalist*innen können beispielsweise ein Taschentuch reichen oder eine Pause anbieten. Wie es dann weitergeht, sollten beide gemeinsam entscheiden.

Die Nachbereitung

7. Auch Details zählen. Die richtige Schreibweise des Namens, die korrekte Wiedergabe des Alters oder von Daten bestimmter Ereignisse – Fehler in diesen Details können das aufgebaute Vertrauen schnell zerstören. Viele Betroffene werden die Veröffentlichung ihrer Geschichte

als Chance verstehen, das Erlebte zu verarbeiten. Fehler suggerieren Irrelevanz und Austauschbarkeit.

Gerade bei Kindern ist es wichtig, Aussagen zu überprüfen. Bei Zitaten in Artikeln sollte darauf geachtet werden, dass sie dem tatsächlichen Wortlaut entsprechen und nur wenig sprachlich geglättet werden.

8. Es ist ratsam, darauf zu achten, wie einzelne Aussagen interpretiert werden könnten. Vor allem wenn impliziert wird, dass Betroffene verantwortlich für das Geschehene sind (*Victim Blaming*), sollten Journalist:innen vorsichtig sein. Es ist daher sinnvoll, sich vor der Veröffentlichung vor Augen zu halten, wie die Gesprächspartner den finalen journalistischen Beitrag wahrnehmen könnten. Das bedeutet nicht, dass Journalist:innen gänzlich unkritisch und im Sinne ihrer Gesprächspartner:innen handeln sollten.

9. Einzelne Aspekte sollten auf ihre Relevanz geprüft werden. Es kommt vor, dass Betroffene sich Journalist:innen anvertrauen und private Details schildern, die ihnen im Nachhinein bei einer Veröffentlichung sehr unangenehm sein könnten. Journalist*innen sollten verantwortungsvoll mit solchen Informationen umgehen und sie im Zweifel zurückhalten – sofern sie nicht essenziell zur Erzählung der Geschichte beitragen. Ebenso wenig sollten Journalist:innen die Aussagen zu stark zuspitzen, um mehr Aufmerksamkeit zu generieren. Clickbaiting und traumasensible Interviewführung schließen sich gegenseitig aus.

10. In der traumasensiblen Interviewführung gibt es keine starren Regeln. Alle Punkte sind als Handlungsempfehlungen zu verstehen. Jede Interviewsituation mit einer traumatisierten Person ist einzigartig. Neben unserem Verhalten trägt auch immer die Schwere der Traumatisierung, die zwischenmenschliche Ebene, das Setting und die jeweilige Tagesform zum Ausgang des Interviews bei. Es kann auch Gesprächspartner geben, die solche Interviews als befreiend empfinden. Die intensive Recherche zu Traumatisierungen sollte nicht dazu führen, dass man sich im Handeln blockiert fühlt.

Journalist*innen sollten sich klar machen: Niemand kann den Ablauf solcher Interviews minutiös planen. Trotz sehr guter Vorbereitung können – und werden – Fehler passieren. Was zählt, ist das Bewusstsein über die besondere Herausforderung sowie ein besonderes Maß an Empathie, Professionalität und Menschlichkeit im Umgang mit dem Gegenüber.

Und als Tipp: Das Dart Center for Journalism & Trauma der Columbia Journalism School ist eine internationale Anlaufstelle für dieses Thema.

»Für einige der Ideen gewannen wir Innovationspreise, doch unsere Mieten und ein professionelles Redaktionsteam konnten wir davon nicht bezahlen.«

FELIX FRIEDRICH / DARIO NASSAL

Haltet durch!

Wer den Journalismus widerstandsfähiger machen möchte, muss vor allem durchhalten können, erklären Felix Friedrich und Dario Nassal. Weil sich Start-up-Investoren in Deutschland wenig für Journalismus interessieren, brauchen Gründer jede Menge Zeit, Energie und Nerven. Die beiden Gründer wissen das, denn sie sind diesen Weg selbst gegangen.

Unser Projekt *The Buzzard* begann unter denkbar schlechten Bedingungen: Wir hatten keinerlei Netzwerk in der Medienszene, keine jahrelange Berufserfahrung in Medienhäusern und lediglich 2.000 Euro Startkapital. Alles, was wir hatten, war eine Idee. Eine Idee, die während unseres Politikstudiums und während der freien Mitarbeit in überregionalen Medienhäusern reifte: Was, wenn es möglich wäre, eine Plattform zu schaffen, auf der man die verschiedenen politischen Meinungen und Perspektiven im Internet zur aktuellen Tagespolitik auf einen Blick sehen und vergleichen könnte? Was, wenn es möglich wäre, täglich Sichtweisen vom ganzen politischen Spektrum zu bekommen, statt nur zu sehen, was man selbst auf den sozialen Medien liked und was im eigenen Dunstkreis geteilt wird?

Vielleicht könnte eine solche Plattform dazu beitragen, dass Menschen mehr Verständnis entwickeln für die Meinung anderer. Vielleicht würde das dabei helfen, dass der Diskurs fairer und lösungsorientierter wird. Begeistert von diesem Gedanken stürzten wir uns direkt nach dem Studium mit vollem Elan in die Gründung. Niemals hätten wir gedacht, dass es vier Jahre dauern würde, bis die Idee anfängt, sich zu tragen – und etliche Nebenjobs, tausende unbezahlte Arbeitsstunden und viele besorgte Nachfragen von Eltern und Bekannten ausgehalten werden mussten, ob es nicht an der Zeit wäre, die Idee hinter sich zu lassen und einem ›normalen‹ Job nachzugehen.

Doch es lohnt sich, dranzubleiben. Mittlerweile unterstützen mehr als 2.500 Mitglieder die Mission von *The Buzzard*. Die App und Online-Plattform wird in Kooperation mit namhaften Stiftungen im Rahmen von Bildungsprojekten an Schulen in ganz Deutschland eingesetzt. Wir können durch den Umsatz ein Redaktionsteam aus fünf festangestellten Mitarbeiter:innen beschäftigen, wir haben etwas geschaffen, das im Netz bislang gefehlt hat: eine News-App, die es ermöglicht, die Perspektivenvielfalt der Medienlandschaft auf einen Blick zu verfolgen.

Allen Journalist:innen, die ein eigenes Projekt gründen wollen, sei gesagt: Haltet durch! Es lohnt sich, nicht aufzugeben, wenn einem etwas wirklich wichtig ist! Vielleicht klingt das ein bisschen nach Kalenderspruch, ein bisschen banal, naiv. Aber im Ernst: Es gibt keine Motivationstrainer im Journalismus. Vielleicht braucht es welche. Warum eigentlich nicht? Wir haben deshalb drei Leitsätze aus unserer eigenen Erfahrung destilliert, die vielleicht helfen können, gute Ideen umzusetzen und auf dem Weg nicht den Mut zu verlieren. Wenn mehr Medienmacher:innen an ihren Ideen dranbleiben, hilft das vielleicht, den Journalismus von morgen besser zu machen – und neue Modelle zu etablieren, die den Bedürfnissen einer digital-vernetzten, globalisierten Gesellschaft besser gerecht werden als jene von gestern.

Sich entscheiden, um alles zu geben

Es war Anfang 2019, als wir einen letzten Versuch starteten. Wir fuhren für zwei Tage in die Berge, sprachen noch einmal alle Eckpfeiler des Unternehmens durch und schmiedeten dann einen Plan: Wir würden unser Medien-Start-up nur dann weitermachen, wenn wir es schaffen würden, bis Ende des Jahres ein professionelles Redaktionsteam nachhaltig zu finanzieren. Dafür war es notwendig, unseren Umsatz bis Ende des Jahres mindestens zu verzehnfachen. Wenn wir dieses Ziel nicht innerhalb von zehn Monaten erreichen würden, müssten wir aufhören.

Das war die Vereinbarung. Wir wissen beide noch, wie wir uns die Hand gaben. Wir schrieben es auf und druckten es aus. Und unterschrieben die Entscheidung feierlich wie ein Zeugnis.

Vor dieser Entscheidung waren wir auf Schlingerkurs. Seit dem Projektstart zwei Jahre zuvor hatten wir Vieles ausprobiert, aber es irgendwie nicht geschafft, unsere Leitfrage zufriedenstellend zu beantworten. Wir entwarfen zahlreiche Prototypen und leuchteten alle möglichen Ecken der Idee aus. In einer ersten Version programmierten wir *The Buzzard* als Online-Karte. Dann stellten wir fest, dass das nicht den erwünschten Überblick bieten konnte. Wir verwarfen die erste fertig programmierte Online-Plattform und begannen *The Buzzard* als Newsletter, holten uns Feedback von Nutzer:innen ab, die den Newsletter regelmäßig lasen. Aber schnell wurde klar: Wir brauchen ein funktionierendes Geschäftsmodell. Daraufhin entwarfen wir *The Buzzard* als Medien-Marktplatz, pitchten bei Investoren und scheiterten. Wir testeten unser Angebot als Bezahl-Newsletter in den Büros von Bundestagsabgeordneten und stellten fest, dass uns das vom Weg abbringen würde. Und wir trainierten gemeinsam mit einem Machine-Learning-Experten einen Algorithmus, um *The Buzzard* als automatisierte Suchmaschine für politische Meinungen im Netz anzubieten. Für einige der Ideen gewannen wir Innovationspreise, doch unsere Mieten und ein professionelles Redaktionsteam konnten wir davon nicht bezahlen.

Bloß nicht einschüchtern lassen

Dieser Prozess dauerte mehr als drei Jahre. Mehr als 1.000 Tage. Mehr als 10.000 Stunden, die wir größtenteils unbezahlt in eine Idee steckten, hinter der wir zwar zu 100 Prozent standen, aber die wir nicht so richtig zum Laufen kriegten.

Rückblickend ist es kaum zu glauben. Erst ausgebrannt und nach irrem Zickzack-Kurs wurde uns klar, was das eigentliche Problem war: Wir hatten uns die ganze Zeit davor gedrückt, uns wirklich zu entscheiden. All die Jahre hatten wir Angst gehabt herauszufinden, dass die Kernidee von *The Buzzard* – ein neuer Zugang zur Nachrichtenwelt – vielleicht doch nicht funktioniert. Zu häufig hatten wir den Satz von Bekannten, Wegbegleitern und Netzwerkkontakten gehört: Für Journalismus zahlt heute keiner mehr. Wir hatten uns davon einschüchtern lassen. Und aus Angst vor dem Scheitern hatten wir es vermieden, alles auf eine Karte zu setzen mit einer klaren Deadline: Stattdessen ließen wir uns verschiedene Optionen offen, beschritten verschiedene Wege gleichzeitig. Hatten keinen klaren Fokus.

Erst die Entscheidung während unseres Retreats in den Bergen änderte alles. Was dann geschah, als wir uns eine klare Deadline und ein spezifisches Ziel formulierten, war magisch. Die einzige Möglichkeit, so viel Geld in so kurzer Zeit ohne Investor zu bekommen – das wurde uns dann unmittelbar klar – war, auf eine groß angelegte deutschlandweite Crowdfunding-Kampagne zu setzen. Und eine Crowd aus Leser:innen zum Investor zu machen. Wir setzten alles auf eine Karte: Würden wir den Mindestbetrag von 125.000 Euro innerhalb von 30 Tagen nicht erreichen, würden alle Unterstützer*innen ihr Geld zurücküberwiesen bekommen. Und damit, das war die Entscheidung, würden wir *The Buzzard* für alle Zeiten beerdigen.

Es ist unglaublich, welche Energie plötzlich entfesselt wurde: Viele Menschen, die das Projekt seit Jahren begleitet hatten, boten ihre Unterstützung an, halfen uns mit Testimonials, mit Werbung im eigenen Netzwerk. Freund:innen, Bekannte und Wegbegleiter:innen verschickten mehrere tausend E-Mails mit uns. Wir machten eine Tour durch 14 Städte Deutschlands. Wir sprachen an Universitäten, in Kulturzentren, auf Marktplätzen und in Startup-Hubs. Wir berichteten von unserer Idee in Radiosendern, in Zeitungen und im Fernsehen. Wir überzeugten Influencer und Medienmacher:innen in ganz Deutschland, sich für das Projekt stark zu machen.

Und siehe da: es funktionierte. Es stellte sich heraus, dass es nicht stimmt, dass Menschen für Journalismus kein Geld mehr bezahlen. Innerhalb von 30 Tagen sammelten wir über 165.000 Euro für unser neues Online-Medium ein. Nach dem offiziellen Ende des Crowdfundings stieg die Zahl der Unterstützer:innen, die ein Jahresabo kauften, weiter. an Am Ende nahmen wir 180.000 Euro ein. Damit konnten wir endlich die Redaktion aufbauen, die wir so dringend brauchten, um voranzukommen.

In der Retrospektive haben wir festgestellt, dass ein Gefühl während der intensiven Kampagnenzeit so gut wie nie da war: Angst. Obwohl es zeitweise nicht aussah, als würden wir unser selbst gestecktes Ziel tatsächlich erreichen. Der Grund dafür war, dass wir alles auf eine Karte gesetzt hatten. Das möchten wir auch anderen mitgeben: Wer etwas gründen will oder ein Projekt starten möchte, muss eine ganz klare Entscheidung treffen und bereit sein, in einem klar begrenzten zeitlichen Rahmen alles zu geben. Entscheiden heißt verzichten. Auch auf einen Plan B. Zumindest für einen begrenzten Zeitraum. Es ist faszinierend, was dann möglich wird.

Wer dem inneren Kompass folgt, findet den Weg

Gestritten haben wir beide nicht besonders oft. Aber es gab Streitigkeiten, auch ein paar heftige. Einmal ist in unserer gemeinsamen WG ein Spiegel zerbrochen. Und natürlich sind Konflikte normal, wenn man über lange Zeit intensiv zu zweit aufeinander hockt und die eigene Zukunft auch immer ein Stück abhängt von der Arbeit des anderen. Wir verbrachten über Jahre mehr Zeit miteinander als mit unseren Freundinnen.

Aber worüber wir uns nie gestritten haben, war der Kern unserer Idee, der Kern von *The Buzzard*: Ein Medienformat, das Menschen hilft, konstruktiver zu diskutieren und Positionen von Andersdenkenden in der Tiefe besser zu verstehen. Und in der Tiefe hat dieser Kern schon immer mit unserem inneren Kompass korrespondiert. Es ist etwas, zu dem wir immer stehen können. Etwas, das sich absolut richtig anfühlt. Vielleicht weil wir beide Scheidungskinder sind und es gehasst haben, wenn sich unsere Eltern stritten. Vielleicht, weil wir beim Reisen erfahren haben, wie wichtig es ist, anderen Kulturen zu begegnen, um sie zu verstehen. Und vielleicht, weil wir wissen, wie schmerzhaft es ist, zu Unrecht ausgegrenzt zu werden.

Die meisten Start-ups scheitern nicht primär, weil ihnen das Geld ausgeht. Sondern weil die Teams auseinander gehen. Und fast in jeder

Gründungsgeschichte gibt es die Phase, in denen das Start-up durch das so genannte Tal der Tränen geht: Wenn das Produkt nach anfänglichem Enthusiasmus und Erfolgen noch nicht gut genug ist, und gleichzeitig nicht genug Umsatz macht, um es zu verbessern. In dieser Phase geben viele Start-ups auf. Die Teams verlieren die Motivation und zerstreiten sich. Manchmal fehlen vielleicht nur wenige Monate des Durchhaltevermögens, bis die Idee fliegen würde.

In dieser Phase ist es essenziell, sich bewusst zu sein, was einen innerlich antreibt. Was motiviert einen, die Idee weiter zu verfolgen, selbst wenn es hart ist? In unserer Erfahrung war es in dieser Phase entscheidend, dass wir uns über den Kern der Vision einig waren und dass das, was wir taten, mit unserem inneren Kompass korrespondiert. Denn wenn der gemeinsame innere Kompass in die gleiche Richtung zeigt, dann bleibt man zusammen – und findet einen Weg.

Warum sollten wir es nicht auch schaffen, wenn es andere schon geschafft haben? Dieser Gedanke kann Berge versetzen. Er begleitet uns schon lange, aber richtig gelebt haben wir ihn erst mit Beginn des Crowdfundings. Sich an Vorbildern zu orientieren, die einen ähnlichen Weg, den man selbst gehen möchte, schon gemeistert haben, ist eigentlich offensichtlich. Aber unserer Erfahrung nach tun sich viele, uns eingeschlossen, dabei schwer. Dabei gibt es in fast jedem Bereich Menschen, die scheinbar Unmögliches möglich gemacht haben. Und an denen man sich orientieren kann, um sein Ziel zu erreichen.

Menschen, die scheinbar Unmögliches möglich machen

Es gibt eine nette Geschichte, die das veranschaulicht: Vor 1954 galt es als nicht menschenmöglich, eine Meile in einer Zeit unter vier Minuten zu laufen. Die besten Athleten weltweit hatten es wieder und wieder versucht und waren jahrzehntelang gescheitert. Es setzte sich der Glaube durch, dass Menschen physisch nicht in der Lage seien, eine Meile in unter vier Minuten zu laufen. Dann kam Roger Bannister und lief am 6. Mai 1954 – keiner hatte es erwartet – eine Meile in drei Minuten und 59 Sekunden. Auf einen Schlag änderte sich alles: In den folgenden Jahren brachten es mehr als 20.000 Läufer*innen fertig, eine Meile in weniger als vier Minuten zu rennen, darunter auch Schüler:innen. Was war passiert? Nicht die Physiognomie des Menschen hatte sich verändert. Sondern der Glaube. Läufer wussten, dass andere Läufer es ebenfalls geschafft hatten, die Meile unter vier Minuten zu laufen. Warum sollten sie es nicht auch schaffen können?

Menschen haben die Gabe, sehr genau zu beobachten und diese Beobachtungen analytisch herunterzubrechen, nach Elementen und Faktoren zu suchen, warum und wie gewisse Dinge funktionieren. Wir können uns Techniken aneignen und auf andere Felder übertragen, verstehen, warum gewisse Elemente eines anderen Projekts funktionieren und sie auf das eigene Projekt übertragen. Auch andere Journalismusprojekte haben es geschafft, eine wachsende Community aus Nutzer:innen zu begeistern. Was machen die anders? Was machen die gut? Auch andere haben es ohne Investoren und ohne Startkapital geschafft, eine eigene Firma aufzuziehen. Wie haben sie das geschafft? Wenn man anfängt so zu denken, sieht man auf einmal überall Menschen, die scheinbar Unmögliches möglich machen. Und man kann ständig und überall von diesen Menschen lernen. Biografien, Artikel und Tutorials lesen, Videokurse und Interviews sehen, Freunde, Bekannte und auch unbekannte Vorbilder anschreiben und nachfragen. Allein das Wissen, dass es Menschen gibt da draußen, die etwas erreicht haben, was man selbst für unmöglich hält, kann einen riesigen Unterschied machen.

Hör auf dein Herz! Entscheide dich! Alles ist möglich! Auch andere haben es schon geschafft! So häufig man diese Kalendersprüche vielleicht schon gelesen hat, vielleicht ist doch mehr dran, als es beim ersten Lesen den Anschein hat. Vielleicht braucht der Journalismus solche Leitsätze, weil sie im Kern eine tiefere Wahrheit enthalten, die zum Durchhalten animiert. Weil es eben keine Motivationstrainer im Journalismus gibt und der Weg als selbstständige:r Medienmacher:in lang und hart sein kann. Wir glauben an diese tiefere Wahrheit. Sie hat uns geholfen, dranzubleiben. Und nicht aufzugeben. Auch wenn wir bis heute nicht wissen, wohin uns diese Reise führen wird.

»Bisher kann man nicht davon ausgehen, dass alle Menschen das Wirrwarr an Meinungen, Information und Desinformation im Internet selbstständig feinsäuberlich entflechten.«

INGRID BRODNIG

Im Zweifel für den Zweifel

Ingrid Brodnig erklärt, warum es gerade in Krisenzeiten so wichtig ist, das Wirrwarr an Information und Desinformation zu entflechten. Die Bestseller-Autorin sagt: Qualitätsvoller Journalismus zeichne sich dadurch aus, dass er offenlegt, wenn es keine gesicherten Informationen gibt.

Zu Beginn der Corona-Krise legte ich eine E-Mail-Adresse an und bat Leser:innen darum, mir an coronavirus@brodnig.org Falschmeldungen, Gerüchte oder auch positive Aktionen zu senden, die sie auf sozialen Medien beobachten. Dieser Aufruf war nötig, weil sich viel Kommunikation in geschlossene Gruppen verlagert hat: Einiges wird nicht öffentlich sichtbar auf Facebook gepostet, sondern in kleinen WhatsApp-Zirkeln weitergeleitet. Auch die gute alte E-Mail wird weiterhin für Kettenbriefe genutzt.

Bei den Nachrichten, die ich seither erhalte, fällt mir immer wieder auf, wie schwer es für viele ist, in ihrer Familie und im Bekanntenkreis mit Fakten durchzudringen. Oder auch wie verunsichert manche klingen. Eine Bayerin schreibt mir beispielsweise: »Ich kann überhaupt nicht mehr einschätzen, was wahr ist, was übertrieben oder untertrieben ist.« Sie verweist in ihrer E-Mail auf fragwürdige Quellen im Netz, bei denen beispielsweise die Gefährlichkeit des Virus angezweifelt wird, oder es heißt, 40 Grad Fieber seien ein ›Zeichen von Gesundheit‹. Gerade spekulative und spektakuläre Behauptungen, die aber selbstsicher in YouTube-Videos vorgetragen werden, schaffen es, Menschen zu verunsichern. Wir sind weit von dem entfernt, was der Medienwissenschaftler Bernhard Pörksen als Utopie der redaktionellen Gesellschaft für unsere Zukunft empfiehlt. Das ist eine Gesellschaft, in der das Handwerk und die Maximen des guten Journalismus zum Allgemeinwissen geworden sind. Bisher kann man nicht davon ausgehen, dass alle Menschen das Wirrwarr an Meinungen, Information und Desinformation im Internet selbstständig feinsäuberlich entflechten. Stattdessen tritt bei einigen ein Gefühl der Überforderung ein – sie fühlen sich erschlagen von der Wucht und Masse der unterschiedlichen Behauptungen online und offline.

241 Eilmeldungen

Schon 2018 sagte mehr als die Hälfte der weltweit Befragten im Rahmen des Edelman Trust Barometer, dass es zunehmend schwerer zu erkennen sei, ob eine Meldung von einer renommierten Nachrichtenorganisation oder von jemand anderem stamme. Die Coronavirus-Pandemie verstärkt auch noch das ohnehin schon existente Gefühl des informationellen Dauerhagels – aktuell vermischt sich eine Vielzahl von Breaking News etablierter Medien (allein dpa versendete im März 241 Eilmeldungen) mit eilig klingenden WhatsApp-Nachrichten, die ›Blitzinfos‹ versprechen.

Die Frage ist: Kann man aus diesem Ausnahmezustand als Medienmensch etwas lernen? Gibt es etwas, das man aus dem, was die WHO als ›Infodemie‹ einstuft, trotzdem im konstruktiven Sinne mitnehmen kann? Ich denke: ja. Die Corona Krise verdeutlicht, wie Desinformation und Spekulation online wirken. Das lässt wiederum Rückschlüsse zu, wie sich gerade qualitätsvoller Journalismus hervortun kann – beispielsweise durch die Fähigkeit, Ungewissheit als solche einzugestehen.

Emotionaler Ausnahmezustand

Gehen wir kurz auf die Anziehungskraft unbelegter, spekulativer oder gar erfundener Behauptungen ein: Auf YouTube erzielen manche solcher

Videos enorme Abrufzahlen. In diesen Aufnahmen heißt es beispielsweise, dass es ›Panikmache‹ sei, was die Weltgesundheitsorganisation oder etablierte Medien über das Coronavirus sagen. Oder es wird behauptet, dass die Aufregung rund um das Coronavirus der ›Enteignung‹ von Bürgern dienen würde – dieses spekulative Video erzielte zwei Millionen Abrufe auf YouTube. Die Anziehungskraft solcher Behauptungen lässt sich meines Erachtens auf drei Faktoren zurückführen: erstens die Emotionalität, die diese Videos auslösen; zweitens die Feindbilder, die sie bedienen. Und drittens bieten solch steile Thesen wohl auch das wohltuende Gefühl, endlich eine simple Erklärung bekommen zu haben.

Offensichtlich befinden wir uns derzeit in einem emotionalen Ausnahmezustand: Viele Menschen sitzen seit Wochen vor allem zu Hause und sind beunruhigt – sie haben Angst vor dem Erreger oder Angst vor dessen gesellschaftlichen Folgewirkungen. Solche Sorgen gleichen einem Nährboden, auf dem wilde Spekulationen gedeihen. Selbst in normalen Zeiten lässt sich beobachten, dass emotionalisierende Nachrichten eine höhere Viralität aufweisen, also messbar öfter von Menschen weitergeleitet werden. Die Forscher Katherine Milkman und Jonah Berger untersuchten schon vor Jahren die Webseite der *New York Times* und welche Artikel dort massenweise per Mail weitergeleitet wurden. Ein Ergebnis: Artikel, die Besorgnis auslösten, hatten um 21 Prozent eine höhere Chance, zu den viralen Texten zu zählen. Selbst in einem äußerst renommierten und seriösen Medium ist deutlich erkennbar, dass Emotion, wie die Amerikaner sagen, ›Eyeballs‹ generiert.

In unserer digitalen Medienwelt stellt sich zusätzlich die Frage, ob die Algorithmen mancher Plattformen zusätzlich Emotionalität belohnen. Nach dieser Überlegung steigen zuerst Menschen auf emotionale Inhalte ein – lesen, kommentieren, liken sie –, und dann verstärkt die Software die Reichweite dieser Nachrichten womöglich, weil sie potenziell so gebaut ist, dass sie die Zahl der Likes und Kommentare als ein wichtiges Signal dafür wertet, was relevant ist, was dem Publikum eingeblendet werden sollte. Zumindest ist das eine These. Während der Einfluss der Software ein Streitthema ist, ist unumstritten: Wir Menschen sind ein wesentlicher Faktor beim Verbreiten unseriöser Inhalte, gerade wenn sie unsere Erwartungshaltung erfüllen.

Einige der vielfach geteilten Meinungsstücke sprechen Ängste und Feindbilder in der Bevölkerung an – darin ist oft die Rede von angeblich dunklen Machenschaften der Pharmaindustrie oder der Finanzwirtschaft; bei vielen Menschen sind das nicht gerade Sympathieträger. Im Sinne des ›Confirmation Bias‹, des Bestätigungsfehlers, hören Menschen eher dann zu, wenn sie das Gefühl bekommen, das Gesagte entspricht ihren Erwartungen.

Ohne mit der Wimper zu zucken

Und was mich selbst immer wieder am meisten an diesen Videos fasziniert, ist die Selbstsicherheit, mit der viele dieser Akteurinnen und Akteure auftreten: Ohne mit der Wimper zu zucken, wird sinngemäß erklärt, dass die staatlichen Gesundheitseinrichtungen, die Weltgesundheitsorganisation falsch lägen oder gar korrupt seien. Von Zweifeln keine Spur. Solche spekulativen Videos sind womöglich auch deshalb so nachgefragt, weil sie in einer ungewissen Zeit die ersehnte Gewissheit liefern. Das ist auch generell ein Erkläransatz, warum Verschwörungstheorien so gut funktionieren: Sie bieten eine simple Deutung, oft einen klaren Sündenbock, in einer komplex wirkenden Welt. Man kann dies wahrscheinlich auch als das bezeichnen, was der Psychologe Philip Tetlock ein »unkontrollierbares Bedürfnis, an eine kontrollierbare Welt zu glauben« nennt.

Für uns Journalistinnen und Journalisten ist es sinnvoll, Anziehungskraft und Muster von Desinformation oder Meinungsmache im Netz zu verstehen, weil es hilft, diese rasch zu erkennen. Aber darüber hinaus bietet dieses Wissen auch die Möglichkeit der Reflexion – konkret darüber nachzudenken, wo wir Medien Komplexität scheuen oder die Unübersichtlichkeit einer Situation stärker betonen sollten. Der schon zitierte Psychologe Philip Tetlock hat ein berühmtes Buch unter dem Titel *Expert Political Judgment* publiziert: Er hat in einer umfassenden Studie Fachleute befragt, sogenannte ›Pundits‹, die zu politischen oder ökonomischen Trends ihre Einschätzung abgeben – beispielsweise im Fernsehen erklären, wie sich die Zukunft entwickeln wird.

Tetlock verglich Prognosen von ihnen mit tatsächlich eingetretenen Ereignissen: Die Expertinnen und Experten lagen in ihren Vorhersagen nicht wesentlich besser als die Durchschnittsbevölkerung. Ein Detail finde ich an der Studie ebenfalls interessant: Jene Fachleute, die besonders oft um ihre Meinung gefragt wurden, neigten dazu, ihre eigenen Prognosefähigkeiten zu überschätzen. Wohingegen Expertinnen und Experten, die nuancierter sprachen, die »einerseits« und »andererseits« sagten, weniger stark die eigene Vorhersagekraft überschätzten – aber auch weniger im Rampenlicht standen. Neben der Frage, ob die griffigen ›Pundits‹ einfach besser zur Aufmerksamkeitsökonomie passen, man somit mit ihnen also besser Quote machen kann, scheint mir auch eine gesellschaftliche Herausforderung zu sein, dass wir Menschen uns nach Einordnung, nach Gewissheit sehnen – auch dort, wo diese nur ein trügerisches Gefühl ist. Die Corona-Krise ist auch hierfür ein Paradebeispiel: Wir wissen vieles nicht.

Die ›Truth-Sandwich‹-Taktik

Wer Gewissheit liefert, macht es sich und seinem Publikum leicht. Dort, wo wir tatsächlich über gesicherte Information verfügen, ist es ja absolut sinnvoll, dies anschaulich verständlich zu machen. Bei Faktenchecks zum Beispiel rät der Linguist George Lakoff zur Taktik des ›Truth-Sandwich‹: Wenn etwas nachweisbar Falsches behauptet wurde und man das richtigstellen will, sollte man zuerst mit dem wahren Sachverhalt beginnen, dann auf die falsche Ausführung hindeuten und schließlich wieder mit etwas Richtigem schließen. Das Ziel dahinter ist, die korrekte Information prominenter sichtbar (und geistig leichter abrufbar) zu machen.

Mit solchen ›Truth-Sandwiches‹ kann man auch Menschen antworten, die verunsichert sind, die aber nachfragen, was an einer falschen Meldung dran ist. Nur in Fällen, wo wir kein gesichertes Wissen zur Verfügung haben, zeichnet sich gerade qualitätsvoller Journalismus dadurch aus, zum jetzigen Wissensstand inklusive seiner Lücken zu stehen. Zu betonen, was wir nicht wissen. Die Ungewissheit ist dem Menschen zumutbar – denn so unangenehm es sich anfühlen mag, in manchen Fragen keine klare Antwort parat zu haben, gehört dieses Eingeständnis zu einer aufgeklärten Gesellschaft dazu.

Auch in der Debatte über das Coronavirus gibt es solche Ansätze bereits – Medien listen mittlerweile auch auf, was sie nicht wissen. Oder nehmen wir den vielzitieren NDR-Podcast mit Christian Drosten: Der Virologe fällt ja nicht nur mit seinem Fachwissen und der profunden Kenntnis neuer Studien auf, sondern auch dadurch, dass er oft betont, was man nicht weiß. In einer Hintergrundfolge erzählt das Team hinter dem Podcast, dass sich Drosten sehr zurückhält, Dinge auch nur ansatzweise zu kommentieren, mit denen er sich nicht beschäftigt hat. Deshalb sind Medienprodukte wie dieses ein Hoffnungsschimmer. Weil sie sehr gute Zugriffszahlen haben und weil sie darauf hindeuten: Ein Teil des Publikums weiß diese Fähigkeit, zu differenzieren und zu zweifeln, sehr wohl zu schätzen.

»Nachrichtenvermeidung erfordert aktives Handeln. Der passive Mediennutzer ist gefangen im linearen Lauf des Tages.«

BJÖRN STASCHEN

Der Info-Link zur Demokratie

Der Aufbau unseres Mediensystems führt dazu, dass Menschen auch mit Nachrichten in Kontakt kommen – und das ist gut so, findet der Journalist und Innovationsmanager Björn Staschen. Die Abkehr vom linearen Medienkonsum bringt diesen Nachrichten-Grundkontakt allerdings ins Wanken.

Als es noch möglich war, vor der Pandemie, verbrachte ich mit meiner Familie einen zweiwöchigen Urlaub in Florida. Wir rollten einige hundert Kilometer über Autobahnen, um Städte, Alligatoren und Muschelbänke zu erforschen. Bei einer dieser langen Autofahrten näherte sich der Minutenzeiger der Armaturenbrett-Uhr der Zwölf. Und ich begann damit, auf dem UKW-Radio unseres Mietwagens einen Sender zu suchen, der zur vollen Stunde Nachrichten ausstrahlte. Ich suchte und suchte, die Minuten vergingen. Als es schon ein oder zwei Minuten nach der vollen Stunde war, gab ich auf: Ich fand keinen Sender unter der Vielzahl der Pop-, Country- und Talkstation in der Nähe von Miami, der mich verlässlich zur vollen Stunde mit Nachrichten versorgen würde. Die Musik lief einfach weiter. Das hat mich irritiert.

Offensichtlich sind lineare Medien in den USA weitaus weniger reguliert als bei uns in Deutschland: Hierzulande bin ich es gewohnt, zur vollen Stunde Nachrichten zu hören – und bei der Suche auf der Frequenzskala auch zu finden. Fast alle Sender bieten News, nicht nur die öffentlich-rechtlichen. Landesmedienanstalten knüpfen ihre Frequenzvergabe für kommerzielle Sender an Programmstandards. Dazu gehört auch, dass terrestrisch oder über Kabel verbreitete Sender, wenn sie eine Frequenz ergattern wollen, eben Nachrichten anbieten sollten.

Nachrichtenvermeidung erfordert aktives Handeln

Und so ist es im Umkehrschluss in Deutschland auch verdammt schwer, keine Nachrichten zu hören: Wer im Auto auf dem Weg zur Arbeit oder morgens im Bad beim Duschen lineares Radio hört, stolpert zwangsläufig über Nachrichten. Wie der Tigerkopf im deutschen Silvester-Hit *Dinner for One*: Die Nachrichten liegen immer wieder im Weg, zu jeder vollen Stunde, und wer keinen Umweg nimmt, stolpert eben.

Das heißt auch: Wer keine Nachrichten hören möchte, muss bewusst wegschalten. Zur Wahl stehen die wenigen Sender, die ihre Nachrichten schon fünf Minuten vor der vollen Stunde senden. Aber auch diese Stationen senden Nachrichten. Wer keine Informationen hören möchte, muss bewusst ausweichen, sonst rieseln sie in die Ohren wie Musik, Gewinnspiele und Werbung davor und danach. Nachrichtenvermeidung erfordert aktives Handeln. Der passive Mediennutzer ist gefangen im linearen Lauf des Tages.

Das ist kein Zufall, es ist so gewollt: Als Politiker:innen unsere Rundfunkordnung entwarfen, setzten sie bewusst auf das Nebeneinander von Information und Unterhaltung. Im Medienstaatsvertrag, der aktuellen Entwicklungen wie der Digitalisierung mühsam hinterherhinkt, findet sich der Begriff des ›Vollprogramms‹. Und selbst in privaten Vollprogrammen müssen nach §25 »die bedeutsamen politischen, weltanschaulichen und gesellschaftlichen Kräfte und Gruppen [...] angemessen zu Wort kommen.« Das Ziel ist Meinungsvielfalt, und die lässt sich nicht mit einem Musikteppich herstellen.

Traumquoten dank Fußball

Das Nebeneinander von Unterhaltung und Information funktioniert. Denn wenn zur Fußball-Europa- oder Weltmeisterschaft *Tagesthemen* und *heute journal* in der Halbzeitpause gekürzte Ausgaben ausstrahlen, ist dies keine Verlegenheitslösung: Die Chefs der Nachrichtenredaktionen freuen sich auf diese Quotenbringer. Und die Redaktionen passen ihre Planungen an und versuchen, das besonders große und heterogene Publikum bei der Themenauswahl im Hinterkopf zu haben. Denn die Millionen Fußballfans, die sich vor den Fernsehern versammelt haben, bleiben – trotz Pinkelpause – auch in der Halbzeit dran.

Nachrichten erreichen auf diese Weise Traumquoten, bis zu 24 Millionen Menschen schauen solche Halbzeitnachrichten. Vielleicht holen die einen Bier, vielleicht unterhalten sich die anderen – im Kern ›stolpern‹ aber auch diese Fußballfans massenhaft über Nachrichten. Und das ist gut so, denn es trägt zu Information und Meinungsbildung bei. Nur so werden Nachrichten zum Smalltalk-Thema am Gartenzaun oder Partytalk beim Fußballabend – insbesondere dann, wenn sie gut, also zielgruppengerecht, produziert werden.

Aus meiner Sicht haben wir es in Deutschland (und in anderen Länder Europas) richtig gemacht: Unsere Medienregulierung führt eben (auch) dazu, dass Nachrichten zum täglichen Medienmenü gehören, anders als in den USA, wo das National Public Radio (NPR) mit seinen alliierten Regionalstationen eher am Rande der Gesellschaft funkt, während die Mitte häufig von Nachrichtenangeboten nicht oder nur unzureichend erreicht wird. Allerdings: Auch in Deutschland geht die lineare Mediennutzung stetig zurück. Und damit sinkt eben auch die Chance, dass Menschen in Deutschland über Nachrichten stolpern. Die Fähigkeit zur informierten Meinungsbildung gerät in Gefahr – und damit unser demokratisches System.

›Binge Watching‹ als Geschäftsmodell

Die Langzeitstudie ›Massenkommunikation‹ von ARD und ZDF, die seit den 1960er-Jahren Mediennutzung in Deutschland unter die Lupe nimmt, zeigt schon jetzt, dass in der Altersgruppe der 14- bis 29-jährigen 80 Prozent ihre Musik über Streaming-Plattformen wie YouTube und Spotify hören. Nur noch 68 Prozent nutzen daneben auch das Radio – Tendenz fallend. Derlei Beobachtungen und Studien gibt es viele – Mediennutzung verlagert sich auf nonlineare Kanäle, zu Lasten der linearen Ausstrahlung.

In dieser Entwicklung liegen aus meiner Sicht viele Herausforderungen, derer sich Medienpolitik und Gesellschaft stellen sollten. Eine hat damit zu tun, dass Menschen in der Medienwelt von gestern über Nachrichten ›stolperten‹: Denn Streaming-Dienste wie Spotify, YouTube, Netflix oder Amazon Prime setzen alles daran, dass genau das nicht passiert.

›Binge Watching‹ ist das Geschäftsmodell der neuen Mediengiganten, Nutzer sollen möglichst lange dranbleiben. Nicht umsonst reicht der Countdown am Ende einer Serienfolge selten aus, um auf der Fernbedienung oder dem Handy rechtzeitig ›Stopp‹ zu drücken: »Die nächste Folge beginnt in 15 Sekunden.« Die Streaming-Dienste setzen alles daran, Mediennutzung möglichst unterbrechungsfrei zu gestalten, länger und länger und länger.

Das Ziel: Niemand soll ins Stolpern kommen. Bei Netflix, Spotify & Co. braucht es den aktiven Nutzer und die aktive Nutzerin, um den Stream der immergleichen Serien zu beenden. Und es braucht den aktiven Nutzer und die aktive Nutzerin, der oder die sich auf die Suche nach Nachrichten begibt.

Dies ist der entscheidende Paradigmenwechsel in der Mediennutzung: In der linearen Medienwelt musste der- oder diejenige aktiv werden, der Nachrichten vermeiden wollte: Handeln, um keine News zu konsumieren. In der nonlinearen Welt braucht es den aktiven Nutzer, damit News konsumiert werden.

Meinungsvielfalt und Informationsfreiheit in Gefahr

Wenn wir uns dieser Veränderung mit der Brille derjenigen nähern, die unsere Medienordnung schufen, um Meinungsvielfalt zu sichern, dann muss an dieser Stelle Regulierung dringend nachziehen. Die Medienpolitik hat seinerzeit bewusst auf Vollprogramme gesetzt, um möglichst viele Menschen auch mit Information und vielfältiger Meinung zu erreichen. Und niemand wird der Feststellung widersprechen, dass Meinungsvielfalt und Informationsfreiheit heutzutage mehr denn je in Gefahr sind.

Übrigens haben die, die auf linearen Kanälen in streng reguliertem Rahmen senden, egal ob öffentlich-rechtlich oder kommerziell, einen schwerwiegenden strategischen Nachteil: Sie müssen den Anforderungen an ein Vollprogramm genügen, während Netflix individuelle Medienkost in deutsche Haushalte liefern kann, die im Zweifel vollkommen frei von Informationen ist. RTL und ZDF müssen regelmäßig Nachrichten senden (und deren Produktion finanzieren), während Amazon Prime diese Pflicht nicht erfüllen muss.

Mancher mag einwenden, dass auch Netflix hochwertige Dokumentationen und Spotify anspruchsvolle Podcasts fertigt. Das ist richtig. Nur: Wer sie schauen möchte, muss sie aktiv suchen. Hier liegt der feine, aber entscheidende Unterschied.

Die Aktivisten der ›Humane Technology‹-Bewegung fordern, das Autoplay der nächsten Folge beim Serien-Streaming abzuschalten. Gegen Mediensucht und ›Binge Watching‹: Menschenfreundliche humane Technologie bedeute eben, im Design nicht jede mögliche Versuchung vorzusehen, sondern ebendiese möglichst zu vermeiden.

Die Aktivisten einer meinungsvielfältigen Gesellschaft sollten entsprechend fordern, dass nonlineare Medien aktiv Nachrichten und Informationen anbieten müssen – quasi ein Autoplay für die *Tagesschau*. Die Nutzer*innen müssen auch bei nicht-linearen Plattformen ins Stolpern kommen. Sie müssen sich aktiv entscheiden und ihre Fernbedienung aus den Sofakissen bergen, ihre Handys von der Ladeschale nehmen und »Ich möchte keine Nachrichten schauen« drücken, um Informationen zu vermeiden. So, wie sie in linearen Kanälen aktiv umschalten müssen, wenn sie keine News wünschen.

Denkbar wäre, dass per Rundfunkbeitrag finanzierte Informationsinhalte allen Anbietern zur Verlinkung zur Verfügung stehen. Dann müssten Netflix, Spotify & Co. – auch, wenn sie es angesichts ihres kommerziellen Erfolges ohne Zweifel könnten – nicht in die teure Produktion von Nachrichten und Information einsteigen. Aber das sind Details. Wichtig ist das verpflichtende, regelmäßige Angebot: »Hier sind Deine Informationen.« Oder: »Jetzt kommen die Nachrichten!« Im übertragen Sinne müssen also auch in der nichtlinearen Welt die Tigerfelle von *Dinner for One* ausgerollt werden, samt ihrer Köpfe: damit wir Nutzer*innen in der Rolle des Butlers immer wieder im besten Sinne über journalistischen Nachrichten und Informationen stolpern.

Im Kern muss Medienregulierung also sicherstellen, dass Nachrichten weiter ihre Nutzer*innen finden. In dieser Richtung. Und nicht Nutzer*innen ihre Nachrichten aktiv suchen müssen.

Die Zeit drängt. Denn schon heute lassen wir weltweit soziale Netzwerke wie Facebook und Twitter agieren, die ausschließlich kommerziellen Entscheidungen folgen. Wie sie Wahlen und andere demokratische Prozesse beeinflussen, ist spätestens seit der Randale im US-Kapitol deutlich geworden. Wenn lineare Medien, in denen Informationen noch ihren Platz haben, gleichzeitig an Bedeutung verlieren und Regulierung ihnen in den nonlinearen Medien diesen Platz nicht zuweist, wird unsere Demokratie es schwer haben.

»Verständlichkeit gilt im Journalismus seit jeher als zentrales Qualitätsmerkmal – wird aber von jedem unterschiedlich bewertet.«

TANJA KÖHLER

Guter Journalismus braucht Diversität – auch in der Sprache

Jeder Mensch stößt in der Sprache irgendwann an seine Grenzen. Die Journalistin und Journalismusprofessorin Tanja Köhler plädiert dafür, den Journalismus inklusiver zu machen, in dem wir zum Beispiel Angebote in leichter und verständlicher Sprache schaffen.[1]

Starten wir mit einem kleinen Experiment: Können Sie auf Anhieb erklären, was mit ›Nulltarif‹ oder ›Leistungsschutzrecht‹ gemeint ist, was sich hinter der ›kopernikanischen Wende‹ von Kant verbirgt oder was Gravitationswellen sind und wie diese Begriffe Ihr Leben beeinflussen?

Jeder Mensch stößt in der Sprache irgendwann an seine Grenzen. Manche haben Verständnisschwierigkeiten bei komplexen wissenschaftlichen Formulierungen, für andere sind Justiztexte, Amtssprache oder journalistische Texte schlicht unverständlich. Informationen können für manche Menschen unüberwindbare sprachliche Hürden darstellen, die ihre Welt

1 Der Beitrag ist eine vollständig überarbeitete und aktualisierte Fassung des Aufsatzes *Inklusiver Journalismus* aus dem Sammelband *Fake News, Framing, Fact-Checking. Nachrichten im digitalen Zeitalter* (2020, Bielefeld: transcript Verlag. S. 297-315) der Autorin.

mitunter stark eingrenzen. Denn der Zugang zu Informationen ist ein entscheidender Faktor, um am gesellschaftlichen und politischen Leben teilhaben zu können. Dieser Zugang wird in einer von Digitalisierung geprägten Gesellschaft immer wichtiger, weil gesellschaftliche Vorgänge beinahe ausschließlich über komplexe mündliche wie schriftliche Informationen konstituiert werden. In diesem Prozess spielen auch Massenmedien eine zentrale Rolle. Denn gesellschaftliche und politische Teilhabe gelingt auch über den Zugang zur Berichterstattung.

Nun gilt Verständlichkeit im Journalismus seit jeher als zentrales Qualitätsmerkmal – wird aber von jedem unterschiedlich bewertet. Ob ein Text vom Publikum verstanden wird, hängt von verschiedenen Faktoren ab wie beispielsweise Alter, Bildung und/oder kognitiven Voraussetzungen. In den vergangenen Jahren haben deshalb die Konzepte der Leichten und Einfachen Sprache an Bedeutung gewonnen, um insbesondere Nachrichtenangebote verständlich(er) aufzubereiten. Sie sollen denjenigen Menschen den Zugang zu Informationen ermöglichen, die – aus welchen Gründen auch immer – konventionellen Nachrichten- und Medienangeboten nicht folgen können. Ein derart inklusiver Journalismus ermöglicht Menschen die Teilhabe an einer digitalisierten Gesellschaft und vergrößert damit auch Chancengleichheit.

Druck auf Medienhäuser wächst

Die wachsende öffentliche Wahrnehmung von Leichter bzw. Einfacher Sprache hat auch damit zu tun, dass Interessenverbände und auf barrierefreie Informationen angewiesene Menschen – begünstigt durch die Digitalisierung – ihrer Forderung nach einem Ausbau von barrierefreien Medien- und Informationsangeboten zunehmend stärker Ausdruck verleihen. Das hat gleichzeitig zu einem gewissen Druck auf Medienhäuser geführt, ihre linearen und digitalen Inhalte barrierefrei(er) zu gestalten.

Hinzu kommt: Die UN-Behindertenkonvention, die von Deutschland 2009 ratifiziert wurde, verpflichtet die Vertragsstaaten u. a. dazu, Menschen mit Behinderung gleichberechtigten Zugang zu Informationen zu gewährleisten. Auch Massenmedien werden in dem Übereinkommen aufgefordert, ihre Dienste Menschen mit Behinderung leicht zugänglich zu machen. Unterschiedliche Stellen kritisieren allerdings die fehlenden bindenden Verpflichtungen für Medienhäuser. Kein Wunder also, dass der Druck weiter wächst: Im Rahmen der 60. Konferenz der Beauftragten von Bund und Ländern für Menschen mit Behinderungen Ende 2020 wurden »Wege zu einer inklusiven und barrierefreien Medienwelt« beschrieben und die sogenannte ›Mainzer Erklärung‹ verabschiedet. Darin werden verbindliche Ziele und Fristen für die Realisierung barrierefreier Angebote sowie Übersetzungen in Leichter Sprache bei allen grundsätzlichen und aktuellen (linearen und non-linearen) Informationen der privaten und öffentlich-rechtlichen Rundfunkanstalten gefordert. In Großbritannien ist man bereits einen Schritt weiter: Dort müssen öffentlich-rechtliche wie private Rundfunkanbieter festgelegte Quoten erfüllen, die von der Medienaufsichtsbehörde Ofcom kontrolliert werden.

Große, heterogene Zielgruppen

Leichte und Einfache Sprache unterscheiden sich insbesondere im unterschiedlichen Sprachniveau. Allerdings sind die Grenzen zwischen beiden Konzepten bisweilen fließend, was auch den fehlenden bzw. uneinheitlichen Regelwerken geschuldet ist. Inzwischen beschäftigen sich Arbeitsgruppen damit, Grundlagen und Empfehlungen für DIN-Normen für Leichte sowie Einfache Sprache zu entwickeln. Mit den dort erstellten allgemeinen Regeln und Prinzipien lassen sich beide Konzepte künftig sicherlich stärker voneinander abgrenzen.

Neben der ähnlichen Zielsetzung weisen beide Konzepte auch teilweise ähnliche Zielgruppen auf. Leichte Sprache wurde anfänglich für Menschen mit geistiger Behinderung bzw. mit Lernschwierigkeiten entwickelt. Als AdressatInnen für Einfache Sprache werden bisweilen alle Menschen bzw. ein allgemeines Lesepublikum genannt, insbesondere aber Menschen mit geringen Deutschkenntnissen sowie mit geringer Lesekompetenz. Letztgenannte Gruppe umfasst der LEO-Studie der Universität Hamburg zufolge immerhin mehr als 15 Millionen Menschen in Deutschland. Das sind über 30 Prozent der erwachsenen Bevölkerung.

Dass eine trennscharfe Abgrenzung der Zielgruppen zwischen beiden Konzepten schwierig ist hat auch damit zu tun, dass innerhalb der unterschiedlichen Gruppen der Grad an Lesekompetenz variieren kann. Einfache Sprache ermöglicht dabei Anschlussfähigkeit in beide Richtungen: Menschen, deren Lesekompetenz wächst und für deren Bedürfnisse Texte in Leichter Sprache nicht mehr adäquat sind, erhalten mit Texten in Einfacher Sprache ebenso ein passendes Angebot wie Menschen, die zwar Standardsprache verstehen, aber trotzdem auf ein sprachlich einfacheres Niveau zurückgreifen, um komplexe Sachverhalte und Entwicklungen (besser) zu verstehen. Zu den direkten Adressat:innen beider Konzepte gesellen sich daher auch indirekte AdressatInnen, die zwar nicht auf ein geringeres Sprachniveau angewiesen sind, dieses aber kontextabhängig als Bereicherung empfinden.

Nachrichtenangebote in Leichter und Einfacher Sprache

In Deutschland ist die Zahl der Nachrichtenangebote in Leichter und Einfacher Sprache in den vergangenen Jahren kontinuierlich gestiegen. Dabei haben private Rundfunkanbieter einen weitaus größeren Nachholbedarf als öffentlich-rechtliche Sendeanstalten, die bereits vielfältige Maßnahmen ergriffen haben, um Inhalte auch sprachlich barrierefrei zu gestalten. Mehrere ARD-Rundfunkanstalten bieten auf ihren Webseiten Nachrichten in Leichter bzw. Einfacher Sprache an: Der NDR startete bspw. Ende 2015 mit einem norddeutschen Nachrichtenformat in Leichter Sprache. Der MDR bietet Nachrichten in Leichter Sprache aus den Bundesländern Sachsen, Sachsen-Anhalt und Thüringen an. Der SR wiederum veröffentlicht einen Wochenrückblick in Einfacher Sprache mit Meldungen aus dem Saarland. Alle Sender stellen die Texte auch als Audio-Version zur Verfügung. Das ZDF hat kein regelmäßig erscheinendes Nachrichten-Format in Leichter bzw. Einfacher Sprache, veröffentlichte aber auf seiner Webseite ausführliche Informationen zur Bundestagswahl 2021 in Einfacher Sprache. Die Texte erstellte die Deutsche Presse-Agentur (dpa), die inzwischen auch Nachrichten in leicht verständlicher Sprache und in unterschiedlichen Sprachniveaus anbietet. Für Gruner + Jahr übersetzte die dpa bspw. Informationen in Einfache Sprache für das Projekt ›Impfen gegen Corona‹.

Nachrichtenleicht: Der Wochenrückblick in Einfacher Sprache

Mit dem Portal *nachrichtenleicht* war der Deutschlandfunk einer der ersten Anbieter eines inklusiven Nachrichtenangebots in Deutschland. Seit Januar 2013 veröffentlicht die DLF-Nachrichtenredaktion auf der Webseite nachrichtenleicht.de einen Wochenrückblick als Text und Audio-Datei. Das Format ist immer noch das bundesweit einzige regelmäßig erscheinende überregionale Nachrichtenangebot in Einfacher Sprache.

Weil zum damaligen Zeitpunkt für das Konzept der Einfachen Sprache weder ein Regelwerk noch grundsätzliche Empfehlungen existierten, erarbeitete die Redaktion eigene Regeln, in die auch Vorgaben der Leichten Sprache eingingen. Das inklusive Angebot orientiert sich dabei an den professionellen journalistischen Ansprüchen des Senders: Wie in den klassischen Nachrichtensendungen des Deutschlandfunks wird auch bei den Nachrichten in Einfacher Sprache am Anspruch festgehalten, die wichtigsten nationalen und internationalen Themen zu vermitteln, unabhängig von der Komplexität der Ereignisse. Diese Ereignisse einfach und verständlich zu formulieren ist eine anspruchsvolle Aufgabe. Die Meldungen müssen auch in der sprachlichen Vereinfachung und in dem Bemühen, Dinge einfach zu erklären zutreffend sein. Dabei gilt es, den Kern des Ereignisses zu erfassen, ihn aber weder wertend noch verharmlosend oder unangemessen einfach darzustellen.

Beispiel für eine Nachricht in Einfacher Sprache des DLF:

»Viele Corona-Tote

In Deutschland stecken sich immer noch viele Menschen mit dem Corona-Virus an. Die Zahlen verändern sich jeden Tag. Wenn man sich den Durchschnitt ansieht, kommen jeden Tag ungefähr 20.000 neue Ansteckungen dazu. Bis Ende Januar gelten deshalb strenge Corona-Regeln. Die Regeln sollen helfen, dass sich nicht so viele Menschen anstecken. Inzwischen sind einige hundert-tausend Menschen in Deutschland gegen die Krankheit Co-vid-19 geimpft. Das ist die Krankheit, die man vom Corona-Virus bekommen kann. (…)«

(Auszug aus einer Nachricht vom 15.1.2021)

Können in den jeweiligen Meldungen schwierige Begriffe oder Fachwörter nicht vermieden werden, werden diese gesondert unter dem jeweiligen Artikel erklärt. Diese Erläuterungen sind auch Teil des Online-Wörterbuchs, das inzwischen auf mehr als 1.000 Erklärungen angewachsen ist.

Beispiele für Wörterbucheinträge:

> »**Abgeordnete**
> nennt man die Politikerinnen und Politiker in einem Parlament. Sie können die Regierung wählen und Gesetze beschließen. In einer Parlaments-Wahl entscheiden die Bürgerinnen und Bürger, wer ihre Abgeordneten sein sollen.«
>
> »**Bundes-Regierung**
> ist die Regierung von Deutschland. Zur Bundes-Regierung gehören die Minister und Ministerinnen. Jede Ministerin und jeder Minister ist für bestimmte Themen zuständig: zum Beispiel für Umwelt, Wirtschaft oder Bildung. Die Bundes-Regierung wird von der Bundes-Kanzlerin oder vom Bundes-Kanzler geleitet.«

Zu Beginn des Projektes standen als Zielgruppe zwar Menschen mit Lernschwierigkeiten im Vordergrund. Reaktionen der LeserInnen zeigten aber recht schnell, dass auf das Angebot ein großer Kreis weiterer Personen zugreift: Neben SeniorInnen wird das Portal bspw. auch von Menschen mit geringer Lesekompetenz, MigrantInnen sowie von Deutsch-Lehrenden und Lernenden aus dem Ausland genutzt. Auch LehrerInnen sowie Kinder und Jugendliche an (inklusiven) Schulen und Jugendeinrichtungen verwenden das Portal.

Seit dem Start von *nachrichtenleicht* arbeitet die Redaktion kontinuierlich an der inhaltlich-thematischen und technischen Weiterentwicklung des Angebots sowie an der Erschließung neuer Ausspielwege. So sendet der Deutschlandfunk seit Dezember 2016 einen OnAir-Wochenrückblick, der jeden Freitag ab 19:04 Uhr ausgestrahlt wird. Seit Dezember 2018 ist nachrichtenleicht auch bei Instagram. Seit Januar 2021 laufen jeden Freitag die wichtigsten Nachrichten des Wochenrückblicks in den gleichnamigen Podcast ein. Über die Bundestagswahl 2021 berichtete die Redaktion in einem Live-Blog in Einfacher Sprache. Senderangaben zufolge war es das umfassendste barrierefreie und tagesaktuelle Informationsangebot zur Bundestagswahl im deutschsprachigen Raum.

Qualität von Journalismus wächst mit seiner Diversität

Medienhäuser sollten schon allein aus demokratischer Perspektive darum bemüht sein, den Zugang zu Informationen so barrierefrei wie möglich zu gestalten, um möglichst viele Menschen zu erreichen. Dabei geht es nicht darum, journalistische Texte nur noch in Leichter bzw. Einfacher Sprache zu veröffentlichen. Inklusiver Journalismus, der unterschiedliche Sprachniveaus berücksichtigt, ist vielmehr ein Mosaikstein im digitalen und linearen Medienangebot, der nicht nur die Reichweite steigern kann, sondern einen Beitrag zu Teilhabe und Chancengleichheit leistet. Denn die Qualität von Journalismus wächst mit seiner Diversität; dies betrifft nicht nur die Inhalte, das Personal und die Hierarchien, sondern auch die Sprache.

»Wo ist der Verlag, der das als Herausforderung annimmt und statt täglich 36 Seiten mit viel ›auch das sollte noch rein‹ ein Blatt mit, sagen wir, 24 Seiten bietet – nicht zum Papiersparen, sondern zur Qualitätspflege?«

CHRISTIAN LINDNER

Das Ende von »mehr, mehr, mehr«

Christian Lindner war Chefredakteur der Rhein-Zeitung *stellvertretender BamS-Chef, heute arbeitet er als Chefreporter der* Nordsee-Zeitung. *Er sagt: Wir unterliegen einem Irrtum, wenn wir glauben, dass unser Publikum Medien genauso hochfrequent und professionell nutzt wie wir. Lindner sagt: Wir brauchen nicht »mehr«, sondern »weniger, wertvoller, weiser«.*

Ein neuer Tag beginnt, unser Smartphone weckt uns. Wir greifen zu diesem meistgenutzten unserer Dinge, ohne dessen Nähe wir kaum noch schlafen mögen und den Tag kaum noch überstehen können. Wir stoppen das Läuten mit einem Fingertipp. Von dort sind es nur Sekunden für das mediale Morgenritual: die Mails seit dem Einschlafen, die Eilmeldungen der Nacht, die neuen Tweets, unsere Newsletter, unsere Podcasts.

Und so lösen wir schon vor dem Aufstehen einen nie versiegenden Quell aus: den Strom aus Texten, Bildern, Audios und Videos, in dem wir den ganzen Tag schwimmen. Die wenigsten von uns Medienmachern empfinden diesen Fluss als verschlingende Flut. So groß die Vorteile, so überzeugend der Mehrwert, so reich das Angebot.

Früher musste es erarbeitet werden, gut informiert zu sein, und es hatte seine Zeit – zum Frühstück die Zeitung, bei der Fahrt zur Arbeit Radio oder Print, zur ersten Pause im Büro das Lokalblatt oder auf der Baustelle Bild, 20 Uhr die *Tagesschau*. Heute haben wir unsere Informationssucht schon vor dem Zähneputzen mit ein paar Klicks aus diversen Kanälen gestillt. Zunehmend hörend statt lesend, immer häufiger flanierend statt treu: Hier ein paar Links auf Twitter geklickt, dort einen Newsletter überflogen, mal Inforadio, mal Podcast, bisweilen lesen und hören wir parallel auf zwei Kanälen.

Wir Medienprofis finden diese Fülle gut. Bis zum Einschlafen fluten wir uns mit immer neuen Informationen, Bildern, Reizen. Meist mit Kleinteiligem, selten mit Langstücken. »Mehr, mehr, mehr« – auf immer mehr Kanälen. Und immer neue kommen hinzu. Wer von uns hat in den vergangenen Wochen nicht gedacht: »Dieses TikTok – ich müsste das endlich auch mal checken.« Doch Medienmacher, die in diesen vielkanaligen Zeiten Medien so virtuos nutzen: Das ist auch eine problematische Konstellation. Wer in der magischen Mühle der Medienproduktion steckt, der kann nicht mehr ermessen, wie die Flut der Informationen ankommt – da draußen, im normalen Leben.

Wir Medienprofis ticken in Vollzeit nach Medienkriterien. Wir gehen professionell mit den hochfrequenten Informationsintervallen um. Für uns sind Medien berufsbedingt Hauptsache. Und so erliegen wir einem Irrtum: Wir machen uns vor, dass unser Publikum auch so ist. Dass es auch auf immer mehr Kanälen immer »mehr, mehr, mehr« will. Dass es die Zeit und das Bedürfnis hat, all das wahr- und aufzunehmen, was wir so vielformatig wie noch nie aufbereiten, ausliefern und abrufbar halten.

Dass all das viel ist, wissen wir. Dass es für unsere ›Audience‹ zu viel ist, verdrängen wir. Aber was sollten wir ändern? Dass viele unserer Journalistenkollegen und – wenn wir ehrlich sind – auch wir selber verunsichert sind, merken wir. Aber was gibt uns wieder Halt? Dass unsere Branche einen anderen, neuen und besseren Journalismus braucht, ist spürbar. Aber welchen?

Ein paar Gedanken hierzu – von einem, der noch im Bleisatz volontiert hat und am Digitalen gerade deshalb seine helle Freude hat. Ein paar Nachdenklichkeiten hierüber – von jemandem, der vier Jahrzehnte Journalismus mit Leidenschaft gelebt hat und nun, als Berater für Medienhäuser, unverändert journalistisch denkt, unsere Branche und ihr Wirken aber nun auch von außen und somit anders wahrnimmt.

Was unser Publikum braucht

Wenn wir uns nicht als Unterhalter, sondern als Informierende verstehen, dann benötigen unsere Nutzer News, Einordnungen, ja Welterklärungsangebote, die mit ihrem individuellen Leben zu tun haben. Nicht das Wunschdenken von uns Journalisten ist der Maßstab dafür, sondern die Wirklichkeit unserer Kunden. Und zu dieser Wirklichkeit gehört, dass diese für aktive Mediennutzung viel weniger Zeit als wir Info-Vollzeitler haben – und unsere Angebote schon deshalb gnadenlos abwählen.

Redaktionsmanager, die sich trauen, Leserforschungstools wie ›Lesewert‹ der ›Mehrwertmacher‹ aus Dresden einzusetzen, mögen anfangs kaum glauben, dass ihre Abonnenten die bezahlte Zeitung längst nicht jeden Tag aufschlagen. Und wenn sie das tun, dann springen sie bei der Mehrheit der Beiträge schon nach der Überschrift weiter, bei vielen Texten steigen sie rasch aus, komplett gelesen wird nur ein Bruchteil.

Das hat auch, aber nicht nur mit Handwerk zu tun. Kern des Problems ist: Eine gut gemachte Tageszeitung bietet heute schlicht zu viel. Sie ist zu umfangreich, ihre Lektüre ist auch Arbeit, sie ist zeitlich nicht zu schaffen. Familie, Firma, Freizeit, Freunde – all das kollidiert mit der Zeit, die eine gute Zeitung bräuchte, von Fernsehen, Streaming, Facebook & Co. ganz zu schweigen. Ja – die Anzeigen sind zurückgegangen. Die Redaktionen aber haben ihr Programm ausgeweitet: »mehr, mehr, mehr.« Und so wachsen bei Abonnenten täglich die Stapel des bezahlten, aber überwiegend ungelesenen Papiers. Stapel, die uns bei jeder Entsorgung zu fragen scheinen: »Lohnt sich dein Abo eigentlich noch?»

Welches Medienhaus glaubt wirklich, dass die Menschen da draußen all das aufnehmen mögen und zeitlich verkraften können, was unsere Branche mittlerweile zusätzlich zu oder anstatt Print der immer gleichen Zielgruppe bietet? Website, Push, Social Media, Newsletter, Podcast – und obendrauf noch eine Sonntagsausgabe. Es ist zu viel. In der Summe ist all das womöglich die wahre Erklärung für den Abo-Schwund.

Wo ist der Verlag, der das als Herausforderung annimmt und statt täglich 36 Seiten mit viel »auch das sollte noch rein« ein Blatt mit, sagen wir, 24 Seiten bietet – nicht zum Papiersparen, sondern zur Qualitätspflege? Welche Redaktion hat den Mut, ihren Lesern in Print wie Web durch Weglassen, Verdichten und Schwerpunktsetzung zu vermitteln: Ja – wir bieten euch bewusst nicht alles, aber alles Gebotene richtig? Welches Blatt spart mir Zeit statt mir ein schlechtes Gewissen zu bereiten? Welche Medien-Website wählt gezielt Stoffe aus und ab statt immer nur »mehr, mehr, mehr« ins Netz zu kippen?

Was unsere Leute brauchen

Für guten Journalismus brauchen wir gute Journalist:innen. Unsere Redaktionen aber überaltern, bluten aus. Große Teile der privatwirtschaftlichen Medien schliddern in eine Personalkrise, die vielen Häusern noch gar nicht bewusst ist.

Der Altersschnitt in deutschen Redaktionen liegt bei über 46 Jahren. Tendenz steigend. Ja, das liegt auch am Stellenabbau. Es liegt aber auch daran, dass die Medienhäuser gut ausgebildete junge Leute zu oft schon nach einigen Redakteursjahren verlieren – etwa an PR und Marketing, neuerdings auch an Schulen. Junge Kräfte, die willens sind, die Härten des Arbeitens als Journalist langfristig auszuhalten, werden knapp. Schon jetzt gibt es deutlich weniger Bewerber für Volontariate als früher, und in der Fläche können selbst unbefristete Redakteursstellen teils nicht mehr besetzt werden.

Die fatale Kombination aus mauer Bezahlung (die PR bietet mehr), unattraktiven Arbeitsbedingungen (Zeiten, unflexible Organisation, Roboten an den Desks) und fehlenden Perspektiven (die schicken Stellen hat der männliche Mittelbau besetzt) treibt uns die Talente aus den Häusern. Und die jungen Könner, die bleiben, müssen immer mehr leisten: Sie sollen neben dem Klassischen auch all die neuen Formate stemmen, und sie müssen die Scheu vieler älterer Kollegen kompensieren, mit dem Digitalen Tango zu tanzen.

Je geiziger ein Verlag ist, desto heftiger wird die Personalkrise dort durchschlagen – und sie wird im Blatt wie im Digitalen nicht zu verbergen sein. Nicht in ferner Zukunft, sondern innerhalb der nächsten Jahre, je nach Verlag und Region auch schon jetzt. Es droht, dass die verbliebenen Teams in dauernder Überforderung hamsterraden.

Umgekehrt gilt: Die Medienunternehmen, die ihren Journalisten Wertschätzung und Respekt entgegenbringen, von der Bezahlung über die Führungskultur bis zu Perspektiven, werden im Wettbewerb um gutes Personal am ehesten bestehen können. Das bedingt aber auch, dass Lokalchefs, Ressortleiter, Digitalchefs und Chefredakteure verstehen und akzeptieren: Das Modell der Arbeitstiere, die mit der Redaktion verheiratet sind, hat lange funktioniert – die Generationen Y und Z wird es vergraulen. Trotz aller neuen Anforderungen werden Führungskräfte Arbeitsbedingungen schaffen müssen, die es jungen Kollegen ermöglicht, engagiert arbeiten und gleichwohl auch leben zu können. Berechenbarer Dienstschluss, Homeoffice, Flexi-Teilzeit, Sabbaticals: ja – komplex, aber alternativlos. Und unseren Produkten wird es guttun, wenn unsere Leute Lebenserfahrung in unser Arbeiten einbringen.

Was unsere Branche braucht

Wer in der vielfältigen und immer noch reichen Welt der regionalen Medienhäuser Deutschlands die spannendsten Labore für Forschung und Entwicklung besuchen möchte, der braucht keine komplexe Reiseplanung. Es gibt branchenweit gerade mal ein einziges Projekt, das diese Bezeichnung wirklich verdient: das HHLab von NOZ Medien und mh:n Medien in Hamburg. Ein interdisziplinäres 13-köpfiges Team erforscht dort die Zukunft der Medienwelt, erdenkt Geschäftsmodelle, entwickelt Prototypen. Dieses Alleinstellungsmerkmal ist bezeichnend für die Branche. Studientouren für Verlags- und Redaktionsmanager nach Amerika sind gut gebucht – die Umsetzung zuhause bleibt Einzelkämpfern und dem Zufall überlassen.

Joachim Dreykluft, der ebenso kluge wie pragmatische Chef des HHLab, bringt es auf den Punkt. Unsere Branche denkt und handelt unverändert in den Grenzen eines Geschäftsmodells, das 150 Jahre alt ist: Medienhäuser bereiten in Generalanzeiger-Manier ein extrem breites Angebot für eine extrem breite Zielgruppe auf. Und vieles von dem, was wir in den letzten Jahren an scheinbar Neuem entwickelt haben, war in Wahrheit nur eine Variante dieses Uralt-Modells.

Alles deutet darauf hin, dass die Generalanzeiger-Methode alleine nicht mehr trägt, sich auf Sicht generell überlebt hat. Uns dämmert die Erkenntnis, dass wir mit Print und zu lange auch mit dessen digitalen Klonen nicht wirklich Informationen, sondern in Wahrheit ein Ritual verkauft haben: Das in den Tagesablauf integrierte abrufbare Gefühl, gut informiert zu sein und so zu dieser Gesellschaft zu gehören. Nun, wo es Informationen rund um die Uhr gratis auf vielen Kanälen gibt, ist dieses Ritual nicht mehr nötig. Und wir verstehen, warum es im Netz so schwerfällt, einzelne Texte zu verkaufen: Ein nackter Artikel ist offenbar viel weniger wert, als wir glaubten – so relevant er auch scheint, so gut er auch geschrieben sein mag.

Wir Medienmacher müssen uns an den Gedanken gewöhnen, dass in Zukunft weniger von uns als bisher vieles an viele senden werden. Gut möglich, dass das ›Generalanzeiger‹ eine öffentlich-rechtliche Aufgabe wird, gerade in der Fläche. Die anderen Medienmacher werden ergründen müssen, welche schmalen Zielgruppen künftig welche Art, welchen Mix und welche Übermittlung von bewusst begrenzten Angeboten wollen, brauchen und bezahlen. Nicht »mehr, mehr, mehr« auf immer neuen Kanälen, sondern bewusst weniger, in zeitgemäßer Form. Etwa in der Richtung, die Gabor Steingart und Michael Bröcker derzeit entwickeln und zu etablieren scheinen.

Journalistische Kompetenz wird beim Aufspüren, Sammeln, Sichten, Sortieren, Übersetzen und Aufbereiten dieser Informationen weiter gefragt sein. Eine gewisse Klientel wird auch Fan-Freude an medialen Leitwölfen haben, die mit Verve oder gar Furor ihre Sicht der Welt unters Volk bringen. Die Zukunft aber wird nicht den Journalisten und Angeboten gehören, die vermitteln: »Das sollten Sie denken.« In unsere auch durch das Digitale ebenso aufgeklärte wie verunsicherte Zeit werden vielmehr jene Medienmacher und Produkte passen, die ihrem Publikum aufzeigen: »Das haben wir für Sie gefunden, das könnte Folgendes für Sie, Ihr Leben und unser Land bedeuten, das sollten Sie kennen.«

Nicht »mehr, mehr, mehr« braucht der Journalismus der Zukunft. Sondern »weniger, wertvoller, weiser«.

»Newsletter sind für die Empfänger:innen
ein abgeschlossenes System.«

MEENA STAVESAND

Für die Mutigen

Das Format ist weder recht neu, noch technisch besonders anspruchsvoll. Und doch erfährt der klassische Newsletter gerad einen Boom, analysiert die freie Journalistin Meena Stavesand. Newsletter schaffen Vertrauen in einer zerklüfteten Medienwelt.

»It's time to get angry«, schreibt Emily Atkin auf ihrer Homepage mit dem passenden Namen heated.world – denn es geht um die Klimakrise, um versäumte Maßnahmen, um eine Bedrohung unglaublichen Ausmaßes. Die Journalistin Atkin ist wütend, so wütend über die Untätigkeit von Politik und Wirtschaft, dass sie im September 2019 den Newsletter *HEATED* initiiert. Sie ist davon überzeugt, dass Emotionen wie Wut in der Berichterstattung nötig sind, um »die Kräfte zu stoppen, die in den vergangenen 30 Jahren Klimaschutzmaßnahmen verhindert haben«.[1] Regelmäßig verschickt die Journalistin einen Newsletter mit neuen Links und Debatten zum Klimawandel und trifft mit ihrer Wut einen Nerv. Nach einem halben Jahr hat sie schon 20.000 Abonnent:innen und

1 Original-Zitat: »To stop the forces that have been preventing climate action for the last 30 years, we'll need all those things.« https://heated.world/about, aufgerufen am 8.6.2022, 15.23 Uhr.

2.000 Menschen, die für ihre Inhalte bezahlen[2]. Greenpeace würdigt ihre Arbeit mit der Auszeichnung ›Best environmental journalism of 2020‹.[3] Für die Umweltorganisation ist Emily Atkin zu einer unschätzbaren Quelle für Journalist:innen geworden, die über die Klimakrise berichten.

Diese Erfolgsgeschichte ist nur eine unter vielen, wenn es um journalistische Newsletter geht. Jeremy Caplan von der City University of New York (CUNY) spricht daher von einer »neuen Ära im Journalismus«.[4] Er bescheinigt diesem Medium eine große Zukunft und sieht sogar die Chance, dass US-Regionen, in denen es keine Tageszeitung mehr gibt, von journalistischen Newslettern profitieren können. Es würde wieder eine regelmäßige Berichterstattung stattfinden – gut für die Gesellschaft und das demokratische System. Mit dieser Annahme wird Caplan nicht falsch liegen, denn es gibt auch in Deutschland Beispiele, die zeigen, dass auf kritische Newsletter politische Maßnahmen folgen können.

Tagesspiegel-Chefredakteur Lorenz Maroldt berichtet im Gespräch, dass er in seinem prämierten *Checkpoint*-Newsletter[5] ein Jahr lang über »Berlins Schrottschulen« berichtet hat. Täglich schrieb er über irgendeinen Missstand an den Schulgebäuden – hier ein eingestürztes Dach, dort fehlende Glasscheiben. Die Politik reagierte und besserte nach – wie Maroldt sagt, »zwar nicht nur, aber auch wegen des Checkpoints«.

Newsletter als feste Größe

Mit stetiger Berichterstattung, die – wie beide Beispiele zeigen – auch Emotionen aufgreifen darf, kann sich etwas bewegen. Und dass sich diese Berichterstattung nicht nur auf Zeitung, Radio, Fernsehen oder Online beschränken muss, beweisen *HEATED* und *Checkpoint* gleichermaßen. Mit dem Newsletter kommt ein Medium hinzu, dass eine direkte Nähe zum Publikum aufbaut. Maroldt macht klar, dass er noch nie so

2 https://on.substack.com/p/how-emily-atkin-turned-her-climate, aufgerufen am 8.6.2022, 15.24 Uhr.

3 https://unearthed.greenpeace.org/2020/12/18/best-environmental-journalism-2020/, aufgerufen am 8.6.2022, 15.24 Uhr.

4 Podcast Medien.Macht.Meinung, Nr. 25, 20.11.2020: https://medienmachtmeinung.podigee.io/, aufgerufen am 8.6.2022, 15.28 Uhr.

5 https://checkpoint.tagesspiegel.de/, aufgerufen am 8.6.2022, 15.29 Uhr.

viel Kontakt zu seinen Leser:innen hatte. Jeden Tag bekommt er Rückmeldungen auf seinen *Checkpoint* mit mehr als 120 000 Abonnent:innen und einer nach eigener Aussage guten Opening-Rate: »Wir können in unserem Tracking genau sehen, dass ein Abonnent von sechs Ausgaben wöchentlich etwa drei bis vier öffnet.«

Der *Tagesspiegel* hat nach dem *Checkpoint* 2014 fünf weitere kostenfreie Newsletter herausgebracht, die unterschiedliche Zielgruppen ansprechen – von queeren Menschen bis hin zu Ehrenämtlern. Auch die sublokale Ebene bedient die Tageszeitung per Mailing und will noch tiefer in die Bezirke gehen. »Jeder ist daran interessiert, was vor seiner Haustür passiert«, sagt Maroldt und setzt dabei voll auf den lokaljournalistischen Charakter dieser E-Mails, während B2B-Newsletter monothematisch Themen wie Klima oder Verkehr behandeln. Diese kostenpflichtigen Ausgaben funktionierten Maroldt zufolge ebenfalls. Insgesamt verbucht der *Tagesspiegel* im Januar 2021 mehr als 7,3 Millionen zugestellte E-Mails. Obwohl die Newsletter im Verlag zunächst auf Skepsis stießen, wie Maroldt erklärt, und von Kannibalisierung der Zeitung gesprochen wurde, geben die Zugriffszahlen dem Chefredakteur recht. Das Medium ist zu einer festen Größe in der redaktionellen Arbeit geworden.

Die Zeitung von morgen?

Newsletter sind für die Empfänger:innen ein abgeschlossenes System. Es funktioniert anders als Social Media oder digitale Plattformen der Verlage. Mit der E-Mail ist das Produkt zu Ende, das Thema abgehandelt – es kommt nicht häppchenweise über verschiedene Kanäle, bei denen sich Nutzer:innen möglicherweise sogar Informationen zusammensuchen müssen. Alles Wichtige sollte in der E-Mail stehen, die praktischerweise einfach ins Postfach kommt, ohne dass die Nutzer:innen noch etwas dafür tun – außer vorher zu abonnieren. Es ist ähnlich wie die Zeitung, die morgens im Briefkasten steckt.

Ist der Newsletter damit die Zeitung von morgen? Nun, Zeitungen geben Garantien an das Publikum: Sie behandeln nie nur ein Thema, sondern funktionieren eher wie eine Wundertüte. Leser:innen können einerseits sicher sein, dass die wichtigsten Nachrichten vorkommen und eingeordnet werden. Sie entdecken andererseits beim Blättern oder Scrollen Berichte, Reportagen und Interviews zu Themen, nach denen sie nicht gesucht hätten. Aber die Vielfalt zeigt sich nicht nur thematisch, sondern auch in der Pluralität der Meinungen. Es werden verschiedene Blickwinkel beleuchtet. Ein Kommentar steht für gewöhnlich bei einem neutralen Bericht, wird vielleicht durch ein Expert:inneninterview oder einen konträren Kommentar ergänzt, um den Diskurs entsprechend abzubilden.

An solche journalistischen Regeln können sich auch Herausgeber:innen von Newslettern halten. Daher ist die Frage, ob Newsletter irgendwann die klassische Zeitung ersetzen, zwar plakativ, aber naheliegend. Doch Prognosen sind ohne Glaskugel schwierig. Klar ist: Wenn Newsletter gut gemacht sind, haben sie großes Potenzial, eine wachsende Leser:innenschaft zu bekommen und zumindest eine Konkurrenz zu den etablierten Medien zu werden. Aber sinnstiftend ist das Ausspielen des einen gegen das andere nicht.

Vielmehr bieten Newsletter eine Chance für mehr Reichweite: Der ›Digital News Report‹ des Reuters Institute lieferte 2020 auch Zahlen zu Newsletter-Leser:innen, und das Leibniz-Institut für Medienforschung hat diese Werte für Deutschland aufgearbeitet. Die Wissenschaftler:innen zeigen, dass die abonnierten E-Mails »von der überwiegenden Mehrheit tatsächlich auch meist (43 %) oder zu großen Teilen (43 %) gelesen« werden.[6] und die meisten Abonnent:innen »E-Mails mit einem allgemeinen täglichen Nachrichtenüberblick (41 %), Eilmeldungen (39 %) oder lokalen Nachrichten (39 %)«[7] erhalten.

Das sind für Journalist:innen und Medienhäuser zwei sehr gute Nachrichten. Während mittlerweile wohl jeder Verlag einen irgendwie gearteten täglichen oder wöchentlichen Newsletter herausgibt, wagen auch immer mehr freiberufliche Journalist:innen dieses Geschäftsmodell. Emily Atkin von HEATED beispielsweise hat ihre feste Anstellung

6 https://www.hans-bredow-institut.de/uploads/media/default/cms/media/66q2yde_AP50_RIDNR20_Deutschland.pdf, Seite 45, aufgerufen am 8.6.2022, 15.30 Uhr.
7 Ebd.

für den wütenden Newsletter gekündigt. Ein Fulltime-Job, besser bezahlt als jeder andere Job zuvor, wie sie selbst sagt.

Geschäftsmodell für freie Journalist:innen?

Es gibt einige prominente Beispiele, die ebenfalls diesen Weg gegangen sind, und sie stehen fast alle in Verbindung mit einer Plattform – Substack. »Ob Casey Newton (vorher: *The Verge*), Matthew Iglesias (*Vox.com*), Glenn Greenwald (*The Intercept*), Anne Helen Petersen (*BuzzFeed*) oder Andrew Sullivan (*New York Magazine*) – sie alle wollen sich ihre Arbeit nicht mehr von ihrem Arbeitgeber bezahlen lassen, sondern direkt von ihrer loyalen Leserschaft.«[8] Die Plattform *Substack* ermöglicht es ihren Mitgliedern, Newsletter zu monetarisieren. Ein florierendes Geschäft: Seit dem Launch wächst der Anbieter stetig und hat mittlerweile mehr als 250 000 zahlende Nutzer:innen[9]. Die besten zehn Publisher:innen verdienen laut *Substack*-CEO Chris Best jährlich zusammen zehn Millionen Dollar[10]. Das sind extreme Summen, die aber natürlich nur für die Top-Seller gelten – und vor allem auf Personal Branding basieren. Diese Newsletter leben vom Bekanntheitsgrad der Journalist:innen.

Es ist viel Vorarbeit nötig, um dies zu erreichen, und es geht nie von jetzt auf gleich. Dennoch: »Viele Menschen im Journalismus haben gesehen, wie schnell sich ihr Business während der Corona-Pandemie ändern kann, und beschlossen, lieber ihr eigenes Geschäft zu führen, als von den Höhen und Tiefen anderer Unternehmen abhängig zu sein«, sagt Alex Kantrowitz, früher *Buzzfeed*-Reporter und jetzt erfolgreicher Newsletter-Herausgeber bei *Substack*.[11]

8 https://www.media-lab.de/blog/artikel/mit-dem-media-lab-durch-die-krise-kopie-359, aufgerufen am 03.02.2021, 10.30 Uhr.

9 https://www.forbes.com/sites/falonfatemi/2021/01/20/the-rise-of-substack-and-whats-behind-it/?sh=3abc0a48159f, aufgerufen am 8.6.2022, 15.33 Uhr.

10 https://www.theverge.com/22159571/substack-ceo-chris-best-interview-newsletter-subscription-model-journalism-decoder-podcast, aufgerufen am 8.6.2022, 15.33 Uhr.

11 Original-Zitat: »I think many people in the journalism world saw how quickly their business fortunes can change during Covid and decided they would rather run their own business as opposed to be dependent on another businesses' ebbs and flows.« https://www.axios.com/pandemic-spurs-journalists-to-go-it-alone-via-email-613ca2d5-e8d5-4235-9582-48cc028e9d8b.html, aufgerufen am 8.6.2022, 15.35 Uhr.

Aber nicht jede:r Journalist:in ist für die ›Creator Economy‹ geeignet. Sich selbst zu einer Marke zu machen, reicht nicht aus, um erfolgreich ein eigenes Business aufzubauen. Ohne Geschäftssinn funktioniert es nicht. Es ist obligatorisch, dass sich Journalist:innen mit eigenem Start-up nicht nur über Inhalte und Zielgruppen, sondern auch über die Wirtschaftlichkeit ihres Unternehmens Gedanken machen. Und das ist neu für die meisten.

In vielen journalistischen Ausbildungen, ob Studium oder Volontariat, gibt es keinen Bereich, der ökonomisches Denken lehrt oder zeigt, wie man gründet. Eine gewisse Affinität für Zahlen sollten Journalist:innen, die sich selbstständig machen wollen, also mitbringen – auch wenn ihr Kerngeschäft darin besteht, zu recherchieren, zu schreiben und zu publizieren. Das gilt für den eigenen Newsletter wie für alle anderen Ideen. Wer davor nicht zurückschreckt, für den oder die eröffnet sich mit Newslettern eine neue Publikationswelt, die vor allem eins ist: vielversprechend. Für die Mutigen.

»Neun von zehn Stellvertretern führen ihre Mitarbeiter nach eigener Einschätzung überwiegend oder sogar auf Augenhöhe.«

ALEXANDER MARINOS

Schmid oder Schmidchen?

Wie ändert sich die Rolle Stellvertreter in Redaktionsleitungen? Alexander Marinos, stellvertretender Chefredakteur der Westdeutschen Allgemeinen Zeitung, *gibt Tipps für eine gelingende Stellvertretung.*

An wen wendet man sich bevorzugt, wenn man etwas benötigt, zum Beispiel eine Entscheidung? An Schmid oder an Schmidchen? »Es ist besser beym Schmid, dann beym Schmidlin zu beschlagen«, heißt es schon 1541 bei Sebastian Franck in seiner riesigen Sammlung *Sprichwörter/Schöne/Weise/Herrliche Clugreden und Hoffsprüch* (S. 154). »Das Beste oder nichts« wurde 2010 zum Werbeslogan einer deutschen Nobel-Automarke. »Der Erste oder keiner« wäre die Analogie dazu, wenn es darum geht, wie Chefs und ihre Stellvertreter wahrgenommen werden. Es ist offensichtlich: Schmidchen zu sein ist kein Zuckerschlecken.

Dabei steckt in Stellvertretung der Schlüssel zu moderner, arbeitsteiliger Führung insgesamt – und zur erfolgreichen Gestaltung der existenziell notwendigen digitalen Transformation der sich wandelnden Zeitungsverlage. Denn Stellvertreter können, mehr oder weniger aus der Not heraus geboren, meist etwas ganz besonders gut, was im Umgang mit all den zunehmend spezialisierten Mitarbeitern in den Redaktionen essenziell ist. Mit nur eingeschränkten disziplinarischen Befugnissen ausgestattet, verstehen Stellvertreter eine Menge davon,

Teams durch Kommunikation und Motivation, durch Delegation und Beteiligung zu steuern. Sie sind Experten für laterale Führung und damit die geborenen Change-Manager und Projektleiter.

Mehr noch: Starke Stellvertreter sind im Grunde die besseren Chefs. Sie haben gelernt, gut zuzuhören, statt nur zu reden – und sie sehen, eher auf Augenhöhe zu den Kollegen in den Teams agierend, genauer hin. Gerade in dezentral aufgestellten Teams ist das besonders wichtig, um etwa rechtzeitig zu erkennen, wenn es einem Kollegen im Homeoffice nicht gut geht.

Damit Stellvertretung in diesem Sinne optimal gelingen kann, muss aus Schmidchen ein zweiter Schmid neben dem Schmid werden. Zu einer idealen Stellvertretung gehört

- eine klare und für jeden erkennbare Arbeitsteilung mit dem Chef
- die Befugnis, im Rahmen der zugewiesenen Aufgaben bis zu einem gewissen Grad letzte Entscheidungen treffen zu dürfen
- die Freiheit, das Team im zugewiesenen Verantwortungsbereich eigenständig auch bei Anwesenheit des Chefs zu führen
- die Aufgabe, bei Abwesenheit des Chefs dessen Job zusätzlich nahezu vollständig zu übernehmen und so – mit Abstrichen – eine Eins-zu-eins-Vertretung ohne Stillstand zu gewährleisten.

Die Antwort auf die Frage, wie oft so ein ›idealer Stellvertreter‹ tatsächlich in freier Wildbahn anzutreffen ist, liefert eine Online-Befragung von 400 Stellvertretern in den Redaktionsleitungen deutscher Verlage Anfang 2020. Immerhin jeder vierte Befragte beteiligte sich daran, was für einen ansonsten überforschten Bereich erstaunlich viel ist. Eine solche Stellvertreter-Befragung hatte es in der Branche zuvor noch nie gegeben. Überhaupt ist das Thema Stellvertretung in der branchenübergreifenden Organisationsforschung eher unterbelichtet.

Die Ergebnisse auf den Punkt gebracht: Die meisten stellvertretenden Chefredakteure sind mit ihren Chefs durchaus im Zeitalter moderner polyzentrischer Führung angekommen. Die Herausforderungen an das Redaktionsmanagement sind einfach zu groß, um nur auf den Schultern der Nummer eins zu lasten. Also Friede, Freude? Pustekuchen! Vor allem bei den Vizes von Lokalchefs und Ressortleitern besteht noch eine Menge Luft nach oben. Und für alle Hierarchieebenen gilt: Komplett ausgereizt werden die Möglichkeiten, die das Führen aus der zweiten Reihe bietet, nur in den seltensten Fällen.

Zu den Hindernissen, mit denen die Halb-Hierarchen im Alltag kämpfen müssen, gehört ihre Sandwich-Position. Jeder zweite Vize beantwortet die Frage, ob er seinem Chef oder den Mitarbeitern nähersteht, mit »beiden Seiten gleich nahe«. Da sind Loyalitätsprobleme programmiert. Vor allem auf Ressortleiter-Ebene sitzen Stellvertreter zwischen allen Stühlen. Auf der Ebene der Chefredaktionen gibt es dagegen eine deutlich stärkere Loyalität hin zum Chef. Und Loyalität ist ja bekanntlich keine Einbahnstraße.

Erhält der Stellvertreter einen großen Vertrauensvorschuss und ausreichenden Gestaltungsspielraum von ›oben‹, kann er nach ›unten‹, oder besser: zur Seite hin, optimal agieren, also moderieren, kooperieren und delegieren. Das hilft im Umgang mit den (hoffentlich) immer zahlreicher werdenden Digital Natives ungemein, die von ihren Vorgesetzten Verständigung, Beteiligung und die Zuweisung von Verantwortung erwarten. Autoritäre Ansagen würden auf die Wissensarbeiter von heute, die sich in den basisdemokratisch funktionierenden sozialen Netzwerken zu Hause fühlen, eher befremdlich wirken und sie im Zweifel in die Flucht schlagen.

Neun von zehn Stellvertretern führen ihre Mitarbeiter nach eigener Einschätzung überwiegend oder sogar voll und ganz auf Augenhöhe. Nur eine kleine Minderheit beurteilt den eigenen Führungsstil als (überwiegend) »direktiv, nicht kommunikativ«. Auch den Chefs wird mehrheitlich unterstellt, überwiegend lateral zu führen. Allerdings sind die direktiven Anteile den Befragten zufolge hier deutlich höher als bei den Stellvertretern.

Ein tief reichender Change ohne die dahinter liegende passende Führungskultur, ohne Kommunikation, Transparenz und ständige Delegation, ist schlicht nicht vorstellbar. Top-down-Vorgaben, die keiner mitträgt, bestehen den Praxistest nicht und verkommen zu Papiertigern. Dann heißt es nach dem Rundschreiben aus der Chefredaktion einmal mehr: gelesen, gelacht, gelocht.

Wer als Redaktionsmanager also einen nachhaltigen Wandel anstrebt, etwa weg von einer printzentrierten Produktion hin zu einem konsequenten Online-first-Modell, der sollte einen Stellvertreter an die Spitze des Projektes stellen. Als Halbhierarch ist er immer Innovator und Routine-Vertreter in einem. Routine-Vertreter, von Topmanagern gerne als Bremser verspottet, sorgen für Prozess- und Produktionssicherheit während und nach der Transformation. Sie sind es, die darauf achten, dass in alle Entscheidungsprozesse Praktiker eingebunden sind, die sagen, was geht und was nicht geht, kurz: die Planungsruinen verhindern.

Stellvertreter können in (ursprünglich) hierarchisch geprägten Kontexten eine fruchtbare Kommunikation zwischen Chefs und Mitarbeitern in Gang bringen und halten; sie können alle Teammitglieder aufgrund ihrer größeren Nähe zum Operativen einbinden und beteiligen. Voraussetzung ist, dass sie entsprechend ermächtigt werden, um diese geliehene Macht dann selbst weiter abgeben zu können. Die Führung eines erfolgreichen Unternehmens ist schließlich nicht die Aufgabe von einem oder wenigen, sondern von allen.

Dazu bedarf es Stellvertreter, die mehr tun (dürfen), als bei Abwesenheit des Chefs die Stellung zu halten, um ja nichts kaputt zu machen. Das Idealbild ist das des fast gleichberechtigten Co-Chefs. Nur knapp jeder dritte der Befragten sieht sich allerdings in einer solchen herausgehobenen Rolle.

Immerhin schätzt sich jeder zweite Stellvertreter als ständige Nummer zwei ein, die vollständig an die Stelle des Chefs tritt, wenn dieser etwa durch Krankheit oder Urlaub verhindert ist. Diese Abwesenheitsvertretung kann als Primäraufgabe von Stellvertretung verstanden werden. Um Stillstand zu vermeiden, vertritt der Stellvertreter die Stelle – nicht den Stelleninhaber.

Dieser kleine Zusatz klingt trivial, ist es aber ganz und gar nicht. Denn er führt mitten hinein in die Absonderlichkeiten und inneren Widersprüche von Stellvertretung.

- Stellvertreter vertreten die Stelle; aber sie sollen natürlich im Geiste des Stelleninhabers handeln.
- Gefordert ist eine Eins-zu-eins-Abwesenheitsvertretung ohne Stillstand; aber ein vernünftiger Stellvertreter wird in Abwesenheit des Chefs nicht ohne Not und Absprache irreversible Entscheidungen von fundamental-strategischer Bedeutung treffen.

- Stellvertretung wertet den Chef auf, denn dessen Stelle ist so wichtig, dass sie nicht verwaisen darf; aber Stellvertretung wertet den Chef zugleich auch ab, weil sich dann meist zeigt, dass der Chef durchaus ersetzbar ist.

Wer sich mit Stellvertretung beschäftigt, stößt andauernd auf solche Paradoxien. Hier ist noch so eine: Starke Chefs brauchen und wollen starke Stellvertreter, ausgestattet mit vielen geliehenen Kompetenzen. Im Idealfall ist der Stellvertreter ein Chef neben dem Chef, und der eigentliche Stelleninhaber ist dann der ›Primus inter pares‹. Nur: Kann es das überhaupt geben, einen Ersten unter Gleichen? Die Antwort lautet: nein. Denn wo es einen Ersten gibt, gibt es keine Gleichheit, und wo Gleichheit herrscht, gibt es keinen Ersten.

Der Idealfall ist im Grunde die Annäherung an ein nicht zu erreichendes Ziel. Das erinnert an den (verzweifelten?) Versuch, objektiv über etwas berichten zu wollen. Fundamental unzufrieden macht das einen Großteil der Stellvertreter offenbar nicht: Jeder zweite kann sich gut vorstellen zu bleiben, was er ist. Nicht einmal jeder vierte strebt danach, einmal dem eigenen Chef zu folgen.

Auch die meisten derjenigen Stellvertreter, die sich in der Befragung selbst als »Libero« oder »Graue Eminenz« einstufen (insgesamt zehn Prozent), wollen bleiben, was sie sind. Kein Wunder: Sie blicken eher verächtlich auf ihre Chefs herab. Liberos machen definitionsgemäß »alles, was ihr Chef nicht kann oder schafft«. Und bei den Grauen Eminenzen, eine zum Glück seltene Spezies, heißt es: »Ihnen kann egal sein, wer unter Ihnen Chef ist.« Nach lateraler Führung klingt das freilich nicht. Aber Ausnahmen bestätigen ja die Regel.

Zehn Tipps für gelingende Stellvertretung

1. Chef und Stellvertreter sollten beide auf derselben Wellenlänge funken – aber bitte nicht dieselbe Melodie pfeifen. Das Erfolgsrezept einer funktionierenden Chef-Stellvertreter-Beziehung ist die passgenaue Unterschiedlichkeit. Wenn der eine die dunklen Stellen des anderen ausleuchtet, erstrahlen sie beide heller.

2. Wer kann was besonders gut? Die Antwort auf diese Frage führt direkt zu einem am besten schriftlich fixierten Geschäftsverteilungsplan, der festlegt, welche Aufgaben der Chef dauerhaft an seinen Stellvertreter delegiert.
3. Auch in der Abwesenheitsvertretung liegen viele Chancen. Stellvertreter, die in Abwesenheit des Chefs Dinge in Nuancen anders entscheiden, bringen Bewegung ins Unternehmen. Allerdings sollten Chefs, die krank oder im Urlaub sind, dann auch einmal für längere Zeit vollständig loslassen können. Das tut allen gut.
4. »Der Chef hat aber gesagt …« Mit dieser Floskel lassen sich unsichere Stellvertreter von den Kollegen ausbremsen – es sei denn, Chef und Vize sind grundsätzlich bestens abgestimmt.
5. Der GAU für jede Stellvertretung ist, wenn der Chef Entscheidungen seines Vizes betriebsöffentlich korrigiert. Das darf nur in absoluten Ausnahmefällen geschehen, sonst ist die ohnehin eingeschränkte Macht des Stellvertreters pulverisiert.
6. Wer sich nicht mit dem Chef anlegen will, greift zuweilen lieber seinen Vize an, weil das weniger Widerstand verspricht. In solchen Stellvertreter-Kriegen ist die Loyalität des Chefs zu seinem Vize besonders wichtig.
7. Stellvertreter sind als grundsätzlich lateral führende Halb-Hierarchen die idealen Leiter abteilungsübergreifender Projekte.
8. Unternehmen sollten Stellvertreter wie Führungskräfte behandeln und ausstatten, um sie entsprechend stark zu machen.
9. Stellvertreter können intern hervorragend als Business-Coaches eingesetzt werden. Coaching ist die konsequente Weiterentwicklung von lateraler Führung, weil Lösungen hier nicht vorgegeben, sondern mit den Kollegen erarbeitet werden.
10. Stellvertreter sollten selbst (externe) Coachings genießen, um den Job mit all seinen Widrigkeiten und Widersprüchen optimal auszufüllen.

Ausgewählte Literatur

CHOTT, P.; BODENSTEINER, P. (2011): *Konrektoren-Studie II*. München: Hanns-Seidel-Stiftung.

FRANCK, S. (1541): *Sprichwörter /Schöne Weisen /Herrliche Clugreden und Hoffsprüch*. Frankfurt/M.: Egenolff.

HÖHN, R. (1964): *Die Stellvertretung im Betrieb*. Bad Harzburg: Verlag für Wissenschaft, Wirtschaft und Technik.

KÜHL, S. (2017): *Laterales Führen*. Wiesbaden: Springer VS.

MARINOS, A. (2020): *Der ideale Stellvertreter. Eine empirisch begründete Handreichung für alle Anhänger moderner Führung*. Wiesbaden: Springer VS.

SAUER, C. (2016): *Der Stellvertreter. Erfolgreich führen aus der zweiten Reihe*. München: Hanser.

VOGEL, M. (2013): Management des Ungefähren: Zur außer-ordentlichen Position von Stellvertretern in Organisationen. In: V. VOGEL (Hrsg.): *Organisation außer Wandel* (S. 127-145). Göttingen: Vandenhoeck & Ruprecht.

»2020 war das Jahr, in dem vielen freien Mitarbeitern aus Ressorts wie Kultur, Reise oder Sport die komplette Berichterstattungsgrundlage entzogen wurde. Aber es war auch das Jahr, in dem der Bedarf an verlässlichen Hintergrundinformationen so groß wie lange nicht war und bis dato ist.«

JON MENDRALA

Schneise der Verwüstung

Seit Jahren bekommen viele Redaktionen ein Sparprogramm nach dem anderen aufgebrummt. Das wirkt sich auf den Journalismus aus, glaubt der freie Journalist Jon Mendrala: Die andauernde Corona-Pandemie funktioniere wie ein Brennglas und lasse diese strukturellen Probleme deutlich stärker zutage treten. Im Gegenzug liefert die Ausnahmesituation vielen Redaktions-, Verlags- und Geschäftsleitungen eine willkommene Erzählung, um weitere harte Einschnitte zu rechtfertigen. Doch wohin führt das?

Es kommt bedrohlich immer näher. In dem Kinderbuchklassiker *Die Unendliche Geschichte* von Michael Ende fliehen die Bewohner Phantásiens vor einer schwarzen Masse, die alles verschlingt und absorbiert: Alle Wesen, aber auch die Gebäude und Bäume. Zurück bleibt eben nur das Nichts.

So ähnlich muss sich für tausende Menschen Corona angefühlt haben: Sicherheiten, Gewissheiten, Absicherungen – alles hinweggefegt durch eine Pandemie. Und anders als alle Krisen der vergangenen Jahrzehnte, hat diese früher oder später und stärker oder schwächer konkrete Auswirkungen auf jeden einzelnen Menschen. Corona heißt ›Krone‹; aufgesetzt wird sie dem Träger in einem feierlichen Akt. Der Höhepunkt im Leben des Monarchen. Doch die wesensimmanente Kehrseite dieser

Logik ist auch: Danach geht es erst einmal nur noch bergab. Und damit ist man in der harten Realität. Ob Tourismus, Kultur oder das Gaststättengewerbe – überall herrscht Grabesstimmung.

Doch gerade der Journalismus ist so unglücklich mit diesem Thema verquickt, wie wohl kaum ein anderer Arbeitsbereich: Während die deutsche Bundesregierung nach Worten des jetzigen Bundeskanzlers und damaligen Finanzministers die ›Bazooka‹ rausholt, um die Verwerfungen des Covid-Kollapses abzufedern, zieht sich Corona durch viele Medienhäuser dennoch wie eine Schneise der Verwüstung.

Das Jahr der harten Einschnitte

2020 war das Jahr, in dem vielen freien Mitarbeitern aus Ressorts wie Kultur, Reise oder Sport die komplette Berichterstattungsgrundlage entzogen wurde. Aber es war auch das Jahr, in dem – wegen der sich stetig ändernden Lage – der Bedarf an verlässlichen Hintergrundinformationen so groß wie lange nicht war und bis dato ist. Und es ist auch das Jahr, in dem auch die Auflagezahlen bei vielen Publikationen zum ersten Mal seit vielen Jahren wieder in die Höhe schnellten. Doch der Lockdown und ein damit einhergehender eingeschränkter Konsum bedeuten eben auch, dass vielen Anzeigenabteilungen die lukrativen Beilagen ausbleiben.

Die Logik des tagesaktuellen Journalismus klopft mit beiden Fäusten an die Redaktionsstuben. Denn nach wie vor gibt es praktisch nur ein Thema: Corona. Und das spielt sich seit Monaten ausschließlich in der Tagesaktualität der Newsrooms ab. So sorgt die Pandemie nicht nur im Wirtschaftsleben für erhebliche Probleme, auch die Verlagshäuser, Rundfunkanstalten und Agenturen im größten Medienmarkt Europas sind betroffen wie nie: Für alle war 2020 das Jahr der harten Einschnitte. Ob nun ungeplante Mehrausgaben für deutlich mehr – und deutlich teureres – aktuelles Pandemie-Programm, wie bei den Fernseh- und Hörfunksendern oder gestiegene Leserzahlen, aber drastisch sinkende Werbeeinnahmen bei den Verlagen. Alles hängt am Ende auch mit Corona zusammen.

Es ist nicht nur ein Gefühl, sondern belegter Fakt: Corona hat bei den Medien für einen drastischen Rückgang der Anzeigenumsätze gesorgt, zum Teil um bis zu 80 Prozent hat der Deutsche Journalisten-Verband errechnet. Diese Einbußen konnten nur teilweise durch ein deutliches Plus bei den Abonnements kompensiert werden. Zwar stimmte der Quartalsbericht der deutschen Medienwirtschaft wieder vorsichtig optimistisch, und auch Streamingdienste und Podcasting-Formate konnten in der Krise von Home-Office und dem reduzierten Leben auf Spaziergängen profitieren. Doch wie nachhaltig ist das?

Springer hat den Abschied von der Börse beschlossen, DuMont die Pleite wohl noch gerade so abwenden können, und mehrere deutsche Verlagshäuser haben sich von ausländischen Märkten zurückgezogen, die es noch härter getroffen hat. Aber auch in heimischen Gefilden wird umgebaut: So hat die Bauer Media Group bereits angekündigt, ganze Titel einzustampfen; auch die Produktion wird outgesourct, etliche Mitarbeiter bangen um ihre Jobs. Mit den beschlossenen Maßnahmen schaffe der Konzern »die wirtschaftlichen Grundlagen, um dieses für Leserinnen und Leser wichtige Segment sicher durch die Krise zu steuern«, heißt es per Presseaussendung.

Journalistische Sparprogramme und Einstellungsstopp

Gruner+Jahr, eines der größten Verlagshäuser des Kontinents, das zum Bertelsmann-Konzern gehört, verkündete im September 2020 das Ende der Kurzarbeit für weite Teile der Belegschaft, so zum Beispiel für die Redaktion des *Stern*. Die Bilanz rettet dem Mutterkonzern vor allem die Buchsparte. In Deutschlands Stuben wird im Lockdown immerhin gerne geschmökert. *Der Spiegel* hat im Corona-Jahr ein zehn Millionen Euro teures Sparprogramm aufgelegt, nachdem »deutlich negative Tendenzen« von Geschäftsführer Thomas Hass ausgemacht wurden und die Mitarbeiter darüber informiert wurden, dass das Haus trotz guter Rücklagen intensiv prüfe, wie man in »einer möglicherweise anhaltend wirtschaftlich schwierigen Situation umgehen könne.«

Auch die Funke Mediengruppe (*Hamburger Abendblatt*, WAZ) oder die Medienholding SWMH, zu der die *Stuttgarter Zeitung* und die *Süddeutsche Zeitung* gehören, haben 2020 Kurzarbeit angemeldet. Bei der SZ in München wurde zudem jeder zehnte Arbeitsplatz gestrichen; wer freiwillig geht, bekommt – je nach Betriebszugehörigkeit – bis zu 130.000 Euro Abfindung. Schnell Entschiedene noch einmal 30.000 Euro als Sonderprämie obendrauf. Staatliche Kurzarbeit – oder Hilfsgelder aus Corona-Sondertöpfen könnten das Problem einzelner Häuser aber auch perpetuieren, fürchten andere, da sich systemisch nichts ändere.

Der NORDDEUTSCHE RUNDFUNK, der Programm für die vier Bundesländer Hamburg, Schleswig-Holstein, Niedersachsen und Mecklenburg-Vorpommern macht, hat bereits im Mai 2020 ein 300 Millionen Euro Sparpaket bis 2024 angekündigt. Darin: ein weitestgehender Stopp für Neueinstellungen, teilweise bis 2028, dazu der Abbau von rund 200 festen Stellen, über einen Wegfall von rund 300 Reporterstellen für Freie in den kommenden Jahren wird spekuliert.

Pandemie als willkommener Anlass für den großen Kehraus

Auch der ESC – inklusive deutschem Vorentscheid, den der NDR seit Jahren für die ARD organisiert, könnte nun auf künftig deutlich abgespeckt werden. Teure Sportrechte werden wohl wegfallen, und das Haus könnte zwei bis drei *Tatorte* pro Jahr weniger für den gemeinsamen ARD-Sendeplatz am Sonntagabend beisteuern.

In vielen Sendungen werden die Talkanteile aufgestockt, statt mit teuren Einspielfilmen. Sich ähnelnde Service-Formate wie *Markt* oder *visite* tauschen innerhalb des ARD-Verbunds deutlich stärker ihre Inhalte aus, so dass künftig wohl auch Zuschauer in Flensburg oder Rostock den Gartengrill-Test vom WDR oder die Zuschauer in Essen oder Münster die Herz-OP mit den Experten des Uniklinikums Eppendorf aus Hamburg angeboten bekommen.

Statt wie bislang mit einem Reporter und einem EB-Team – bestehend aus Kameramann nebst Assistenten oder Tontechniker – soll künftig der VJ-Einsatz, eines Videojournalisten mit kleiner Kamera und deutlich geringeren Kosten die aktuelle Produktion übernehmen. Selbst die sogenannte ›smart production‹ mit iPhone ist mittlerweile denkbar und wird bereits erprobt. Selbst für Flaggschiffe wie die Nachrichtensendungen.

Für viele Betrachter von außen ein überfälliger Schritt, um Ressourcen zu bündeln und Synergien zu schaffen. Für die Befindlichkeiten der neun eigenständigen Landesrundfunkanstalten, die als ARD kooperieren, galt bislang das Prinzip der regionalen und qualitativ hochwertigen Berichterstattung als heilig. Für viele der momentan rund 1.100 freien Mitarbeiter, die der NDR beschäftigt und die auf Honorare angewiesen sind und darüber hinaus keine festen Sockelbeträge im Monat lukrieren, sind diese Veränderungen vor allem eins: ein Grund zur Sorge.

Es scheint, als sei die Pandemie auch ein willkommener Anlass für den großen Kehraus: An Mitarbeitern, aber auch an Mechanismen und Macharten, die bislang kaum hinterfragt wurden. Dass obendrein auch noch die Gebührenerhöhung für ARD, ZDF und DEUTSCHLANDFUNK zunächst ausgeblieben war, selbst wenn es sich um eine politische Scharade in Sachsen-Anhalt handelt, passte ins dunkle Bild. Mittlerweile hat das Bundesverfassungsgericht den Weg für eine Gebührenanpassung frei gemacht. Durchatmen bei den mehr 25.000 festangestellten Mitarbeitenden der öffentlich-rechtlichen Sendeanstalten.

Doch wer mitten in der Krise mit sich selbst beschäftigt ist, verliert möglicherweise auch die Rezipienten und ihre Bedürfnisse aus den Augen. Und nicht nur das: Wohin geht von hieraus die Reise? Das ist die große Leitfrage der deutschen Medienwelt. Wo ist das nächste TikTok des Journalismus? Wo das nächste nicht-fiktionale Netflix? Start-ups aus den Bereichen Medien beschäftigen sich so gut wie nie mit Inhalten, sondern bestenfalls mit Technik, Daten oder Distribution. Dabei ist der Bedarf nach Wissen groß: Wo früher über das Wetter oder den Restaurantbesuch geplaudert wurde, spricht man jetzt wie selbstverständlich über Aerosole, Inzidenzen und R-Wert.

Recherchen von zu Hause aus

Es ist auch ein Comeback der Wissenschaft und der Frage nach Glaubwürdigkeit. Ob Drosten, Addo oder Streek – Virologen werden zu ›household names‹. Das Vertrauen in Wissenschaft und Forschung – und deren Erkenntnisse – ist so hoch wie lange nicht. Kein Wunder: denn Hoffnung auf den Tag X, an dem alles wieder wie früher wird, ist für Millionen von Menschen das Einzige, was sie durchhalten lässt. Der mediale Countdown zum ›Freedom Day‹ im Frühjahr 2022 liegt bereits in der Luft. Denn nicht wenige sehnen sich nach viel mehr zurück, als nur auf das Ende dieser einzig großen Video-Konferenz in Endlosschleife mit all ihren Tücken. Was einst als ›unsendbar‹ oder technisch unzumutbar galt, ist heute Standard: rauschende O-Töne und Archivfotos, statt Kamerateam eine Videoschalte; dazu alle Recherchen von zu Hause aus: Die Pandemie spart so auch subkutan – und in den Diensten des Infektionsschutzes – den Redaktionen bares Geld.

Auch wenn es ein wie auf immer geartetes ›zurück auf Los‹ nicht geben wird; nicht geben kann. Auch die Journalistinnen und Journalisten werden nach der Pandemie nicht mehr zurückgehen können. Dafür hat sich seismographisch und atmosphärisch zu viel in der Gesellschaft in kurzer Zeit bewegt. Mit Implikationen für das eigene Rollenverständnis.

Und das führt uns zu Mount Everest Erstbesteiger Sir Edmund Hillarys schöner Anekdote, dass er erst von seiner Leistung überzeugt war, als er – zurück im Basislager – auf dem Transistorradio die Nachricht über seine Heldentat im BBC WORLD SERVICE gehört hatte. Denn nur wenn es tatsächlich stimmte, würde es die BBC schließlich auch verbreiten; so seine bestechende Logik. Genau diese uneingeschränkte ›trustworthyness‹ ist daher womöglich das wichtigste Ziel, dass jede Redaktion wieder anstreben sollte. Gerade um die Gefahr des schleichenden Unterminierens von Verschwörungsideologien tausender Demokratieverächter und Menschenfeinde, die sich mit Fake News, Abstrusitäten, Gewaltverherrlichung und Umsturzfantasien in einem digitalen Paralleluniversum breit gemacht haben – und sich mittlerweile einer erschreckend hohen Zustimmung erfreuen. Und auch immer stärker auf die Straßen trauen.

Auch wenn das Reichstagsgebäude im Herbst 2020 – anders als das Capitol in Washington im Januar 2021 – nicht von einem Mob ebenjener Couleur gestürmt wurde, die potenzielle Gefahr, die von derlei gesteuerten Falschbehauptungen ausgehen kann, ist nicht mehr zu leugnen. Genausowenig wie die Trennung von analoger und digitaler Welt. Es gibt nur noch eine Welt, die mit beiden Sphären interagiert und interdependent ist.

Auch das ist eine Lehre aus Corona. Man hätte sich kaum eine größere Chance wünschen können, als aller Welt die Bedeutsamkeit verlässlicher

Daten, Zahlen und Fakten noch einmal vor Augen führen können. Doch wie müssen diese aufbereitet sein – und auf welchen Kanälen sollen sie verteilt werden, damit sie möglichst viele Menschen erreichen und von ihnen als essenziell wahrgenommen werden. Was also ist der neue *raison d'être* des Journalismus?

Das selbsternannte ›Bollwerk der Demokratie‹ ist über Jahre sturmreif geschossen worden. Und auch von vielen allein gelassen und verächtlich gemacht worden. Doch diese alten Rechnungen kann der Journalismus nicht mehr begleichen. Dafür ist die Lage zu Ernst – und die über allem stehende Frage zu drängend. Nämlich: Wie gewinnen wir die Deutungshoheit zurück? Beantworten kann sie momentan noch keiner, denn irgendwann ist auch der Bedarf an neuen digitalen, interaktiven Zoom-Formaten oder weiteren Podcasts beim Hörer-, Leser- oder Zuschauer erschöpft.

Das Prinzip Hoffnung lebt. Doch die beiden Krisenjahre – 2020 und auch 2021 – und vermutlich auch noch weite Teile 2022 – wirbeln viele Gewissheiten durcheinander: Für etliche freie Journalisten eh – aber auch für langjährig Festangestellte hat die Corona-Pandemie vieles auf den Kopf gestellt. Wie es tatsächlich aus der Krise weitergeht und welche Langzeitfolgen bleiben, ist ungewiss. Klar ist nur: Es braucht nicht nur Ideen, sondern auch Geld und Mut in dieser Stunde null. Und wie in der *Unendlichen Geschichte* ist das ›Nichts‹ die Manifestation einer tödlichen Krankheit. Die Helden können ihm im allerletzten Moment entkommen. Aber sie bleiben gezeichnet.

»Corona ist zu einem Innovationstreiber für die lokalen und regionalen Tageszeitungen erwiesen. Der Termindruck fällt weg, weil es die klassischen Termine kaum noch gibt. Das schafft Raum für selbst gesetzte Themen.«

ANKE VEHMEIER

Die Stunde des Lokalen

Veranstaltungen werden abgesagt. Themen brechen weg. Termine auch. Arbeitsabläufe müssen völlig neu organisiert werden. Redakteur:innen arbeiten im Homeoffice. Komplette Redaktionen werden in Kurzarbeit geschickt. Gleichzeitig verstärkt sich der wirtschaftliche Druck auf die Medienhäuser, weil viele Kunden weniger Anzeigen schalten. Und die Leser? Sie zeigen plötzlich neues Interesse an der lokalen Tageszeitung, stellt die Journalistin und Leiterin des Lokaljournalistenprogramms der Bundeszentrale für Politische Bildung, Anke Vehmeier, fest.

Die Corona-Krise hat Lokalzeitungen hart getroffen. Und gleichzeitig stößt sie Türen auf und macht unmöglich Geglaubtes möglich. Denn in der Pandemie wird die Kreativität herausgefordert. Die Bedeutung der Lokaljournalist:innen als Lotsen durch diese außergewöhnliche Zeit ist messbar gestiegen. Im Lokalen führt an der Tageszeitung mit ihren vielen digitalen Beibooten kein Weg vorbei: Laut einer Forsa-Bevölkerungsumfrage von 2019 interessieren sich 60 Prozent der befragten Bundesbürger:innen stark oder sehr stark für das politische Geschehen in ihrer Stadt oder Gemeinde. 69 Prozent der Befragten geben an, insgesamt gut über das lokale Geschehen informiert zu sein. In Corona-

Zeiten dürfte das Interesse am lokalen Geschehen gestiegen sein, da die Menschen noch stärker an ihre nahe und nächste Umgebung gebunden sind. Entsprechend hoch ist das Informationsbedürfnis an lokalen Themen. Dabei ist die Tageszeitung das Informationsmedium Nummer eins.

Damit sind auch die Anforderungen an die lokalen Medien gestiegen: Sie sollen ihre Leser und User durch die kommunale gesellschaftspolitische, wirtschaftliche, kulturelle, sportliche Welt navigieren, sie sind als Fakten-Checker in Social Media gefragt und sollen wichtige Service-Informationen sowie professionellen und relevanten Lokaljournalismus bieten. Eine Mammutaufgabe für Redaktionen, denn um sie zu bewältigen, braucht es gute Konzepte.

Nachrichten kennen keinen Lockdown

Insbesondere der Lokaljournalismus mit seinem regionalen Fokus auf die Auswirkungen der Pandemie nimmt eine bedeutende Rolle ein in der mitunter komplexen Nachrichtenflut. Es wird nach qualitativem Lokaljournalismus gesucht, denn nur er bietet verlässliche Informationen für die Gemengelage vor Ort. Dass die Inhalte der lokalen Medien gefragter denn je sind, belegen steigende Klickzahlen und Digitalabos der Tageszeitungen. Redaktionsleiter:innen berichten von einer positiven Entwicklung des Online-Leser:innenmarktes mit Steigerungen um teilweise 50 Prozent und großer Nachfrage nach Premium-Inhalten, also Geschichten hinter der Bezahlschranke. Hier werden Steigerungen in dreistelliger Höhe genannt.

Gleichzeitig hat sich Corona zu einem Innovationstreiber für die lokalen und regionalen Tageszeitungen erwiesen. Der Termindruck fällt weg, weil es die klassischen Termine kaum noch gibt. Das schafft Raum für die Recherche selbst gesetzter Themen.

Lokaljournalismus beweist in dieser Zeit, wie leistungsfähig er sein kann. Begriffe wie Heimat, Nachbarschaft und Solidarität bekommen eine neue Bedeutung, die vor allem von den Lokalzeitungen herausgearbeitet werden. Und die Leser:innen? Chefredaktionen lokaler und regionaler Tageszeitungen berichten, dass die Mediennutzer:innen den Lokaljournalismus (neu) entdecken und in einer qualitativ hochwertigen Berichterstattung erkennen, welchen Mehrwert er für ihr Leben bietet.

Innovative Redaktionen sind selbstbewusster und selbstbestimmter unterwegs. Das heißt, der große Schritt vom Termin- zum Themenjournalismus vollzieht sich rasant. Und auch die oft geforderte Transformation in die digitale Medienwelt erfährt durch diese Situation eine Eigendynamik. Redaktionen sind quasi ›turbotransformiert‹ – oder wären es zumindest gern.

Es wird sich zeigen, ob sich Redaktionen in der Corona-Krise wirklich weiterentwickelt haben. Und ob sie es nachhaltig tun, müssen sie erst noch beweisen. Denn die drängenden Fragen bleiben die alten: Wen erreichen lokale und regionale Redaktionen mit ihren Inhalten überhaupt (noch)? Wie kann es gelingen, die Nutzer:innen zu binden und neue zu begeistern? Wie lassen sich die gesellschaftspolitischen Fragen beantworten, und wie wird politischer Diskurs gefördert? Wie vermittelt Lokaljournalismus kommunalpolitisches Wissen und Verantwortung für die Demokratie? Wie gelingt es, neue digitale Erlösmodelle zu erfinden und zu etablieren?

Und überhaupt: Was sollen lokale und regionale Medien heute leisten – und was lieber nicht? Wo steht der Lokaljournalismus überhaupt?

Journalisten haben die Aufgabe, Ereignisse, Entwicklungen und Hintergründe öffentlich zu machen. Aber die Anforderungen an professionelle lokale Berichterstattung sind heute weitaus umfangreicher und ambitionierter als früher. Erst wenn es gelingt, diese zu meistern, entsteht moderner, attraktiver und leistungsstarker Lokaljournalismus.

Denn qualitätsvoller Lokaljournalismus identifiziert Akteure, analysiert die wirkenden Kräfte aus den Bereichen Politik, Wirtschaft, Gesellschaft, Kultur und Sport und bietet Orientierung, damit sich Bürger*innen eine eigene Meinung bilden können und sich aktiv einmischen.

Relevanz als Methode

Relevanz entsteht, wenn Themen und Bedürfnisse aufgezeigt werden, die viele Menschen bewegen und unterschiedliche Meinungen hervorrufen. Im Sinne eines konstruktiven Lokaljournalismus geht es darum, Probleme und Kontroversen vor Ort wie sanierungsbedürftige Brücken, fehlende Kita-Plätze oder Stadtentwicklung und Wohnungsmarkt nicht nur aufzuzeigen, sondern Lösungen anzubieten (vgl. die Beiträge von Urner sowie Kramp und Weichert in diesem Band). Dieser Ansatz bedeutet ein Umdenken, ist aufwendig und erfordert Kompetenz, journalistische Intelligenz und Professionalität. Und vor allem benötigt die Redaktion dafür ein Konzept für die konsequente Umsetzung. Dieses führt zu einer Qualitätssteigerung und zu steigender Nutzwertigkeit für Leser:innen und User:innen. Mehrwert und geldwerter Nutzen sind dann (hoffentlich) offensichtlich. Allerorten zeigen sich Defizite: Die Chronistenpflicht reicht den Mediennutzer:innen heute nicht mehr. Sie fragen: Welchen Nutzen habe ich von diesem Artikel? In diesem Punkt ist im Lokaljournalismus reichlich Luft nach oben.

Kommunalpolitische Berichterstattung ist die Königsdisziplin im Lokalen. Doch in manchen Redaktionen läuft auf diesem Feld einiges schief, es fehlt an Kontinuität und vor allem an einem stringenten Konzept. Leistungsstarker Lokaljournalismus analysiert die Geschehnisse vor Ort wie eine permanente Betriebsprüfung. Gerade in der Berichterstattung über Kommunalpolitik offenbaren sich in dieser Hinsicht Mängel: Das Vier-Augen-Prinzip ist eine wichtige Voraussetzung – leider leidet es in vielen Lokalredaktionen. Das Redigat erschöpft sich allzu oft im Korrekturlesen auf Rechtschreibfehler (und auch das ist bisweilen eher mangelhaft). Zu selten passiert der inhaltliche Check: Wurden die richtigen Akteur*innen befragt? Wurden alle Seiten gehört? Wurde die Recherche richtig eingeordnet? Kommt die Botschaft verständlich rüber?

Gerade die Einführung der so hoch gelobten Newsrooms hätte dazu führen können, genau diese Fragen bei jedem journalistischen Artikel zu stellen und zu beantworten. Im Sinne einer Leser-Nutzen-Orientierung. Gleichsam als Qualitätsprüfung. Das ernüchternde Ergebnis: verschenkte Chance.

Gerade die saubere Recherche ist der Garant, nicht auf Fake News hereinzufallen oder sie zu verbreiten. Denn die wahren Fakten-Checker rund um das Rathaus sind die professionellen Lokaljournalist:innen. Aber nur, wenn sie mit einem Konzept arbeiten: Berichterstattung über Kommunalpolitik braucht eine neutrale Position, harte und kontinuierliche Recherche, fundiertes Wissen über die Materie, keinen Klüngel, keine Freundschaftsdienste oder falsche Rücksichtnahme auf die Mächtigen. Das Publikum erwartet von Lokaljournalisten, dass sie mutig und selbstbewusst agieren und keine Furcht haben, kritisiert zu werden.

Zugleich soll kommunalpolitische Berichterstattung:

1. Orientierung bieten: um sich eine Meinung zu bilden, Entscheidungen zu treffen, sich in Prozesse vor Ort einzumischen,
2. Praktischen Nutzwert haben: Information, Service und Ideen zur Problemlösung,
3. Spaß und Unterhaltung bieten, Infotainment und Storytelling präsentieren.
4. Erfolgreiche lokale und regionale Medienhäuser gießen diese Erwartungen in konkrete Fahrpläne und Checklisten.

Kommunalpolitik spannend erzählen!

Kommunalpolitische Berichterstattung lässt sich anders erzählen als nach Schema X, bei dem die Artikel einem Protokoll der Ratssitzung gleichen, die Positionen der Fraktionen einfach aneinandergereiht und die Beschlüsse aufgezählt werden. Spannend wird die Berichterstattung über Kommunalpolitik erst, wenn Lokaljournalist:innen genauer hinsehen und versuchen, hinter die Kulissen zu schauen. Und wenn sie erzählen – Wissenswertes, Hintergründiges und Menschliches. Wer sind die ehrenamtlichen Politiker, was treibt sie an, was frustriert sie? Wie entsteht ein Haushalt und wer schreibt ihn eigentlich? Neue Perspektiven und Fragestellungen machen Berichte über Kommunalpolitik lesenswert: Wie wird Kommunalpolitik finanziert? Wie funktioniert ein Ausschuss? Wie viel Geld kann mit kommunalpolitischen Posten im Landkreis verdient werden?

Kommunalpolitik nutzwertig übersetzen!

In der digitalen Welt leben wir in Stadt und Dorf kommunikativer und komplexer. Und Kommunalpolitik ist viel mehr als Haushalt, Honoratioren, Absprachen in Hinterzimmern. Das verlangt im Lokaljournalismus ein neues Rollenverständnis. Die Journalist:innen müssen heute wesentlich mehr erklären als vor einigen Jahren. Sie müssen aber auch so übersetzen, dass der Inhalt wirklich ankommt, und sie müssen die Anliegen der Mediennutzer berücksichtigen. Ein Bericht über die Entscheidung des Stadtrates, die Kindergartengebühren drastisch zu erhöhen, ist erst gelungen, wenn sie verständlich erklärt wird. Und die Geschichte ist dann nutzwertig, wenn sie aus der Sicht von unterschiedlichen Familien erzählt wird und die Redaktion genau durchrechnet, was die Erhöhung für jede von ihnen konkret bedeutet, wie viel Geld sie tatsächlich mehr bezahlen müssen. Und der Blick über die Stadtgrenzen: Warum fallen die Gebühren in anderen Gemeinden höher oder niedriger aus?

Kommunalpolitik multimedial präsentieren!

Fotostrecken, Videos, Podcasts. Multimedia-Grafiken. Vermeintlich trockene Fakten aus der Kommunalpolitik lassen sich mit einem digitalen Konzept attraktiv aufbereiten. Soll in einer Kommune die Straßenbeleuchtung auf moderne Technik umgerüstet werden, kann die Redaktion das nüchtern vermelden oder attraktiv visualisieren. Die Grafik könnte alte und neue Straßenlaternen zeigen sowie Kosten und Energieverbrauch vergleichen.

Auch Social Media eröffnen neue Wege für einen Dialog mit Lesern und Usern. Aber müssen Redaktionen Facebook, Twitter, Instagram & Co. konsequent nutzen? Wie kommunizieren Journalisten mit den Usern? sieht die richtige Reaktion auf User-Beiträge aus? Wie antwortet die Redaktion auf Kritik und Angriffe?

Die digitale Welt bietet jede Menge und immer neue Möglichkeiten für modernen Lokaljournalismus. Das Prinzip kann deshalb nur lauten: Mehr Mut zum Experimentieren.

»Guten Journalismus wird es nur geben, wenn es Journalist:innen als gesellschaftlicher Gruppe gelingt, ganz überwiegend mehrheitlich in stabilen wirtschaftlichen Verhältnissen zu arbeiten, ohne Angst vor prekären Lebensverhältnissen oder Altersarmut haben zu müssen.«

DENNIS BALLWIESER

In der Ruhe liegt die Kraft

*Wenn es darum geht, den Journalismus besser und widerstandfähiger zu machen, sollten sich Journalist:innen auf die Grundlagen ihres Berufs konzentrieren, meint Dennis Ballwieser. Der Arzt, Journalist und Geschäftsführer des Wort & Bild Verlags (*Apotheken Umschau*) glaubt: Sie müssen ihr Handwerkszeug beherrschen, klar und verständlich schreiben, ihre wirtschaftliche Basis kennen und ihren Horizont permanent erweitern.*

Guter Journalismus braucht: inhaltliche und wirtschaftliche Unabhängigkeit, kritische Haltung und solides Handwerkszeug. Wenn Journalist:innen untereinander über die Zukunft des Journalismus diskutieren, dann häufig darüber, wie sich die Rahmenbedingungen für den Journalismus verändern müssten. Aber: Die wirtschaftlichen und gesellschaftlichen Rahmenbedingungen sind weder kurzfristig noch allein durch Journalist:innen zu verändern. Für die Zukunft des Journalismus muss es deshalb darum gehen, dass Journalist:innen sich in die Lage versetzen, autonom ihre Interessen zu vertreten. Sie dürfen nicht darauf warten, von anderen in diese Lage versetzt zu werden, besseren Journalismus machen zu können. Sie müssen sich im Sinne eines

›Empowerments‹[1] selbst in diese Lage versetzen und die Initiative ergreifen, den bestmöglichen Journalismus machen zu können.

Angst vor prekären Lebensverhältnissen und Altersarmut

Die gute Nachricht ist, dass viele von ihnen, gerade sehr junge Journalist:innen, die Notwendigkeit zur Eigeninitiative erkannt haben, bereits aktiv sind und dafür auch keine Anleitung benötigen, erwarten oder akzeptieren würden.

Vor allem zwei Dinge sind für gute journalistische Inhalte entscheidend:

1. Sie müssen die Bedürfnisse der Nutzer:innen befriedigen und maximal verständlich sein.
2. Die Arbeit von Journalist:innen muss transparent, dokumentiert und nachvollziehbar sein sowie den Grundsätzen wissenschaftlichen Arbeitens entsprechen.

Ein dritter Punkt ist für die Branche existenziell wichtig, auch wenn er nicht direkt mit den Inhalten zusammenhängt:

3. Journalist:innen müssen die wirtschaftlichen Rahmenbedingungen verstehen und ihr persönliches Geschäftsmodell gestalten, ob abhängig beschäftigt oder freiberuflich.

Guten Journalismus wird es nur geben, wenn es Journalist:innen als gesellschaftlicher Gruppe gelingt, ganz überwiegend mehrheitlich in stabilen wirtschaftlichen Verhältnissen zu arbeiten, ohne Angst vor prekären Lebensverhältnissen oder Altersarmut haben zu müssen. Es wird künftig weniger hauptberufliche Journalist:innen geben, die ihren Lebensunterhalt ausschließlich durch journalistische Arbeit bestreiten können. Infolgedessen wird auch entweder das Angebot hochwertiger journalistischer Inhalte knapper oder für Nutzer:innen teurer werden. Und die Journalist:innen werden in der Summe unter noch höherem Druck und stärker in der Öffentlichkeit stehen und – wie in vielen anderen Berufen auch – sich intensiver lebenslang weiterbilden müssen.

1 Vgl. für die Grundlagen z. B. LENZ, ALBERT (Hrsg.): *Empowerment. Handbuch für die ressourcenorientierte Praxis*. Tübingen 2011.

Für die Qualität des Journalismus muss das nicht ausschließlich negativ sein. Doch daraus ergibt sich für Journalist:innen neben der Aufgabe, unternehmerisch zu denken und zu handeln, auch eine Aufgabe für Medienunternehmen, das eigene journalistische Geschäftsmodell weiterzuentwickeln.

Journalismus muss sich konsequent dem Informationsbedürfnis der Nutzer:innen unterwerfen. Das gilt für alle Ressorts und über das gesamte Spektrum vom investigativen über den feuilletonistischen bis zum Ratgeberjournalismus. Es geht nicht darum, die Berichterstattung an der Nachfrage bei Suchmaschinen auszurichten oder Populismus und Sensationsgier zu bedienen. Das Informationsbedürfnis ist etwas anderes, als die von Pressesprecher:innen, Public Relations-Berater:innen und Agenturen vermittelte Nachrichtenlage vermuten lässt.

Worauf es ankommt: Zeit, Ruhe und Geduld

Journalist:innen müssen sich neben der Beantwortung der W-Fragen (Wer hat was wo wann wie warum getan und woher stammen meine Informationen?) dafür vor allem auf die Verständlichkeit ihrer Informationen konzentrieren. Während in Redaktionen selbstverständlich darauf geachtet wird, dass die W-Fragen in Angeboten beantwortet werden, steht die Verständlichkeit im redaktionellen Alltag nicht in derselben Form im Vordergrund.

Um diese Grundvoraussetzung zu erfüllen, braucht man keine Hilfsmittel, keine Hardware, Software, Daten, Algorithmen, Maschinelles Lernen, Künstliche Intelligenz, nicht einmal ein Smartphone. Was man dafür braucht, ist in vielen Redaktionen allerdings schwerer zu beschaffen als alle vorgenannten Dinge: Zeit, Ruhe und Geduld. Die Zeit, den Kern einer Botschaft zu durchdringen und zu verstehen. Die Ruhe, nach der am besten verständlichen und kürzesten Formulierung zu suchen. Und die Geduld, sich diesem Prozess im Alltag immer und immer wieder zu unterwerfen.

Das bedeutet, weniger Informationen in besserer Qualität zu produzieren. Zum Handwerkszeug von Journalist:innen gehört das Kuratieren, die Auswahl relevanter Information, das Einordnen, Ergänzen und Kommentieren. Bei dem vom Autor verantworteten Gesundheitsmagazin *Apotheken Umschau* wird deshalb ein Großteil der Arbeitszeit darauf verwendet, neue Informationen in den Kontext zu bestehendem Wissen zu setzen und das in allen Darstellungsformen zu vermitteln. Neue Informationen, klassische Nachrichten zu melden, tritt deutlich dahinter zurück. Dieser Ansatz lässt sich nicht auf jedes Medium übertragen, aber auf die meisten.

Am meisten lernen können alle Journalist:innen beim Versuch, Verständlichkeit zu erreichen, von hervorragenden Boulevardmedien. Im anspruchsvollen Boulevard geht es darum, eine Nachricht in der denkbar knappsten Form korrekt zu überbringen. Und: Den Nutzer:innen größtmögliche Lust auf diese Nachricht zu machen. Dieser Anspruch gilt für alle journalistischen Angebote, alle Darstellungsformen, alle Mediengattungen und alle Ressorts. Weil er von vielen Kolleg:innen im Alltag nicht berücksichtigt wird (oder werden kann), gibt es hier erheblichen Raum für besseren Journalismus.

Als einzelne Journalist:in benötigt man dafür außerdem systematischen und regelmäßigen Kontakt zu Kolleg:innen und Qualitätsprüfer:innen, um die Verständlichkeit vor jeder Veröffentlichung überprüfen zu lassen. Es darf kein Inhalt publiziert werden, der nicht von mindestens vier Augen gesehen worden ist und nicht Gegenstand einer Qualitäts- und Verständniskontrolle gewesen ist.

Forschung zur Gesundheitskompetenz

Der Journalismus als Ganzes sollte dringend, organisiert mit Wissenschaftler:innen und Praktiker:innen aus dem Bereich der Einfachen und Leichten Sprache, zusammenarbeiten (vgl. den Beitrag von Köhler in diesem Band, S. 213ff.). Selbst ohne ein Verständnis der wissenschaftlichen Grundlagen können im redaktionellen Alltag einfache Regeln dafür sorgen, dass Informationen für alle Zielgruppen verständlicher werden.[2]

2 Für das digitale Angebot von Gesundheitsinformationen bei Apotheken-Umschau.de hat der Autor gemeinsam mit dem Projektleiter, Julian Hörner, seit 2019 den Aufbau ei-

Aus der Forschung zur Gesundheitskompetenz ist bekannt, dass ein erschreckend großer Teil der angebotenen Informationen im Gesundheitsbereich von sehr vielen Angesprochenen in praktisch allen Nutzer:innengruppen nicht verstanden wird.[3] Selbst, wenn für andere Bereiche derartig umfassende Erhebungen nicht vorliegen, muss das Ziel jedes journalistischen Angebots sein, dass möglichst viele Menschen die Informationen verstehen.

Journalist:innen müssen sich um ihr Handwerkszeug kümmern, wenn der Journalismus besser und auch widerstandsfähiger werden soll. Sonst besteht die Gefahr, dass es vor allem darum geht, mit denselben Inhalten auf mehr digitalen Kanälen in neuen Formaten das Publikum zu suchen, das mehr Zeit des knappen Mediennutzungsbudgets und mehr Aufmerksamkeit bei neuen digitalen Angeboten verbringt. Das alleine steigert die Qualität nicht.

Verständnisschwierigkeiten journalistischer Inhalte

Die Herausforderung ist, bei den Grundlagen kontinuierlich besser zu werden, so banal das auch erscheint. Doch für die wichtigsten Eigenschaften von Journalismus – Aktualität, faktische Richtigkeit, Relevanz und Verständlichkeit – sind diese Grundlagen entscheidend. Es geht immer wieder darum, das Schreiben einer Nachricht, den Aufbau eines Satzes oder die Suche nach dem am besten passenden Begriff praktisch zu üben.

Wieviel Journalist:innen auf diesem Grundlagengebiet besser machen können, verdeutlichen aktuell die Diskussionen über Nachrichten

nes Textangebots in Einfacher Sprache verantwortet. Begleitet wird das Projekt von der Forschungsstelle Leichte Sprache der Universität Hildesheim. Vgl. BALLWIESER, DENNIS; HÖRNER, JULIAN et al. (2021): *Einfache Sprache*, URL: https://www.apotheken-umschau.de/einfache-sprache, Stand: 13.02.2021 [13.02.2021]. Auch bei Redakteur:innen, die nicht unmittelbar an dem Projekt mitarbeiten, führt die Beschäftigung mit den Anforderungen Leichter und Einfacher Sprache der Beobachtung der Vorgesetzten und des Projektteams nach zu einer intensiveren Beschäftigung mit der Verständlichkeit der selbst produzierten Inhalte. Das ist eine eigene Beobachtung, einen wissenschaftlichen Beleg für diese Aussage gibt es derzeit noch nicht Vgl. MAASS, CHRISTIANE: *Easy Language – Plain Language – Easy Language Plus*, S. 262ff., Berlin 2020.

3 Vgl. SCHAEFFER, DORIS; VOGT, DOMINIQUE; BERENS, EVA-MARIA; HURRELMANN, KLAUS: *Gesundheitskompetenz der Bevölkerung in Deutschland, Ergebnisbericht*. Bielefeld 2016.

und ihre Verständlichkeit, Auslegungsfähigkeit und Relevanz während der Corona-Pandemie. Es geht nicht um die weitgehend fruchtlosen Diskussionen mit so genannten ›Corona-Leugner:innen‹. Es geht um die auf Leserbriefseiten von Tageszeitungen, in Kommentaren und Leserbriefen an Journalist:innen direkt und auch um die teilweise sehr ernsthaft in Social Media geführten Diskussionen interessierter Bürger:innen, die immer wieder grundlegende Verständnisschwierigkeiten journalistischer Inhalte offenbaren. Teil von Verständlichkeit ist auch die Eindeutigkeit von Aussagen in journalistischen Texten, z. B. die Klarstellung im Zusammenhang mit Informationen über die derzeit diskutierten Corona-Impfangebote. Eigentlich ist das ebenso eine journalistische Selbstverständlichkeit wie die Einordnung der Relevanz.

Die Corona-Pandemie verdeutlicht mit dem Fokus auf die Wissenschafts- bzw. Medizinberichterstattung noch etwas Anderes: Es wird für Journalist:innen wichtiger sein als in der Vergangenheit, neben dem journalistischen Handwerkszeug in mindestens einer weiteren Profession grundlegendes Wissen mitzubringen oder zu erwerben. Das kann durch eine zweite Berufsausbildung, ein Studium oder auch weniger formale Bildungswege geschehen. Das alleinige Einlesen in Themen, über die fundiert und einordnend berichterstattet werden soll, wird in vielen Gebieten nicht mehr ausreichen. Dabei sind neben den Journalist:innen die Medienunternehmen gefordert, ihren Mitarbeiter:innen und zuarbeitenden Freien die dafür notwendigen Angebote zu ermöglichen.

Deutlich besser können Journalist:innen bei diesen Grundlagen werden, wenn es gelingt, graphische Darstellungen mit Verstand einzusetzen. Aus der wissenschaftlichen Literatur ist bekannt, wie schwer Menschen sich mit dem Verständnis von Zahlen, Wahrscheinlichkeiten und mathematischen oder physikalischen Diskussionen tun. Viel zu häufig werden diese Daten dennoch einfach wiedergegeben, als sprächen sie für sich. Das tun sie nicht, doch es gibt Hilfsmittel bei der Datenvisualisierung, die beim Verständnis helfen können.[4]

4 Einführung ins Thema z. B. in TUFTE, EDWARD R.: *The Visual Display of Quantitative Information*. Second Edition, Cheshire 2001.

Darüber hinaus gibt es weitere Anforderungen, die neu hinzu gekommen sind, mindestens seitdem Mediennutzer:innen selbstverständlich journalistische Inhalte auf digitalen Kanälen weiterrecherchieren bzw. überprüfen können. Eigentlich wäre Transparenz über den Rechercheweg, die Quellenlage, abweichende Meinungen oder Widersprüche, auf die man bei der Recherche gestoßen ist, auch schon vor der Nutzung des Internet verpflichtend gewesen. Mittlerweile ist sie unerlässlich.

Journalist:innen richten sich mit ihren Inhalten an aufgeklärte, mündige Bürger:innen. Wenn diese sich ernsthaft mit den Inhalten auseinandersetzen sollen, müssen sie nachvollziehen können, wie ein von ihnen genutztes Medium allgemein arbeitet, wie eine Recherche verlaufen ist, welche Aussagekraft ein Inhalt hat und wo weiterführende Informationen zu finden sind. Ob die Nutzer:innen von diesen Meta-Informationen Gebrauch machen oder nicht, ist irrelevant – sie müssen angeboten werden. Dass es Abstufungen gibt, Situationen, wo dies nicht möglich oder notwendig ist – geschenkt. Doch die Grundhaltung im Journalismus muss sein, dass die eigene Arbeitsweise so transparent wie nur irgendwie möglich gemacht werden muss, gerade weil Journalismus vom Vertrauen der Nutzer:innen lebt.

Erfreulicherweise muss dafür nichts Neues geschaffen werden, das dafür notwendige Handwerkszeug ist bereits vorhanden und die meisten Journalist:innen haben es im Laufe ihrer Ausbildung auch gelernt: Grundlagen wissenschaftlichen Arbeitens geben alles an die Hand, was den Journalismus dadurch besser machen kann. Transparenz und Nachvollziehbarkeit kann man unabhängig vom Medium schaffen, Recherchedokumentation und Hin weise auf weitere wichtige Quellen (auch des Wettbewerbs) sind auf Websites und in Apps am einfachsten umzusetzen. Doch es gelingt mit einfachen Hilfsmitteln – URL-Shortener, Recherche-Hub-Seiten im eigenen digitalen Angebot, Shownotes bei Podcasts und auf Bewegtbild-Plattformen – auch andernorts.

Überzeugungsarbeit für die Umsetzung müssen Journalist:innen vor allem in den Redaktionen selbst leisten. Es ist noch nicht selbstverständlich, dass man der Nutzer:in auf Augenhöhe begegnet und sie wirklich als vollwertige Gesprächspartner:in akzeptiert. Journalismus kommt immer noch deutlich zu häufig mit der Haltung des rasenden Reporters daher, der den unmündigen Unwissenden sein Wissen zuteilt. Diese Arroganz gilt es, abzulegen, wenn guter Journalismus sich durchsetzen soll.

Journalismus als Berufung, nicht Beruf

Am schwierigsten wird es, Journalismus besser zu machen, wenn es um die einzelne Journalist:in geht. Die meisten Kolleg:innen im Journalismus sind Überzeugungstäter:innen. Beim Unterricht an Journalistenschulen, bei Gesprächen mit Volontär:innen oder auch bei Kongressen trifft man vor allem Menschen, für die der Journalismus eine Berufung ist, nicht Beruf. Es geht also nicht um fehlendes Engagement.

Jüngeren Kolleg:innen ist auch präsent, dass sie sich vom Beginn ihrer Karriere an mit dem Geschäftsmodell Journalist:in beschäftigen müssen: Völlig unabhängig davon, ob man fest bei einem Medienunternehmen beschäftigt, freiberuflich unterwegs ist oder beides miteinander kombiniert. Wenn das Ziel für das Berufsleben ist, den Lebensunterhalt mit Journalismus bestreiten zu können und für das Alter vorsorgen zu können, dann muss man sich unbedingt mit den wirtschaftlichen Rahmenbedingungen beschäftigen.

Der Journalismus als Ganzes kann besser werden, wenn er sich nicht nur wissenschaftlich und organisatorisch mit diesen Fragen beschäftigt, sondern sich praktisch um dieses Bedürfnis kümmert. Das tun Gründer:innen bei Initiativen und Projekten wie *Krautreporter*, *Correctiv*, *Netzpolitik.org*, *n-ost*, *FragDenStaat*, *Katapult* und *VOCER.org*. Und es wird in Ausbildungen wie an der Deutschen Journalistenschule, der Henri-Nannen-Schule, der Evangelischen Journalistenschule oder der Reportageschule gelehrt. Deutlich ausbaufähig ist das Engagement von Medienunternehmen, die auf die Qualität ihrer Mitarbeiter:innen und der freien Journalist:innen existenziell angewiesen sind. Der Mix aus unternehmerischen Initiativen von journalistischen Gründer:innen einerseits und klassischen Massenmedien andererseits kann nur funktionieren, wenn alle gemeinsam sich intensiver als bisher mit der Frage beschäftigen, wie Menschen vom Journalismus leben können.

Journalistische Aus- und Weiterbildung sicherstellen

Um die eingeforderten Verbesserungen bei den journalistischen Inhalten erreichen zu können, muss sich jede:r Journalist:in außerdem ein persönlich passendes Konzept erarbeiten, wie sie lebenslang lernt und sich weiterbildet. Auch die journalistische Ausbildung ist bis heute vor allem darauf angelegt, zu Beginn des Berufslebens eine formalisierte Ausbildung zur Redakteurin zu absolvieren. Alles, was bei der Weiterbildung im Anschluss passiert, ist weitgehend zufällig. Bildungseinrichtungen, die berufsbegleitende Fortbildungen anbieten, sind typischerweise selbst jederzeit latent unter wirtschaftlichem Druck. Die Diskussion, wie die journalistische Aus- und Weiterbildung sichergestellt werden kann, ist tatsächlich eine gesellschaftliche, die Politik und Zivilgesellschaft einschließen muss.

Um den Journalismus noch widerstandsfähiger zu machen, müssen Journalist:innen sich mit den Grundlagen ihres Berufs auseinandersetzen. Sie müssen vor allem an Verständlichkeit, Transparenz und Nachvollziehbarkeit ihrer Inhalte arbeiten. Schließlich müssen sich alle Journalist:innen intensiv mit der wirtschaftlichen Basis ihrer Arbeit beschäftigen und sie müssen sich selbst in die Lage versetzen, besseren Journalismus machen zu können. Im Idealfall stärkt das ihre Resilienz gegenüber den Herausforderungen ihres Berufes.

»Wir haben es fraglos mit einem
Berichterstattungs-Overkill zu tun.«

STEPHAN RUSS-MOHL

Mutationen des Journalismus

Viele Medien haben sich zu sehr auf das Thema Corona gestürzt und dabei andere Themen und andere Blickwinkel übersehen, kritisiert Medienforscher Stephan Russ-Mohl.

Das Covid-19-Virus, seine Mutationen, das Drama um die Impfstoffbeschaffung und -verteilung, die verlängerten und verschärften Lockdowns halten uns weiterhin in Atem. Es gibt jedoch einen blinden Flecken: Welche Rolle der Journalismus, zuvörderst die Leitmedien und das öffentlich-rechtliche Fernsehen im ersten und im zweiten Pandemie-Jahr gespielt haben, wurde nur wenig ausgeleuchtet. Dagegen werden wir tagtäglich mit Informationen überschüttet, wie sich in den sozialen Netzwerken Desinformation und Verschwörungstheorien ausbreiten. Auch wie sich die Corona-Berichterstattung verbessern ließe, hat in der öffentlichen Diskussion bisher kaum eine Rolle gespielt – so leidenschaftlich und gerne Journalistinnen und Journalisten ja Politik und Wirtschaft, aber auch ›Covidioten‹ inzwischen für ihre Fehlleistungen im Umgang mit der Pandemie kritisieren.

Dazu zwei Beispiele vorneweg:

»Am Freitag hatte Großbritanniens Premierminister von Hinweisen auf eine erhöhte Sterblichkeit bei der neuen Corona-Variante gesprochen. Wissenschaftler sagen, das sei zu früh gewesen. Es gebe noch nicht genügend Daten«, berichtete die FAZ (21.1.2020).

»Trotz Massenimpfungen und Lockdown bekommt die Regierung die Pandemie nicht in den Griff«, so der *Spiegel* (Nr. 3 v. 16.1.2021).

Das erste Beispiel steht für unnötig mediale Angstmache, und auch dafür, wie diese entsteht: Weil Wichtigtuer sich aufplustern und in den Medien Resonanz finden, egal ob es Regierungschefs, durch die Talkshows tingelnde Hinterbänkler oder auch Meinungsmacher im Journalismus selbst sind.

Das zweite Exempel verweist nicht nur auf Staats- und Politikversagen, sondern implizit auch auf eine Erwartungshaltung, welche sehr viele Medien in den letzten Monaten immer wieder nährten: Aufgabe der Politik sei es, eine »Pandemie in den Griff« zu kriegen, und zwar um jeden Preis. Zu Ende gedacht heißt das, Gesundheit rangiert vor Grundrechten, aber auch: Covid-Patienten haben Vorrang vor allen anderen Erkrankten.

Zwar hat die Art und Weise, wie Leitmedien über Corona berichten, nicht die Pandemie ausgelöst. Sie hat aber – siehe oben, erstes Beispiel – vielen Scharfmachern und ihren Sprechern in der PR-Branche unendlich viel Aufmerksamkeit geschenkt. Und sie hat – zweites Beispiel – ganz gewiss die Vorstellung miterzeugt, eine Pandemie sei durch politische Maßnahmen ›kontrollierbar‹. Damit wurden die angeblich ›alternativlosen‹ staatlichen Reaktionen auf Covid-19 in den westlichen Demokratien mitgeprägt, ja medial sanktioniert.

Man braucht nur ein paar gesicherte Erkenntnisse der Medienforschung zusammenzurechnen, um diese These nicht ganz abwegig zu finden. Denn Medien sind mächtig, darin ist sich die Wirkungsforschung seit Jahrzehnten einig – auch wenn Journalisten das zumeist nicht wahrhaben wollen.

Überdosis Pandemie-News

Im Frühjahr 2020 absorbierte Corona innerhalb weniger Tage die mediale Aufmerksamkeit. Es gab Schreckensstatistiken von Infizierten und Toten am laufenden Band, und rund um die Uhr TV-Bilder von den

Leichentransporten in Bergamo und den Kühlhäusern, in denen Verstorbene in New York zwischengelagert wurden. Der Medienhype ließ ›Schockstarre‹ entstehen und stellte alles in den Schatten, was wir seit Kriegsende an monothematischer Berichterstattung kannten.

Man kann sich ausmalen, wie die Überdosis Corona-News bei ›normalen‹ Mediennutzern Unsicherheit, Schrecken, ja Panik erzeugte. Dies wiederum schlug sich nicht zuletzt in steigender Nachfrage nach Corona-News nieder. Medienprofis messen heutzutage in Echtzeit, welche Nachrichten beim Publikum auf Interesse stoßen. In Corona-Zeiten, so haben mir in den letzten Monaten Journalisten immer wieder versichert, hat sich das Nutzer-Interesse fast ausschliesslich auf die Pandemie fokussiert.

Diese Nachfrage wurde nach Kräften bedient, und sie hat weitere Nachfrage erzeugt. Wobei sich Journalisten auch stark an dem orientieren, was andere Journalisten machen – solche ›Kollegenorientierung‹ ist seit Jahrzehnten von Medienforschern nachgewiesen. Sozialpsychologen und Verhaltensökonomen würden sie etwas weniger charmant als Herdentrieb bezeichnen.

Jedenfalls wird plausibel, weshalb die Corona-Berichterstattung im Frühjahr 2020 plötzlich hochschnellte, und wie innerhalb weniger Tage die Trommler im Covid-19 Panikorchester die Berichterstattungs-Tonlage vorgaben. In Deutschland bewegte sich im März und April der Anteil der Corona-News in den beiden Hauptnachrichtensendungen von ARD und ZDF zwischen 60 und 75 Prozent, so das Institut für Empirische Medienforschung in Köln. Für die Schweiz registrierte das Forschungsinstitut Öffentlichkeit und Gesellschaft (fög) der Universität Zürich ebenfalls an einzelnen Tagen bis zu 70 Prozent Covid-19-Anteil an den gesamten TV-Nachrichten. Zum Vergleich: Der Anteil der Beiträge zur Klimadebatte hatte dem fög zufolge im Vorjahr in Spitzenzeiten in der Schweiz kaum je mehr als 10 Prozent der Gesamtberichterstattung erreicht.

Krasses Bild bei den Talkshows

Dennis Gräf und Martin Hennig (Universität Passau) machten ebenfalls auf die ›Verengung der Welt‹ aufmerksam, welche das deutsche Fernsehen in den Wochen vor und während der Schockstarre im Frühjahr 2020 konstruierte. Die Forscher untersuchten die Sondersendungen zu Corona, die jeweils zur besten Sendezeit von ARD und ZDF ausgestrahlt wurden. Übers Jahr hinweg gab es davon 134, bis zum Abschluss der Forschungsarbeit im Juni waren es 93 innerhalb von 15 Wochen. Damit ist, so die Forscher, aus dem Konzept von Sondersendungen eine »neue Normalität« entstanden. Die »Engführung« der Berichterstattung entspreche »einer Ausblendung aller anderen gesellschaftlich relevanten Gemengelagen«.

Noch krasser ist das Bild bei den Talkshows. 66 von insgesamt 106 solcher Sendungen bei ARD und ZDF beschäftigten sich 2020 mit Corona. Weit abgeschlagen lagen mit acht Sendungen die US-Wahlen auf dem zweiten Platz. Unter den Gästen belegten fünf Politiker der Regierungsparteien die vorderen Plätze – je 14 Auftritte hatten allein Wirtschaftsminister Peter Altmaier (CDU) und der Scharfmacher unter den Pandemie-Wellenreitern, der SPD-Politiker Karl Lauterbach. Dass im Vergleich dazu sachkompetente Experten nicht ganz so wichtig sind, zeigt sich an Auftritten der deutschen Star-Virologen: Hendrik Streeck und Alexander Kekulé waren nur halb so oft dabei, Christian Drosten sogar nur viermal.

Wir haben es fraglos mit einem Berichterstattungs-Overkill zu tun. Die Quantität ist in eine neue Qualität umgeschlagen. Zwar funktioniert so Aufmerksamkeitsökonomie – aber das Problem dabei ist eben, dass Medienprofis uns über die Weltläufte informieren sollten und offenbar nicht sehen wollen, was sie mit ihrem Tunnelblick anrichten. Denn Politik agiert nicht im luftleeren Raum. So wie die Medien liefern, was ihre Nutzer wollen, kümmern sich Politiker um ihre Wähler. Diese wiederum laufen, vom Virus und den Medien eingeschüchtert, eher dem strammen Markus Söder hinterher als dem vergleichsweise auch mal zaudernden Politikertyp eines Armin Laschet.

Jedenfalls signalisierte die monomane Corona-Berichterstattung den Politikern Entscheidungsbedarf. Sie wussten noch nicht, wie sie handeln sollten, weil es an verlässlicher Information fehlte. Gleichwohl mussten sie Entschlossenheit demonstrieren und fütterten ihrerseits die Medien in einem Profilierungswettbewerb, der schnell zur Bevormundungs-Überbietungskonkurrenz ausartete.

Regierungen verfügen obendrein über mächtige PR-Apparate. So beeinflusste die Bundesregierung im Verbund mit den Länder-Ministerpräsidenten die Tonlage der Berichterstattung und stellte ihr Handeln als ›alternativlos‹ dar – assistiert von ›der Wissenschaft‹, die im Wesentlichen aus dem regierungsnahen Robert Koch-Institut und dem Virologen Christian Drosten bestand. Damit war der Weg nicht nur zu den sicher vernünftigen AHA-Regeln (Abstand, Hygiene, Alltagsmaske), sondern auch in die Lockdowns mit all ihren oftmals unverhältnismässigen Ungereimtheiten geebnet.

Der Journalismus selbst hat der Flut von PR- und Propagandameldungen – zum Beispiel im Fall von China, wo in Wuhan alles anfing – nur wenig entgegenzusetzen. Denn die Wissenschafts- und Medienredaktionen, auf die es ankäme, sind über Jahre hinweg ausgedünnt oder sogar ganz wegrationalisiert worden, ebenso wie die Auslandskorrespondenten und -ressorts, die wichtig wären, um Entwicklungen international vergleichen zu können.

Mich hat – zum Beispiel – die distanzlose Verbreitung chinesischer Krisenbewältigungs-Rhetorik ebenso wie das permanente Schweden-Bashing in den deutschen Medien irritiert. Ich habe daraufhin bei zwei vertrauenswürdigen professionellen Beobachtern der schwedischen Presse nachrecherchiert, auf welch ›geballter Korrespondenten-Kompetenz‹ die Berichterstattung über das liberalere schwedische Modell der Corona-Politik beruht. Das Ergebnis war ernüchternd: Es gibt in Schweden offenbar zwei bei der ARD festangestellte Auslandskorrespondenten, einen fürs Radio und einen fürs Fernsehen. Ansonsten kümmert sich eine Handvoll Freelancer um das Land – darunter ist nach ihrem und meinem derzeitigen Kenntnisstand kein einziger Wissenschaftsjournalist.

Was uns bei einer Frage, bei der immerhin es um Leben oder Tod und um das wirtschaftliche, politische und kulturelle Wohlergehen unseres Landes geht, über Schwedens Corona-Politik kommuniziert wurde, war weitestgehend Secondhand-Information, aus schwedischen Medien abgekupferte ›Recherche‹. Sie basierte auf Hörensagen und Copy-Paste, die Nachrichten wurden übersetzt ins Englisch oder andere Sprachen, bevor sie von dort weiter ins Deutsche übertragen und von unseren ›Qualitäts‹- und Leitmedien als verlässliche Information ausgeschildert und weiterverbreitet wurden.

In den Redaktionen können allenfalls Einzelkämpfer auf die PR-Trupps der anderen Seite reagieren, ihnen aber eben kaum Paroli bieten. Statt Statistiken einzuordnen, bombardierten uns die Medien über Monate hinweg tagtäglich mit Zahlen zu Corona-Infizierten und -Toten. Auch letztere sind wenig aussagekräftig, solange wir nicht erfahren, ob Menschen am oder nur mit dem Corona-Virus verstarben; zumindest beim internationalen Vergleich solcher Statistiken ist das zumeist offen. Wer nur Tote oder Infizierte nennt, ohne die Genesenen sowie die Gesamtzahl der Tests anzuführen, ist, so Roland Schatz vom Zürcher Forschungsinstitut MediaTenor, »auf dem journalistischen Niveau eines Sportjournalisten, der nach dem Halbfinalspiel Barcelona-Bayern nur die Tore nennt, die Barcelona geschossen hat«.

Weitaus weniger eindrucksvoll, aber als Indikatoren brauchbarer, um die Dynamik der Pandemie zu verstehen, sind Daten zur Übersterblichkeit sowie Statistiken, welche die Verstorbenen in Bezug setzen zur jeweiligen Bevölkerungs-Grundgesamtheit. Wer solche Daten in Abständen von ein paar Wochen genauer studiert, gewinnt allerdings schnell den Eindruck, dass oftmals der Zufall im Spiel ist, wenn Superspreader wüten und neue Infektions-Hotspots entstehen. Die Politik vermag offensichtlich die Ausbreitung des Virus nur sehr bedingt zu kontrollieren, mit ihren Eindämmungsmaßnahmen verursacht sie aber riesige Kollateralschäden. Die Journalisten unterscheiden in ihrer Berichterstattung dann aber noch nicht einmal zwischen Schäden, welche das Virus anrichtet, und solchen, die Folgen der Lockdowns sind, sondern schieben – mutmaßlich ferngesteuert durch entsprechende Medienmitteilungen aus den PR-Küchen – alles der Pandemie in die Schuhe. Was Jens Spahn, Angela Merkel und Olaf Scholz gut aussehen und vermutlich insgeheim jubeln lässt, weil sie bisher kaum für die Kollateralschäden der Lockdowns haftbar gemacht wurden, sondern ›nur‹ für das Desaster bei der Impfstoff-Beschaffung und -verteilung.

Wie lässt sich die Corona-Berichterstattung verbessern? Es ist stets heikel, als Medienforscher und -beobachter das Rad neu erfinden zu wollen, aber ein paar Vorschläge ließen sich ohne allzu viel Aufhebens im redaktionellen Alltag umsetzen.

- Besser heute als morgen sollten Journalistinnen und Journalisten sich bei jeder Corona-News fragen, ob sie fürs eigene Publikum relevant ist. Wenn nein – wie zum Beispiel die Zahl der Neuinfektionen, die einfach wenig aussagekräftig ist, solange nichts über die Schwere der Infektionen bekannt ist -, schrumpft schon auf diese Weise die Corona-Berichterstattung drastisch. Wenn ja, sollte die Meldung kontextualisiert, also angemessen eingeordnet werden.
- Wann immer über Schäden der Pandemie berichtet wird, ist zu differenzieren, ob diese direkt dem Virus zur Last gelegt werden können – oder ob sie durch Lockdowns und andere Regulierungsmassnahmen der Pandemie entstanden sind. Das wird nicht immer gelingen – aber ›das Virus‹ ist zweifelsfrei nicht an allen unsinnigen Vorschriften schuld, die sich Regierende und Bürokraten von der Bundeskanzlerin abwärts bis zum lokalen Ordnungsamt als lebensfremde Schikanen einfallen lassen, um mündige Bürgerinnen und Bürger zu bevormunden und zu infantilisieren.
- Journalisten müssen lernen, mit Echtzeitmessung von Resonanz und Nachfrage angemessen umzugehen: Auch großes Publikumsinteresse an einem Thema rechtfertigt nicht, alle anderen wichtigen Themen stiefmütterlich zu vernachlässigen – seien das andauernde Massenproteste in Belarus oder in Russland, sei es die Klimakrise oder die Verfolgung der Uiguren in China, seien es die Folgen des Berliner Mietendeckels oder das Erfrieren von Obdachlosen.
- Medien sollten bewusster mit PR und Propaganda umgehen, stets die Herkunft von Nachrichten bekanntgeben und, wo nötig, Quellenkritik betreiben. Dazu würde auch gehören, eigene

Kompetenzgrenzen in der Auslandsberichterstattung freimütig einzugestehen, bei einem von Zensur kontrollierten, autoritär regierten Riesenland wie China ebenso wie bei einem kleinen, demokratischen Nachbarland wie Schweden, wo schlichtweg die eigenen Ressourcen für eine angemessene Würdigung nicht ausreichen.

- Journalistinnen und Journalisten sollten Nachrichten, wenn sie faktisch zutreffen und hohen Nachrichtenwert haben, nicht herunterspielen, nur weil sie nicht in ihr Weltbild passen und nicht den eigenen ›Confirmation bias‹ bestätigen.
- Sie sollten auch Corona-Verschwörungstheoretikern sowie Rechts- und Linkspopulisten weniger Platz gewähren, dafür fragwürdiger, überflüssiger oder fehlerhafter Berichterstattung von Mainstream-Medien mehr Aufmerksamkeit zollen und vielleicht endlich auch eine Fehlerkultur entwickeln, um eigenes Versagen zu korrigieren.
- Sie sollten weniger Gewissheiten kommunizieren und mehr Zweifel zulassen – auch und gerade, wenn es um wissenschaftliche Erkenntnisse geht. Wenn sich Regierende oder Aktivisten – von der Bundeskanzlerin bis hin zu Greta Thunberg – auf Wissenschaftler und ›die Wissenschaft‹ berufen, unternehmen sie meist Versuche, Forscher zu instrumentalisieren. Dieses Spiel sollten Journalisten durchschauen, nicht mitbetreiben und auch dann skeptisch bleiben, wenn sie es mit begnadeten, sendungsbewussten Wissenschaftlern und Wissenschaftskommunikatoren wie Christian Drosten zu tun haben. Nicht zuletzt dürfen sie auch etwas gelassener agieren: Wenn, wie 2021 geschehen, eine Panne in der universitären Wissenschaftskommunikation der ›Studie‹ des Nanophysikers Roland Wiesendanger zur Herkunft des Covid-19-Virus zu mehr Aufmerksamkeit verhilft, als ihr gebühren mag, ist das eben eine Panne – aber nicht, wie der Ex-Chefredakteur von *Bild der Wissenschaft* dramatisiert, ein »SuperGAU hoch drei«.

Die hohe Kunst der Wissenschaftsberichterstattung bestünde sodann darin, Wissenschaftler-Aussagen angemessen einzuordnen. Der

Mainzer Medienforscher Hans Mathias Kepplinger schlägt vor, Wissenschaftsjournalisten sollten auch darauf achten, wie Aussagen von Forschern, im konkreten Fall von Epidemiologen und Virologen zur Corona-Pandemie, zu klassifizieren sind:

- Substanzielle Aussage auf der Basis eigener Forschung
- Substanzielle Aussage auf der Basis angelesener Forschung
- Substanzielle Aussage ohne erkennbare Basis
- Trivialitäten, die jeder Zeitungsleser kennt und sagen kann, etwa der Art »die dritte Welle kommt«. Wann bitte, wie groß?
- Moralische Ermahnungen, Wertungen, Ermutigungen usw.

Gegebenenfalls sollten Journalisten nachfragen, wenn das unklar ist. »Mancher Lautsprecher wäre dann schnell als Heißluftgebläse erkannt«, so Kepplinger. An die eigenen Fachkollegen aus der Medienforschung gewandt, schlägt er vor, die publizierten Aussagen nach solch einem Schema inhaltsanalytisch zu untersuchen, um festzustellen, inwieweit Forscher – insbesondere dann, wenn sie prominent geworden sind – ihre Kompetenzgrenzen einhalten oder eben mehr oder minder häufig überschreiten.

Kein Medienforscher-Bashing betreiben

Wichtig wäre auch, dass Chefredaktionen und Medienmanager, die für die Ressourcenverteilung zuständig sind, lernen

- die eigenen Grenzen zu konzedieren und im Interesse der eigenen Glaubwürdigkeit vermehrt kommunizieren, wie Redaktionen arbeiten und Medien in der Aufmerksamkeitsökonomie funktionieren;
- den Wissenschafts- und Medienjournalismus pflegen – und in den Redaktionen diese Ressorts aufwerten oder wiedereinführen. Wobei davon auszugehen ist, dass das Interesse an solchen Themenfeldern beim Publikum vorhanden ist, sich notfalls auch wecken liesse – und ein besseres Verständnis des Medienbetriebs und journalistischer Praxis ja vielleicht sogar die Zahlungsbereitschaft für ›Qualitätsjournalismus‹ steigern könnte.

Nicht zuletzt gälte es, jene Wissenschaft, die sich mit dem eigenen journalistischen Metier befasst, endlich ernst zu nehmen: Wer eine Pandemie eindämmen will, kommt an den Erkenntnissen von Virologen und Epidemiologen nicht vorbei. Wer ›Infodemien‹ vermeiden und den Journalismus verbessern möchte, sollte sich regelmässig schlau machen, was es an neuen kommunikationswissenschaftlichen Erkenntnissen gibt und wie sich diese nutzen lassen – statt Medienforscher-Bashing zu betreiben, wie es in jüngster Zeit ausgerechnet die FAZ (auch hier) mehrfach im Kontext des Diskurses um die Corona-Berichterstattung getan hat.

Das Hauptproblem bleibt der Mangel an Demut vor der Unberechenbarkeit des Virus – und die von den Medien unkritisch und vielfach genährte Selbstüberschätzung unserer Regierenden, die Pandemie eindämmen zu können, ohne dass dabei mehr Schaden als Nutzen entsteht. Das mögen die Medien nicht so gemeint haben, sie verbreiteten jedoch unablässig dieses merkwürdige Narrativ, das Virus ließe sich durch harte und härtere Lockdowns ›kontrollieren‹.

Wohl fast alle von uns haben Angst bekommen, angesteckt zu werden. Über Ansteckungsrisiken war gleichwohl wenig zu erfahren. Hätten einige Medien schon vor Jahren mit ihren kühnen Bedrohungsszenarien recht behalten, gäbe es längst kein Infektionsrisiko mehr: Die Deutschen wären dann nämlich ebenso wie die Schweizer und Österreicher bereits wegen Rinderwahn oder spätestens an SARS ausgestorben. Die wenigen Überlebenden, darunter vor allem ›Covidioten‹, die bei Demos keine Abstandsregeln wahrten, wären inzwischen ebenfalls Corona-Opfer. Und alle Schweden, die monatelang keine Masken zu tragen brauchten, sowieso.

»Fakten-Checker:innen und Journalist:innen leisten viel für den gesellschaftlichen Diskurs – und für die Demokratie. Unsere Verantwortung ist es, ihre Arbeit zu unterstützen – mit Technologie und Förderung.«

ISA SONNENFELD

Stütze der informierten Gesellschaft

Eine aufgeklärte Gesellschaft braucht Fakten. Technologie kann Journalist:innen dabei helfen, verlässliche Daten und Informationen zusammenzutragen, sagt Isa Sonnenfeld, Leiterin des Google News Labs für den deutschsprachigen Markt. Google wolle Journalist:innen unterstützen, Technologie sinnvoll einzusetzen, sagt Sonnenfeld, und sei sich seiner Verantwortung sehr wohl bewusst.

Prognosen für den Journalismus gibt es viele. Immer werden sie definiert von der aktuellen Zeit, den Umständen und dem Blickwinkel. In jedem Jahr könnte die Zukunft anders aussehen, denn wir leben in einer Zeit des stetigen Wandels geprägt durch die Digitalisierung. Journalistische Geschäftsmodelle befinden sich im dauerhaften Anpassungsmodus, das Vertrauen in den Journalismus folgt Wellenbewegungen, immer neue Kommunikationskanäle kommen dazu, Technologie erfordert Experimentierlust beim Storytelling. Vieles ist im Wandel, doch die Einordnung der Welt durch Nachrichtenorganisationen, aber auch durch freie Journalist:innen, Blogger:innen und Kreative war nie so wichtig wie jetzt. Hochwertiger, guter Journalismus ist die Stütze einer informierten Gesellschaft in einer Demokratie.

Ich bin keine ausgebildete Journalistin. In meinem Studium habe ich ein politisches Printmagazin gegründet, geschrieben und als Chefredakteurin dafür gesorgt, dass sich das Magazin entwickelt und die Leserschaft vergrößert. Und auch wenn ich schon immer eine große Leidenschaft für den Journalismus hatte, hat es mich erst einmal auf die technologische Seite gezogen. Ich arbeite bei Google, einem großen Technologieunternehmen, das im Laufe der vergangenen gut 20 Jahre immer mehr Schnittstellen und Berührungspunkte mit Journalist:innen gebildet hat. Die Frage, wie wir Journalismus widerstandsfähiger machen können, ist für mich eine schwierige Frage. Als ›Externe‹ möchte ich mich hier mit klugen Ratschlägen lieber zurückhalten. Was ich jedoch anbieten kann, sind einige Gedanken, wie ich mir Journalismus in all seinen Facetten in den kommenden fünf bis zehn Jahren vorstelle. Vier Begriffe stehen für mich dabei im Mittelpunkt: experimentell, nachhaltig gewinnbringend, faktenbasiert informierend, repräsentativ.

Möglichkeiten der Technologisierung im Journalismus nutzen

Die Enthüllung und Einordnung der ›Panama Papers‹, an der Journalist:innen der *Süddeutschen Zeitung* maßgeblich beteiligt waren. Die Recherche von *Bellingcat* und *Correctiv* zu den Hintergründen des Abschusses von Flug MH17 über der Ukraine. Oder die Serie von Covid-19-Erklärvideos durch Mai Thi Nguyen-Kim und Harald Lesch. Das sind nur drei von vielen Beispielen für herausragenden Journalismus, die nicht nur allesamt renommierte Preise wie den Pulitzer-Preis oder den Hanns-Joachim-Friedrichs-Preis gewonnen haben. Alle drei zeichnen sich auch dadurch aus, dass ihre Arbeit ohne digitale journalistische Werkzeuge schwer möglich gewesen wäre. Nur moderne ›Big-Data-Technologie‹ versetzte das Team um Frederik Obermaier und Bastian Obermayer (SZ) in die Lage, den 2,6 Terabyte großen Datenberg der Panama-Papers zu analysieren. Umgekehrte Bildersuche, digitale Landkarten und andere Faktencheck-Werkzeuge waren der Schlüssel zur Aufklärung der MH17-Tragödie durch die Teams von Eliot Higgins (*Bellingcat*) und David Schraven (*Correctiv*). Und die unmittelbare und kontinuierliche Aufklärung insbesondere jüngerer Zielgruppen zur Corona-Pandemie wäre den beiden genannten Wissenschaftsjournalist:innen Nguyen-Kim und Lesch ohne eigene YouTube-Kanäle wohl kaum so gut gelungen.

Digitale Technologien und Werkzeuge machen den Journalismus besser, davon bin ich fest überzeugt. Den Einsatz dieser Werkzeuge zu erklären und möglichst viele Journalist:innen in die Lage zu versetzen, diese Instrumente bestmöglich einzusetzen, das ist ein wesentlicher Teil der Arbeit meines Teams, dem ›Google News Lab‹. Die von uns vorgestellten Werkzeuge und Tipps gehen weit über Googles eigenen Werkzeugkasten hinaus und orientieren sich stets an der journalistischen Aufgabenstellung, nicht an einem möglicherweise bei Google vorhandenen Produkt. Dennoch finde ich es toll zu sehen, dass Google eigene Tools für digitalen Journalismus entwickelt, zum Beispiel Pinpoint oder den Fact Check Explorer. Allein im Jahr 2020 haben 90.000 Journalist:innen in Europa Corona-bedingt an unseren virtuellen Trainings teilgenommen. Das Feedback ermutigt uns in dem Glauben, dass wir mit jedem dieser Trainings den Journalismus in der Tat ein kleines Stückchen besser machen und zum Experimentieren mit neuen Technologien anregen. Dabei ist uns journalistische Unabhängigkeit wichtig. Sie muss gewahrt bleiben, beispielsweise mit Blick auf die Teilnahme an Trainings. Jedoch geht es in den Trainings nicht um Inhalte, sondern um journalistische Werkzeuge und deren Anwendung.

Fakten brauchen breite Akzeptanz

Das Überprüfen von Quellen, die Recherche von Fakten – beides gehört zum Handwerkszeug von Journalist:innen. Doch die Turbobeschleunigung der Informationsverbreitung macht es für alle Medienschaffenden zum Teil schwer, mitzuhalten. Es fehlt die Zeit, sich mit neuen Werkzeugen zur digitalen Recherche und Verifikation auseinanderzusetzen, Ressourcen in den Redaktionen sind knapp, Zeitdruck beherrscht häufig die Arbeit. Und die Leser:innen? Sie suchen ebenfalls Orientierung im schnellen Informationssystem. Das Thema Medienkompetenz für alle Altersgruppen gewinnt in Deutschland an Bedeutung, ganz besonders in einem Superwahljahr: Wie können Fakten sich also wieder einer breiten Akzeptanz erfreuen?

Insbesondere die Unsicherheit und Entwicklung der Coronavirus-Pandemie führte in den vergangenen Monaten zur Verbreitung entsprechender Fehlinformationen. Die weltweite Einführung von Covid-19-Impfstoffen verschärft ein bekanntes Problem von Fehlinformationen zum Thema Immunisierung. Fakten-Checker:innen haben sehr hart daran gearbeitet, Unwahrheiten zu entlarven. Fast 10.000 solcher Faktenchecks rund um die Pandemie werden aktuell in unseren Produkten zugänglich gemacht. Fakten und verlässliche Quellen brauchen also einen ›Image-Boost‹. Denn ohne sie geht es nicht, wir müssen gemeinsam für sie werben.

Menschen mit relevanten Informationen überall auf der Welt und zu jeder Zeit zu versorgen, ist seit Unternehmensgründung das Ziel von Google. Die Menge an Informationen – gute wie auch schlechte – hat mit dem Internet stetig zugenommen. Wir sehen es als unsere Verantwortung, vertrauenswürdige und zuverlässige Informationen für Nutzer:innen auffindbar zu machen. Diese Verantwortung ist besonders wichtig, wenn das Leben im Lockdown und die anhaltende Corona-Pandemie uns alle vor neue Herausforderungen stellt. Wir zeigen seit fast vier Jahren Faktenchecks in der Google Suche und bei Google News an, um Menschen dabei zu helfen, fundiertere Urteile über die Inhalte zu fällen, denen sie online begegnen. Dies ist möglich, weil Organisationen und spezielle Initiativen zur Überprüfung von Fakten auf der ganzen Welt ihre Arbeit mit ClaimReview kennzeichnen. Dadurch können Fakten-Checker:innen signalisieren – und Nutzer:innen unverkennbar erkennen –, dass eine Webseite einen Faktencheck enthält.

Inklusion und Repräsentation schaffen Vertrauen

Neben der technologischen Seite, gibt es auch noch die finanzielle Förderung, damit wir ein nachhaltiges Ökosystem für Faktenchecker:innen und Faktencheck-Organisationen schaffen können. Seit vielen Jahren unterstützen wir daher Projekte zur Überprüfung von Fakten auf der ganzen Welt. Die Zusammenarbeit, das offene Brainstorming über Lösungsansätze und den kritischen Austausch über die richtigen Mechanismen im Kampf gegen Desinformation mit Partnern wie *Correctiv*, dpa, ARD-Faktenfinder, BAYERISCHER RUNDFUNK (*Faktenfuchs*) u.v.m. ist essenziell, damit Fakten in der Bevölkerung auf breite Akzeptanz stoßen und als Basis für den gesellschaftlichen Diskurs in allen Bevölkerungsgruppen als unabdingbar angesehen werden.

Fakten-Checker:innen und Journalist:innen leisten viel für dieses Ziel – und für die Demokratie. Unsere Verantwortung ist es, ihre Arbeit zu unterstützen – mit Technologie und Förderung. Und während wir das tun, verbessern wir gleichzeitig auch unsere eigenen Produkte, Mechanismen und Prozesse z. B. bei YouTube: zuverlässige Quellen sichtbarer machen, vertrauenswürdige Kanäle unterstützen, grenzwertige Fehlinformationen in der Reichweite reduzieren, Inhalte zu entfernen, die gegen unsere Richtlinien verstoßen. Wir sind uns der Verantwortung bewusst.

Berichte aus den vergangenen Monaten zeigen, dass gerade unterrepräsentierte Gruppen besonders stark Fehlinformationen ausgesetzt sind. Viele Faktencheck-Organisationen stellen sich bereits seit einiger Zeit die Frage, wie Fakten-Checks z. B. in einfache Sprache übersetzt oder für Menschen mit einer Einschränkung der visuellen Wahrnehmungsfähigkeit zugänglich gemacht werden können. Faktenchecks in anderen Formaten zur Verfügung zu stellen ist das eine. Einen generell zukunftsgewandten und inklusiven Journalismus für unterrepräsentierte Gruppen zu gestalten, ist aus meiner Sicht das andere wichtige Thema der Zukunft. Inklusion und Repräsentation schaffen Vertrauen.

Diversität als beliebtes Lippenbekenntnis der Medien

Eine Rolle, die ich sehr gerne sowohl bei Google als auch im Privaten einnehme, ist die der Verfechterin von mehr Diversität, besserer Repräsentation und Inklusion von unterrepräsentierten Gruppen. Für mich persönlich kann Journalismus in Zukunft nur gut sein, wenn er die Vielfalt unserer Gesellschaft widerspiegelt. Es geht um diverse Teams, inklusive der besetzten Spitzenpositionen, eine verständliche Sprache, die umfangreiche Repräsentation marginalisierter Gruppen in der Berichterstattung und dem Zugang zur journalistischen Ausbildung und zu journalistischen Produkten für finanziell schwächere Gruppen. Damit meine ich nicht, dass jedes nachrichtliche Stück auf gesellschaftliche Strömungen oder Missstände im Kontext von Vielfalt und Inklusion eingehen muss. Es geht um strukturelle Veränderungen, wer für wann und wie Journalismus macht – Informationen bereitstellt.

Ein interessantes Beispiel ist die Analyse von *Der Spiegel* anlässlich des Internationalen Frauentages 2021, die in rund 40.000 Artikel zwischen März 2020 und Februar 2021 nach dem Geschlechterverhältnis geschaut hat. In 42 Prozent der analysierten Artikel werden nur Männer namentlich erwähnt, in sechs Prozent nur Frauen. Daten helfen dabei, solche Missstände aufzuzeigen und Fragen für die Zukunft zu formulieren, beispielsweise »Wie kann Berichterstattung inklusiver sein?«.

Ich habe den Wunsch nach strukturellen Veränderungen, die für mich als Leserin, Konsumentin und Beobachterin, Journalismus besser und widerstandsfähiger machen. Das Jahr 2022 muss die Wende bringen in der Diskussion um Diversität im Journalismus hierzulande: Wir müssen uns verabschieden von Lippenbekenntnissen, Plattitüden und Versprechen.

Kurz nachdem ich 2015 zu Google wechselte, um das News Lab aufzubauen, habe ich den Verein Neue Deutsche Medienmacher*innen e.V. kennengelernt. Ihr Netzwerk formt die Interessensvertretung für Medienschaffende mit Migrationsgeschichte. Sie treten für eine ausgewogene Berichterstattung ein und kümmern sich um Nachwuchsförderung. Ähnlich wie Pro Quote und dem von Google unterstützten VOCER Millennial Lab für junge Zielgruppen geht es ihnen um eine bessere Repräsentation von marginalisierten Gruppen. Ihre aktuelle Studie aus dem Frühjahr 2020, die wir im Rahmen der Google News Initiative unterstützt haben, zeigt: Der Wille ist da, aber der Weg ist noch weit. Es wurde zum ersten Mal erhoben, wie viele Chefredakteur:innen in deutschen Redaktionen einen Migrationshintergrund haben. Das Ergebnis: Es sind sechs Prozent – in einem Einwanderungsland wie Deutschland.

Dies ist nur eine Perspektive auf die Herausforderung, Journalismus in allen Formen und auf allen Ebenen diverser zu gestalten. Im Rahmen der Google News Initiative mobilisiere ich gemeinsam mit vielen Kolleg:innen Ressourcen, um solche Programme zu unterstützen, die Vielfalt und Inklusion fördern – von der Berichterstattung bis zur Talentförderung oder dem Kulturwandel in Redaktionen.

Trainings, neue Werkzeuge und Förderung für Faktencheck-Organisationen sowie Initiativen für mehr Diversität in der deutschen Medienlandschaft. Das klingt toll! Doch warum tut Google das alles?

Googles Agenda

Ich könnte es mir jetzt einfach machen und lapidar feststellen: Weil wir es für richtig und wichtig halten. Ich kann jedoch verstehen, dass diese einfache Begründung gerade bei einer Berufsgruppe, bei der ein gesundes Maß an Skepsis und Vorsicht zum Jobprofil gehört, als nicht hinreichend empfunden wird. »Was ist die wirkliche Agenda?« werden wir daher oft gefragt. Oder auch: »Möchte Google mit seinen Förderprogrammen kritische Journalist:innen milde stimmen?« Ich möchte auf beide Fragen gerne eingehen und mit der zweiten beginnen.

Ich will sehr deutlich sein: Ich finde die Vorstellung, dass sich erfahrene Journalist:innen von einem Google-Förderprogramm beeinflussen, einlullen oder gar korrumpieren lassen könnten, abwegig. Eine derartige Unterstellung von Seiten mancher externen Beobachter:innen zeugt zunächst entweder von einem offenbar geringen Vertrauen in die Unabhängigkeit des (eigenen) journalistischen Berufsstands. Von Vertreter:innen dieser ›Korrumpierungs-Theorie‹ wird sodann gerne hinzugefügt, dass durch die Google-Förderung ›finanzielle Abhängigkeiten‹ entstünden, worauf die betreffenden Redaktionen womöglich durch ›vorauseilend positive Berichterstattung‹ reagieren könnten. Auch dies halte ich aus den genannten Gründen für abwegig, zumal derartige ›Abhängigkeiten‹ im Zweifelsfall in mindestens ebenso großem Maße zu den großen Werbekunden der betreffenden Medien bestehen dürften. Und klar ist auch: Es herrscht kein Mangel an kritischer Berichterstattung über unser Unternehmen, ganz im Gegenteil.

Nun zur zweiten Frage nach Googles ›Agenda‹. Diese Frage begleitet uns seit vielen Jahren, und es gibt bestimmte Beobachter:innen, die jegliche finanzielle oder andere Förderung durch Google, egal für welchen Zweck, ohne weitere Erwägung in die Kategorie ›Lobbyismus‹ einsortieren. Ich finde das bedauerlich, denn würde man diese radikale Haltung zu Ende denken, könnte ein Unternehmen wie Google seine zweifellos vorhandenen Möglichkeiten – finanziell, technologisch und personell – prinzipiell nicht mehr zur Unterstützung des Gemeinwesens oder anderer gesellschaftlicher Ziele einsetzen. Weil jede Form des Engagements sofort unter ›Manipulationsverdacht‹ gestellt würde. Wir sehen uns vielmehr als einen Teil des Nachrichten-Ökosystems – nämlich als denjenigen, der relevante, journalistische Inhalte auffindbar macht und Anbieter solcher Inhalte dabei unterstützt, ihre Arbeit unter Einsatz technologischer Möglichkeiten wirtschaftlich erfolgreich auf- und auszubauen.

Google als einer der größten Finanziers des Journalismus weltweit

Der Strukturwandel, den Medien, Verlage, Redaktionen seit vielen Jahrzehnten durchlaufen, ist gravierend. Auf die digitale Revolution folgte die mobile Revolution, Künstliche Intelligenz und maschinelles Lernen sind die nächsten technologischen Sprünge, die insbesondere die Medien vor riesige Herausforderungen und Anpassungen stellen. Es ist seit über zehn Jahren klar, dass unsere Partner in den Presseverlagen, die Politik und die Gesellschaft insgesamt von den erfolgreichen Digitalunternehmen wie Google mehr erwarten. Als ›Gewinner‹ der Digitalisierung sollen wir jene am Erfolg stärker partizipieren lassen, deren Geschäftsmodelle durch die Digitalisierung ins Wanken geraten sind. Dieser Erwartungshaltung und unserem eigenen Gefühl der Verantwortung für ein gesundes journalistisches Ökosystem versuchen wir seit vielen Jahren durch eine Vielzahl neuer Initiativen gerecht zu werden. Durch internationale und nationale Förderprogramme wie die europäische Digitale News Initiative (DNI), die globale Google News Initiative (GNI) oder Google News Showcase, einen Dienst, in dem qualitativ hochwertige, journalistische Artikel dargestellt werden, für die Google Lizenzgebühren bezahlt, investieren wir Millionenbeträge in journalistische Projekte und zwar von traditionellen Verlagen wie auch neuen ›Digital-only‹-Medienunternehmen. Hinzu kommen der Suchmaschinen-Traffic, Werbepartnerschaften und kostenlose journalistische Tools. Google ist vor diesem Hintergrund sicherlich einer der größten Finanziers des Journalismus weltweit.

Was bei der Debatte um Googles ›Agenda‹ häufig übersehen wird: Zahlreiche der genannten Programme entstanden auf Initiative von namhaften Verlagen und der uns sehr wohl aufgenommenen Kritik von Journalist:innen, Google solle sich für das Wohl der Verlage engagieren. Was also ist ›Googles Agenda‹? Wir versuchen, unserer Rolle im globalen journalistischen Ökosystem verantwortungsvoll nachzugehen. Ich glaube, dass unser Engagement in den vergangenen Jahren gezeigt hat, dass wir unser Bekenntnis zu Unterstützung und Zusammenarbeit mit der Medien- und Verlagsbranche sehr ernst meinen.

Und meine persönliche Agenda? Ich möchte mit meinem Team dazu beitragen, den digitalen Journalismus erfolgreich und widerstandsfähiger zu machen. Wir möchten auf neue Technologien aufmerksam machen, die den Journalismus bereichern, mit Expert:innen Lösungsansätze gegen die Ausbreitung von Desinformation entwickeln, im Austausch mit Medienmacher:innen Forschung fördern und Handlungsempfehlungen für mehr Diversität und Inklusion schaffen, und letztendlich Wege aufzeigen, wie ein wirtschaftlich nachhaltiges Nachrichten-Ökosystem aussehen kann, geprägt von Kollaboration und Experimentierlust.

Eine funktionierende, demokratische Gesellschaft braucht eine kritische und vielfältige Presse – gerade jetzt. Zum Schluss der Blick in meine Glaskugel: Journalismus im Jahr 2026 kann besser sein, wenn wir zusammen an Lösungen und guten Ideen arbeiten, die für alle erkenntnis- und nachhaltig gewinnbringend sind und zugleich die Vielfalt unserer Informationsgesellschaft berücksichtigt.

Quellen

https://mh17.correctiv.org/ [8.6.2022]

http://www.hanns-joachim-friedrichs.de/index.php/preistraeger-2019.html [8.6.2022]

http://www.hanns-joachim-friedrichs.de/index.php/preistraeger-2015.html [8.6.2022]

https://blog.google/outreach-initiatives/google-news-initiative/open-fund-projects-debunking-vaccine-misinformation/ [8.6.2022]

»Digitale Technologien und Werkzeuge machen
den Journalismus besser.«

PAUL HAASE

Einfach mal machen

So klappt's mit der Innovation im Verlag. Fünf Tipps von Paul Haase, Partner Solutions Manager, News, Central Europe bei Meta.

›Innovation‹ ist im Journalismus ein vielfach verwendeter Begriff und oft mit einem unglaublich hohen Anspruch an das Ergebnis verbunden. Wann das richtig und falsch ist, ist oft schwer zu beurteilen, aber in diesem Beitrag soll es um zwei Wesenszüge davon gehen: Erstens soll darunter verstanden werden, Neues zu entwickeln. Das können neue Formate, Distributionswege, Storytelling-Varianten, Geschäftsmodelle oder einfach Ideen sein, die in die Tat und Produkte umgesetzt werden. Zweitens und das wird oft etwas weniger in den Fokus gerückt, geht es bei Innovation darum, Bestehendes weiterzuentwickeln. Das fängt bei den Redaktionsabläufen am Newsdesk an (nicht zuletzt unter Homeoffice-Bedingungen während der aktuellen Corona-Pandemie) und hört (nicht) bei den Preisen für Abonnements auf. Erst einmal kann man alles auf Links drehen, hinterfragen und weiterentwickeln. Ob das gemacht wird, hängt dabei wesentlich von Führungskräften, Strukturen, Ritualen und – nicht zuletzt – gelebtem Verhalten in Organisationen ab.

Wenn man nun das beschriebene Innovationsverständnis zu Grunde legt, kann man fragen, warum es von diesen Neu- und Weiterentwicklungen in der Breite noch so wenig gibt. Projekte werden teilweise nicht umgesetzt, ›weil die Chefredaktion das einfach nicht wollte‹. Blockaden oder Ablehnungen mögen auch ihre Gründe haben, aber manchmal geschehen sie einfach ohne triftigen Grund. Redaktionen wird es traditionellerweise leider oft nicht einfach gemacht, Neues oder Bestehendes zu entwickeln. Die Abläufe sind seit vielen Jahren gelernt, die Rollen seit vielen Jahren definiert und Aufgaben seit vielen Jahren ohne große Veränderung. Vielerorts sind auch die Strukturen der Führungsebenen und Verantwortlichkeiten so starr und verhärtet, dass oft kein Innovationslicht im Dunkel erkennbar ist.

Innovation ist in der Art, wie Journalisten arbeiten, wie Texte digital ausgespielt werden und beispielsweise, wie ein Verlag funktioniert, erst einmal nicht systematisch angelegt. Es gibt von Vornherein keine dezidierten Jobfunktionen wie zum Beispiel in Tech-Unternehmen, die die Teams methodisch schulen, etwa in Innovationsworkshops oder agilem Arbeiten. An vielen Stellen sind die traditionellen Abläufe auch sicherlich nützlich, aber wenn es darum geht, sich als Verlag und den Journalismus weiterzuentwickeln, dann braucht es eine große Portion an neuem Denken, methodischen Fähigkeiten, anderen Führungsstilen und Mut, Innovationsräume zu schaffen und diese dann auch zu nutzen.

Aber wie können solche Räume oder einfacher ›Platz zum Denken und Machen‹ entstehen und was sind die Voraussetzungen dafür? Fünf grundsätzliche Ideen, wie Innovationsprojekte umgesetzt werden können:

1. *Start von Innovationsprojekten: Projektrahmen und Ziele definieren*

Innovationsprojekte brauchen einen klaren Rahmen, in dem allerdings größte Bewegungsfreiheit für das Team herrschen muss. Es hilft ungemein, ein klares Ziel vor Augen zu haben und den Weg dorthin mit wichtigen Erkenntnissen zu gehen. Soll es darum gehen, neue Social-Media-Formate zu entwickeln oder vielmehr neue Storytelling-Möglichkeiten zu testen? Wichtig ist, dass das Ziel eines Projekts so klar wie möglich definiert ist. Idealerweise mit festen KPIs (Zielwerten). Zusätzlich muss das Gesamtbudget des Projekts festgelegt sein (und im besten

Fall bereitgestellt werden), damit das Team eigenverantwortlich die zur Verfügung stehenden Ressourcen und Entscheidungen über Ausgaben selbst verwalten kann. Das hilft nicht nur unternehmerisch zu denken, sondern schafft auch gleichzeitig mehr Freiraum und Eigenverantwortlichkeit für den Fortgang des Projekts. Alleine die Erfahrungen auf dem Weg zu einer Problemlösung oder einer Weiterentwicklung eines Prozesses, sind manchmal sogar schon mehr wert als das Ergebnis selbst.

2. *Transparent, flexibel und dynamisch arbeiten*

Im Gegensatz zu konservativen ›Projektpräsentationen‹, in denen nur Endergebnisse vorgestellt werden, sollten heutzutage ganz andere Grundsätze von Führungsebene und Projektteam gelebt werden. Darunter finden sich zuvorderst: Transparenz, Flexibilität und Dynamik. Transparent müssen Projektstatus, Erkenntnisse, Fort- und Rückschritte geteilt werden – es geht vielmehr darum, gemeinsam mit dem erweiterten Team nach Lösungen zu suchen, es zu beteiligen und über Lernerfolge, Herausforderungen und Misserfolge zu sprechen. Mit einem klaren Projektplan können Meilensteine und Ziel festgelegt werden, allerdings sollte genug Raum für flexibles, dynamisches oder auch agiles Arbeiten bleiben. Denn mithilfe der auf dem Weg gewonnenen Erkenntnisse, können neue Abzweigungen genommen werden, um letztendlich an das Ziel zu gelangen.

3. *Meilensteine und Ergebnisse feiern!*

Nicht zuletzt gehört es dazu, Erfolge, Erkenntnisse und wichtige Meilensteine im Rahmen des Projekts auch gebührend mit dem Team zu feiern. Das muss nicht am Ende passieren, sondern sollte auch zwischendurch vorkommen. Denn: so klappt es nicht nur mit dem Teamgeist besser, auch das erweiterte Team wird häufiger auf eine ganz natürliche Weise mit einbezogen. Bei einem gemeinsamen Bier (auch digital möglich!) entstehen oft neue und schlaue Ideen. Je mehr Kollegen wissen, wovon das Projekt handelt oder welches neue Format entwickelt wird, umso mehr können sich auch einbringen und im besten Fall sogar aktiv daran mitarbeiten.

4. *Aufgaben der Führungsebene: Empathie, Mut und Methodik*

Nicht nur für Innovationsprojekte, sondern auch generell, braucht es ein Umdenken in der Art, Mitarbeiter zu führen. Es geht dabei gar nicht um Kontrolle und Hierarchie – es sind Grundsätze wie Empathie, Mut und die Fähigkeit, die eigenen Teams methodisch auf ihrem Projektweg zu unterstützen, die nun gebraucht werden. Die Fähigkeit, empathisch das eigene Team, die eigene Redaktion genau beobachten zu können und zu erkennen, wer ›Lust auf Neues‹ hat ist notwendig. Mitarbeiter entdecken, die vorangehen können und die den Status Quo weiterentwickeln wollen, müssen erkannt und gefördert werden. Gleichwohl brauchen diese Projekte oft Mut, denn natürlich weiß keiner so genau, ob eine Paid-Content-Strategie nicht alle Leser völlig abschreckt – oder ob das neue Instagram-Format wirklich so gut ankommt. Wer nicht wagt, der nicht gewinnt. Das gilt auch hier.

Oft vernachlässigt wird die heutzutage grundsätzliche Fähigkeit, Teams in Methoden zu schulen und gemeinsam zu evaluieren, ob und welche Ideenfindungsmethode oder Arbeitsvariante am besten für eine Redaktion funktioniert. Das geht vom simplen Brainstorming bis hin zu einem Strategie-Tag in einem Co-Working Space; das betrifft Methoden wie Scrum, Mindmapping und Co. Genau diese Varianten des Arbeitens werden zu oft einfach vorausgesetzt oder schlichtweg vollkommen ignoriert. Die Teams brauchen niemanden, der wie ein Lehrer vor ihnen sitzt und das Vorankommen des Projekts kontrolliert. Gebraucht werden die Fähigkeit und Offenheit, neue Arbeitsmethoden kennenzulernen und auszuprobieren.

5. *Lehren der Corona-Pandemie: Zuhören, Dialog und Anpassungsfähigkeit*

Gerade die Corona-Pandemie hat bewiesen, dass Redaktionen über Monate hinweg (womöglich Jahre) in einer Ausnahmesituation arbeiten müssen. Und damit in einem konstanten Modus der innovativen Anpassung und Entwicklung. Die Leser müssen über aktuelle Infektionszahlen, Impffortschritt, Hintergründe, politische Entscheidungen und jüngste Entwicklungen der Pandemie gleichzeitig ausgewogen informiert werden. Die Redaktionen arbeiten (zum Teil) dauerhaft im Homeoffice. Und ganz nebenbei muss jeder sein eigenes Leben auf die Reihe bekommen. Journalisten sind also in zwei grundlegenden Fähigkeiten gefordert: Erstens, das journalistische Handwerk muss gründlich beherrscht werden, Informationen sorgfältig, klar und im Kontext aufzubereiten. Und das insbesondere in einer Situation der konstanten Anspannung in einer äußerst unklaren Lage. Im gleichen Zuge kommt der digitalen Startseite eines Mediums also eine umso stärkere Bedeutung zu. Redaktionen müssen sich hier fragen, wie sie die Corona-Nachrichten über Monate hinweg sinnvoll für ihre Leser präsentieren. Das ist natürlich immer eine grundlegende Aufgabe im digitalen Journalismus, jedoch sicherlich über einen so langen Pandemie-Zeitraum im Moment deutlich herausfordernder als Ereignisse in den letzten Jahren. Was hier also gefragt ist: Um herauszufinden, welche Fragen den Lesern unter den Nägeln brennen, welche Wissenslücken es aufzuklären gilt und welche Sorgen besprochen werden müssen, müssen Journalisten – vielleicht sogar mehr denn je – zuhören und mit ihren Lesern in den Dialog treten. Für mich kann Journalismus in Zukunft nur gut sein, wenn er die Vielfalt unserer Gesellschaft widerspiegelt.

Die zweite Fähigkeit, in der der Journalismus momentan stärker gefordert ist, ist die Anpassungsfähigkeit. Was aus dem Zuhören der Leser entstehen kann, sieht man anhand des Coronavirus-Update-Podcast mit Christian Drosten vom NDR. In dem wöchentlichen Nachrichtenpodcast beschäftigt sich jede Woche ein Wissenschaftler mit den aktuellsten Entwicklungen und Forschungsergebnissen der Pandemie. Dieses Format trifft auf ungeahnten Zuspruch und genau in ein großes Wissensbedürfnis der Zuhörer. Der Podcast ist das Ergebnis einer sinnvollen, innovativen (hier also Weiterentwicklung der bestehenden Corona-Berichterstattung) Formatentwicklung des NDR. Und genau dieses Vorgehen zeigt: Wenn Medien ihren Lesern weiterhin zuhören, mit ihnen sprechen und verstehen, was sie bewegt und gleichzeitig anpassungsbereit und -fähig sind, dann entwickeln sie mithilfe von innovativen Formaten den Journalismus eindeutig weiter.

Mit diesen fünf grundsätzlichen Ideen können viele Teams sicherlich schon einmal loslegen. Innovation muss aber nicht immer nur innerhalb des eigenen Verlags stattfinden. Auch außerhalb der gewohnten Umgebung lassen sich viele dieser ›Innovationsräume‹ finden. Als erstes denkt man da sicherlich an Konferenzen: Bei einem Kaffee zwischen Bühne 1 und 4 kommt man im Gespräch auf neue Ideen, erfährt mehr über die neuesten Entwicklungen und hat im besten Fall einfach einen guten Austausch. Das alles gestaltet sich 2021 natürlich aufgrund der Corona-Pandemie immer noch schwierig. Aber: das Jahr 2020 hat gezeigt, auch digitale Zusammenkünfte, Webinare und Workshops funktionieren.

Darüber hinaus gibt es aber viele Formate außerhalb der eigenen Verlagsstrukturen, die dezidiert darauf ausgerichtet sind, in den gemeinsamen Ideenaustausch und vor allem aber auch Innovationsumsetzung zu gehen. Das sind u. a. Formate und Initiativen wie Hackathon und Accelerator. Beim Hackathon arbeiten Projektgruppen meist über einen kurzen Zeitraum (von einem Tag bis zu mehreren Tagen) an der Ausarbeitung einer Produktidee in Form eines Prototyps. Der Prototyp kann auch ein Konzept sein, dass dann im eigenen Unternehmen oder mit der Projektgruppe weitergeführt und umgesetzt wird. Der Accelerator ist meist ein längerfristiges Programm, indem Startups gefördert werden, um in der ersten Entwicklungsphase loslegen zu können. In einer anderen Form ist es ein Programm, indem Teams aus Medienhäusern mit Branchen-Experten an einem konkreten Projekt oder Herausforderung über mehrere Monate hinweg arbeiten und dabei geschult und beraten werden.

Die entwickelten Prototypen und Konzepte sind natürlich nicht immer die Lösung aller Probleme, aber das Arbeiten in diesen kurzfristigen Projektteams bringt ein spannendes Mindset mit sich. Oft wird man dort zu neuen Ideen, Lösungswegen und Projekten inspiriert – im besten Fall hilft es natürlich auch dabei, das eigene Projekt, etwa die Paid-Content-Strategie oder das Social-Format, weiterzuentwickeln. Und auch hier braucht es eine Portion Mut und Transparenz, denn sicherlich muss man (und das ist auch gar nicht schlimm) Details seines

Vorhabens mit anderen Teilnehmern teilen und offenlegen, woran man arbeitet. Ein Problem ist das überhaupt nicht, denn oft sogar gelten in solchen Veranstaltungen auch die Chatham-House-Regeln. Und wenn nicht, auch dann kann es nur hilfreich sein, sich mit anderen Kolleginnen und Kollegen auszutauschen. Das Schöne: Meist geschieht dieser Austausch sogar interdisziplinär, denn die Teilnehmer kommen (gerade bei ›Hackathons‹) oft aus den unterschiedlichsten Arbeitsfeldern, vom App-Entwickler bis zum Buchhalter. Aus allen Richtungen kann hilfreicher Input für das eigene Projekt kommen.

Und nun?

›Einfach mal machen‹ wäre wohl ein schöner Abschluss dieses Beitrags. Ganz so einfach ist es dann doch oft aber nicht. Allerdings bitte nicht vergessen: Journalisten haben das wichtigste Handwerkszeug, nämlich das Talent zum Schreiben guter Geschichten, die Fähigkeit zur Neugier und Interesse an Geschehen und Menschen, meist schon in der Tasche. Und das ist super. Wenn man sich nun noch auf Veränderungen einlässt und mit recht einfachen Grundsätzen an Neuem arbeitet oder Bestehendes weiterentwickelt, dann entwickeln wir alle den Journalismus weiter und machen ihn langfristig widerstandsfähiger.

»Viele Lokalzeitungsausgaben aus dem Frühjahr 2020 werden als die besten vergangenen Jahre im Gedächtnis bleiben – nicht nur bei ihren Macherinnen und Machern, sondern bei den Leserinnen und Lesern.«

MARC RATH

Die Wiederentdeckung des Lokaljournalismus

In der Pandemie hat sich der Lokaljournalismus auf das konzentriert, was wichtig ist, sagt Marc Rath, seit 2022 Chefredakteur der **Mitteldeutschen Zeitung.** *Dafür müssen Journalisten wieder mehr raus auf die Straße.*

Als 2020 ab Mitte März die erste Welle der Covid-19-Pandemie das Leben lahmlegte, entdeckten die Lokalredaktionen in Deutschland den echten Lokaljournalismus wieder. Plötzlich war der Terminkalender leer. Die wöchentliche Presserunde beim Bürgermeister – abgesagt. Ausschuss- und Ratssitzungen fanden allenfalls virtuell, manche auch im Umlaufverfahren oder gar nicht statt.

Die täglichen Routinen waren passé. Es gab sie nicht mehr. Stattdessen stellten sich viele neue Fragen. Manche waren lebensnotwendig – ja, überlebensnotwendig. Auch für die eigene Branche. Viele Kolleginnen und Kollegen machten plötzlich wieder das, weswegen viele von ihnen diesen Beruf gewählt hatten – und konnten erleben und ausleben, wie es ist, wenn nicht übliche Regularien und Hierarchien den Alltag bestimmen. Die eigene Neugier, die Frage nach dem, was die Menschen gerade wirklich bewegt und nach neuen Informationen, die helfen einzuordnen und die Krise zu bewältigen, prägten in dieser ersten Corona-Phase den Redaktionsalltag.

Viele Lokalzeitungsausgaben aus dieser Zeit werden als die besten vergangenen Jahre im Gedächtnis bleiben – nicht nur bei ihren Macherinnen und Machern, sondern bei den Leserinnen und Lesern. Mir haben niemals zuvor so viele auf der Straße oder am Telefon »Wie gut, dass es Sie gibt« oder »Halten Sie bitte durch« zugerufen. Und mancher hat mir in dieser Zeit berichtet, dass er den Lokalteil, mit dem bei der Landeszeitung die Zeitung beginnt, gar nicht mehr in der üblichen Zeit schafft, die er – oder sie – sich für die Lektüre reserviert hat. Es gibt für uns wohl kaum ein schöneres Kompliment. Zumal die Zeitung insgesamt – und das nicht nur wegen des geringeren Anzeigenteils – aus Kostengründen dünner geworden war.

Zeit für Rückbesinnung

Die Corona-Pandemie bekommen wir hoffentlich irgendwann wieder in den Griff. Aber was lernen wir aus diesen Wochen und Monaten 2020 für uns? Ich hoffe, eine ganze Menge. Es ist Zeit für eine Rückbesinnung. Für eine Wiederentdeckung des Lokaljournalismus, die für manche vielleicht sogar eine neue Entdeckung sein mag. Umso besser.

Zum Blick nach vorn gehört der Blick zurück. Wo stehen wir? Unser Beruf hat sich zunehmend technisiert. Ich kann heute nicht nur per mobilem Telefon, sondern auch per Mail und via Messenger-Diensten meine Gesprächspartnerinnen und -partner zu praktisch jeder Zeit erreichen. Das macht unsere Arbeit schneller. Aber wird sie dadurch auch besser? Zu oft erlebe ich, wie ein Nachfassen zu einer Frage über eine Rundmail an die Fraktionschefs im Rat nicht hinausgeht. Die schicken inzwischen routiniert druckreife Sätze. Und die werden dann mitunter eins-zu-eins in den Text gehoben. Das früher übliche und wichtige Nachfragen in einem direkten Gespräch unterbleibt inzwischen viel zu oft. Zudem gibt es in Landratsämtern, Rathäusern und anderen Einrichtungen in den Kommunen inzwischen stetig wachsende Stäbe für

Presse- und Öffentlichkeitsarbeit. Anstelle von Pressegesprächen, die auch die Gelegenheit für Nachfragen und einen Austausch ermöglichen, kommen selbst auf dem Lande im elektronischen Redaktionspostfach zunehmend druckreife Pressemitteilungen mit ansprechendem Bildmaterial an, die die Absender ins beste Licht rücken – in der Hoffnung, dass es mit Copy-and-Paste ins Blatt und die anderen Kanäle gehoben wird. Ersteres ist bis zu einem gewissen Grad legitim, letzteres geschieht leider häufig. Auf der Strecke bleibt dann oftmals die eigene Recherche.

In manchen Redaktionen gibt es überdies eine selbstgewählte Gefangenschaft im Dreieck von Terminjournalismus, Mailordner und Tagesregularien. Doch die besten Geschichten liegen auf der Straße. Und sie müssen auch nicht immer groß und lang sein. Um sie zu finden, muss man aber rausgehen.

So oft wie möglich draußen sein

Wenn Corona etwas Gutes hatte, dann gehört in jedem Fall dazu, wie schnell in einzelnen Redaktionen jetzt neue Strukturen geschaffen wurden. Homeoffice, mobile Arbeitsplätze, schlankere und bessere Planungsprozesse gehören heute fast überall zum Alltag. Das schafft auch die Zeit für Recherche und um eben raus aufs Land zu gehen. Jetzt darf es keinen Rückfall mehr in alte Zeiten geben.

Es geht darum, dass nicht mehr möglichst viele in die Redaktionen zurückkommen. Sondern, dass sie so oft wie möglich draußen sind. Laptops und Smartphones ersetzen Schreibtisch und Rechner für die Reporterteams. Das haben einige Häuser schon vor der Pandemie vorgemacht.

Mit diesem Geist und dieser Ausstattung müssen aber auch die Inhalte andere werden. Wer eine Tour über die Dörfer allein mit den Kaffeerunden bei den Ortsoberhäuptern verwechselt, kann sich Sprit und Aufwand auch sparen. Dann kämen wir auch im digitalen Zeitalter wieder dort an, wo deutsche Tageszeitungen vor zwei Jahrhunderten mal starteten, als einstmals unter der Dorflinde der Bürgermeister, der Pfarrer und der Lehrer mit dem Schriftleiter des örtlichen Kreisintelligenzblattes oder Generalanzeigers besprachen, was das gemeine Volk denn erfahren dürfe und wie es ihm am besten nahegebracht werden solle.

Nicht erst seit heute muss es um einen Journalismus auf Augenhöhe mit der Leser- und Userschaft gehen. Aber gerade jetzt in den Zeiten einer allgemeinen Verunsicherung und größer werdender Skepsis auch gegenüber uns Medien ist es wichtig, dass wir deutlich machen, wo und wie wir verortet sind.

16- bis 96-Jährige umfassend informieren

Die große Chance in der heutigen Zeit ist, dass wir über unsere verschiedenen Kanäle wirklich 16- bis 96-Jährige erreichen können. Aber nicht mit den gleichen Inhalten. Und selbst bei den gleichen Themen gilt es, sie aus und für unterschiedliche Blickwinkel zielgruppengerecht aufzubereiten. Wenn etwa in einem Landkreis die Berechnung der Kita-Gebühren von festen Sätzen auf eine einkommensabhängige Berechnung umgestellt wird, möchten die zumeist jungen Eltern erfahren, was das für sie genau bedeutet. So genau wollen es Senioren vielleicht nicht wissen. Aber sie wollen verstehen, was da gerade passiert und was das bedeutet. Oft berichten wir dagegen mit dem Fokus auf die Folgen für die Stadtkasse. Das ist – auch – wichtig, geht aber an den Bedürfnissen derer, für die wir eigentlich schreiben, vorbei.

Bei der Kommunalwahl in Niedersachsen im Herbst 2021 haben wir bei der Landeszeitung genau das versucht. Wir haben die 46- bis 96-Jährigen in der Printausgabe umfassend informiert und die 16- bis 46-Jährigen über unsere digitalen Angebote. Manches war gleich, vieles aber anders.

Mit dem gedruckten Tanker und den digitalen Schnellbooten haben wir nunmehr die Chance, wirklich alle Altersgruppen zu erreichen. Das hat die gedruckte Ausgabe allein früher nicht geschafft, wenn wir ehrlich sind. Es gab nur damals keine Alternativen. Nur wenige Themen und Texte funktionieren so, dass sie die Lebenswirklichkeit von Großeltern und Enkeln gleichermaßen treffen.

Nicht zuletzt gehört dazu, dass sich der Journalismus wieder als Lokaljournalismus im besten Sinne des Wortes versteht. Wir Journalistinnen und Journalisten müssen die Orte nicht nur kennen, über die wir schreiben. Wir müssen dort ansprechbar sein und auf Augenhöhe agieren. Dabei können wir heute im direkten Gespräch, aber auch über unsere digitalen Kanäle auch weit mehr leisten – Foren des Austausches anbieten, Transparenz und Aufklärung schaffen.

Das muss nicht zuletzt in der gedruckten Ausgabe auch zu lesen sein. Hier sind viele Verlage zuletzt auf dem Rückzug gewesen und haben eher auf die ›großen Geschichten‹ gesetzt. Die sind zweifellos das Salz in der Suppe. Aber wenn sich im Lokalteil fast ganzseitige Artikel Seite an Seite reihen, wird die Mischung gleichförmig und es fehlt die lokale Einlage.

Das Feld nicht allein Facebook & Co. überlassen

Die *Volksstimme* im Norden von Sachsen-Anhalt ist sehr konsequent den Weg gegangen, in der Fläche präsent zu sein. Die Kolleginnen und Kollegen arbeiten mit festen Verträgen, zumeist nicht als Angestellte. Sie wohnen aber in der Regel im Gebiet ›ihrer‹ Verbands- oder Einheitsgemeinde, kennen dort nicht nur fast jeden Stein, sondern wirklich ›Gott und die Welt‹ – und füllen damit täglich eine halbe bis ganze Tageszeitungsseite.

Das Konzept wurde oft belächelt, trägt aber Früchte. Die Haushaltsabdeckung der *Volksstimme* bei ihren beiden Harz-Ausgaben Halberstadt und Wernigerode ist signifikant höher als bei der benachbarten *Mitteldeutschen Zeitung* im Altkreis Quedlinburg. Alle drei Gebiete sind strukturell vergleichbar – der größte Unterschied der beiden Zeitungstitel liegt im Lokalteil: Während die *Volksstimme* jedes Gebiet täglich im Blatt hat, setzt die MZ mehr auf thematische Schwerpunkte.

Die richtige Würze ist dann durch das digitale Angebot möglich. Hier sollten Verlage lokale Mitmach- und Austausch-Plattformen anbieten und dieses Feld nicht allein Facebook und Co. überlassen. Bei der *Landeszeitung* in Lüneburg folgen wir dem Beispiel der Harke aus Nienburg und haben seit Ende 2020 in Zusammenarbeit mit dem Startup ›Lopo-Lokalportal Media‹ ein ›Lokalportal‹ für den Landkreis Lüneburg aufgebaut, das genau diese Möglichkeiten anbietet und unser journalistisches Angebot um eine Community-Möglichkeit erweitert.

Viele Enkelkinder haben ihren Großeltern inzwischen die sinnvolle Nutzung von Messenger-Diensten beigebracht, so dass sich auch die ältere Generation Bilder vom sonnabendlichen Dorffest schon am Sonntag auf ihrem Smartphone angucken kann. Bild und Bericht am Montag in der Lokalzeitung gehören dazu, sind aber selbst für die ältere Generation nicht mehr die einzige Nachrichtenquelle und haben ihre Exklusivität – »Guck mal eine ganz Bilderseite, und das auch noch in Farbe« – längst eingebüßt.

Journalismus studieren ist kein Muss

Diese Veränderungen machen auch vor unserem Berufsbild nicht Halt. Wir müssen diverser werden. Und das nicht nur kulturell. Die Trennung in Desk- und Reporterteams ist längst nicht in allen Häusern vollzogen. Doch dabei bleibt es nicht. In digitalen Einheiten gibt es bereits unterschiedliches Spezialwissen. Bei den Reportern müssen auch nicht alle investigativ recherchieren. Was wir brauchen, sind auch Kolleginnen und Kollegen, die das Land nicht nur lieben, sondern auch leben. Dazu kann man Journalismus studiert haben, muss es aber nicht.

Braucht es unbedingt einen Hochschulabschluss? Journalistisches Handwerk kann auch lernen, wer eine Ausbildung absolviert hat und mitten im Leben steht. Gerade im Lokalen finden Letztgenannte womöglich einen viel besseren Draht zu den Leuten und ihren Themen. Ich selbst habe auch schon tolle Erfahrungen mit Kolleginnen und Kollegen gemacht, die ›nur‹ mit einem Realschul-Abschluss angefangen haben. Genauso wie mit einem Koch oder einem Sozialarbeiter, der die Seiten gewechselt hat. Das sind Ausnahmen im Alltag, aber es sollte sie geben.

Viele Redaktionen im Westen sind dagegen über Jahrzehnte hinweg recht gleichförmig besetzt worden. Im Osten Deutschlands waren in den vergangenen Jahrzehnten nicht nur die Brüche größer. Hier sind auch mehr Quereinsteiger zu finden. Aus der Mitte des Lebens. Für den Lokaljournalismus war und ist das eine Chance, denn sie sind näher dran. Sie sehen auch das Kleine – und diese Mischung macht uns erst groß.

»Die Situation ist paradox: der intensiv und seriös recherchierende, einordnende Journalismus ist ungemein wichtig, gleichzeitig ist eben dieser Journalismus ökonomisch bedroht.«

FRAUKE HAMANN

Der Sogkraft widerstehen

Als einst mächtige Gatekeeper haben Journalist:innen ihre Deutungshoheit wohl unwiderruflich eingebüßt, sagt die freie Journalistin Frauke Hamann. Ihr Plädoyer: Journalisten sollten nicht zu Einpeitschern, zu gehetzt Hetzenden werden. Sondern auf Argumentation, auf produktive Auseinandersetzung setzen.

Journalismus schafft und braucht Aufmerksamkeit. Aufmerksamkeit ist sein Produktivitätsnachweis, sie verdeutlicht, dass er rezipiert und geschätzt wird. Sie bietet zudem Gewähr für seine ökonomische Tragfähigkeit. Doch die Auflagen gedruckter Presseerzeugnisse sind in Deutschland zwischen 1991 und 2021 kontinuierlich gesunken: Wurden im Jahr 1991 noch rund 27,3 Millionen Exemplare verkauft, betrug die Auflage im Jahr 2021 noch rund 12 Millionen und hat sich damit mehr als halbiert. Auch die Zahl der in Deutschland erscheinenden Tageszeitungen ist zwischen 1991 und 2018 von rund 158 auf 114 Titel gesunken.[5] Lokalredaktionen werden geschlossen, Redaktionen zusammengelegt, Stellen abgebaut. Zombie-Zeitungen gaukeln mediale Vielfalt bloß vor. Lässt

5 Vgl. https://de.statista.com/statistik/daten/studie/171774/umfrage/verkaufte-auflage-der-zeitungen-in-deutschland/ [8.6.2022]

sich die weitere »Verkargung der Presselandschaft«[6] aufhalten? Schließlich sind Pressevielfalt und Pressefreiheit zwei Seiten einer Medaille.[7]

Der Qualitätsjournalismus, insbesondere im Printbereich, steht ökonomisch weiter massiv unter Druck: »Im traditionellen Geschäft sinken die Auflagen, die Anzeigenerlöse brechen ein, im digitalen, also für die Leserinnen und Leser zahlungspflichtigen Neugeschäft gibt es teils sehr kräftige Zuwächse, aber die gleichen die Verluste nicht aus. Also gibt es überall ein ähnliches Bild: Einsparungen, Outsourcing einzelner Einheiten bis hin zu Stellenabbau.«[8]

Spirale aus Sparen- und Wachsen-Müssen

Schon Bertolt Brecht wusste: »Das Sichere ist nicht sicher. So, wie es ist, bleibt es nicht« – aus der skizzierten Situation resultieren starke Veränderungsdynamiken. Werden die Medienhäuser der Spirale aus Sparen- und Wachsen-Müssen entkommen können – und wie sieht ein Journalismus aus, der fortlaufend Kosten senken und dabei der weiter zunehmenden Komplexität gerecht werden soll? Außerdem wirkt die Corona-Pandemie auf den Konsum allgemein wie auch auf die Mediennutzung und erweist sich als Beschleuniger schon länger vorhandener Trends. Während des ersten Lockdowns im Frühling 2020 ergab sich ein deutlicher Anstieg der Nutzung digitaler Medien. Die Zahl der Menschen, die digitale Zeitungen lasen, stieg um fast ein Drittel, etwa um ein Viertel beim Streaming und bei kostenpflichtigen Online-Newsseiten.[9]

6 *Übermedien*, 06.05.2019.

7 »Wie in den Vorjahren schwindet die Medienvielfalt vor allem im regionalen und lokalen Umfeld«, bilanziert Reporter ohne Grenzen. Auch neue digitale Anbieter könnten keine nachhaltige Verbesserung garantieren, https://www.reporter-ohne-grenzen.de/nahaufnahme/2020 [8.6.2022]. 2018 hatte es geheißen: »Die schrumpfende Pressevielfalt in Deutschland bleibt eine latente Bedrohung. Wie schon in den Vorjahren häuften sich auch 2018 die Meldungen über Stellenabbau und Einsparungen in der deutschen Medienlandschaft. Gleichzeitig sind Zentralredaktionen großer Regionalverlage entstanden. Dadurch können Regionalzeitungen zwar ihre Kompetenzen bündeln und ihr Gewicht gegenüber politischen Gesprächspartnern stärken, Medienvielfalt und die Vielfalt veröffentlichter Meinungen nehmen jedoch ab.«

8 PETER FAHRENHOLZ: Und jetzt vertragt euch. Streit beim »Stern«. In: *Süddeutsche Zeitung*, 28.01.2021.

9 Siehe: https://www.iwd.de/artikel/medienkonsum-boomt-in-corona-zeiten-469822/ [8.6.2022] sowie die Studie *Auswirkungen des Coronavirus (Covid-19) auf digitale Medien*: https://

Die Pandemie wirkt laut Umfragen[10] als Katalysator: Digitale, qualitativ hochwertige Inhalte werden stärker nachgefragt, der Rückgang bei traditionellen Medienangeboten beschleunigt sich. »Bei Zeitungen ist die tägliche Leserschaft wieder auf die Größenordnung der Zeiten vor der Pandemie zurückgegangen. Weder bei gedruckten noch bei digitalen Zeitschriften ist ein langfristig positiver Effekt erkennbar.« Steigende Nachfrage sei fast ausschließlich bei digitalen Angeboten zu verzeichnen: »Und die Krise erweist sich zugleich als Chance für Bezahlinhalte: 25 Prozent der Befragten geben an, dass ihre Zahlungsbereitschaft für digitale Premiuminhalte in der Pandemie gestiegen ist. 14 Prozent der Mediennutzer haben seit dem Lockdown neue Bezahlabonnements abgeschlossen.«

Die Covid-19-Pandemie fordert den Journalismus also zusätzlich heraus, weil die Menschen angesichts der gesundheitlichen Gefährdungen wie angesichts der politischen und wirtschaftlichen Steuerungsmaßnahmen ein hohes Informationsbedürfnis haben. Die Situation ist paradox: der intensiv und seriös recherchierende, einordnende Journalismus ist ungemein wichtig, gleichzeitig ist eben dieser Journalismus ökonomisch bedroht. Das Problem: ein Geschäftsmodell fehlt, zumal ein nachhaltiges. Mehr Menschen denn je informieren sich online, Foren und Portale und Podcasts haben gerade in Zeiten der Isolation eine wichtige Funktion. Die Grenze zwischen Medium und echtem Leben wird neu justiert. Die digital-mediale Gesellschaft ist eine Tatsache, die wiederum dem Journalismus zusetzt. Adaptiert er die Aufmerksamkeitsmechanismen sozialer Medien, schwindet seine Relevanz, seine Eigenständigkeit und sein Profil.

Wut, Hass und Aggression als Geschäftsmodell

Angesichts einer enorm artikulationsstarken Gesellschaft verblasst Rudolf Augsteins Credo »Sagen, was ist.« Es müsste inzwischen lauten: »Jede(r) sagt, was ist.« Glaubwürdigkeit, Seriosität, unabhängige, eigenständige Recherche als journalistische Qualitätskriterien dünnen aus. Die Me-

de.statista.com/statistik/studie/id/72511/dokument/auswirkungen-des-coronavirus-auf-digitale-medien/ [10.06.2022]

10 Deloitte Media Consumer Survey 2020: https://www2.deloitte.com/de/de/pages/technology-media-and-telecommunications/articles/mediennutzung-covid-19.html [8.6.2022].

dienrealität unterscheidet sich fundamental von der vor 30 Jahren. Eine vergleichende Studie zur deutschen Tagespresse zwischen 1984 und 2014 und eine Analyse von *Süddeutsche Zeitung*, *Bild* und *Münchner Merkur* zeigt das Ausmaß der Veränderung: Diese Medien bieten mehr ›soft news‹, stärken die Nachrichtenfaktoren Skandal/Negativität/Prominente, der Nachrichtenstil wird narrativer und es gibt mehr Folgeberichterstattung.[11] Diese Entwicklung ist komplementär zur Vervielfältigung und Fragmentierung der Gesellschaft in tausend Privatwirklichkeiten. Wir alle wollen auffallen, performen, möglichst außergewöhnlich sein, ob mit Blick auf Wohnung, Reisen oder Job wächst die Suche nach dem Besonderen. Angesichts dessen sind die sozialen Medien so attraktiv. Als ebenso effiziente wie intelligente Kommunikationsmittel bestätigen sie je nach individuellem Bedarf und Gruppenverlangen. So steigern sie die Masse der Meinungen. Auch deshalb sind Polarisierung und Polemik überall.

Der Wettstreit zwischen Journalismus und Social Media lässt an Herbert Achternbuschs anarchisch-doppelbödige Losung denken: »Du hast keine Chance, aber nutze sie!« Wut, Hass und Aggression – mit diesem Geschäftsmodell sind die Social-Media-Plattformen reich geworden. Oft unterwerfen sich die klassischen Medien diesen Aufmerksamkeitsschleudern, statt ihnen etwas entgegenzusetzen.

Deutungshoheit unwiderruflich eingebüßt

Zum sozial-medialen Gewebe gehören eben auch vielseitige Taktiken der Desinformation, unzählige Falschinformationen und gezielt gestreute Unwahrheiten. Vielen Plattformen geht es um ›snappy‹ Headlines, die »direkt ins Hirn gehen«.[12] Sie zielen auf Abgrenzung, Polarisierung und Lagerbildung.[13] Wenn Motzen und Geifern von Social-Media-Plattformen auf den Journalismus übergreifen, gerät dieser in die Defensive. Wenn

11 MARIA KARIDI: *Medienlogik im Wandel. Wie sich verändernde Akteur-Struktur-Dynamiken in den Inhalten der Nachrichtenmedien widerspiegeln*. Wiesbaden: Springer VS 2017.

12 To ram it into people's skulls. In: ANDREW MARANTZ: *Antisocial, Online Extremists, Techno-Utopians, and the Hijacking of the American Conversation*. New York 2019.

13 Sie streiten nicht miteinander. Sie ignorieren sich. In: DANA HAJEK: *Wir gegen die*, FAZ.Net, https://www.faz.net/multimedia/impfung-in-deutschland-wir-gegen-die-17789865.html [10.06.2022].

Leitmedien emotionalisieren und vereinfachen, verwischen die Grenze zwischen Information und Emotion. Wenn der Journalismus zunehmend auf Personen zielt, wenn er Heldengeschichten und Machtkämpfe erzählt und Menschen mit gnadenloser Schärfe danach beurteilt, wer gut rüberkommt und wer weniger, wer sich am entschiedensten entblößt, bleiben Innehalten, Differenzierung und Multiperspektivität auf der Strecke.

Wem aber nützt der aufwühlende, vermeintlich alternativlose Turbojournalismus? Permanente Kontroversen und der grassierende Bekenntnis-Drang verändern das Meinungsklima und die Wahrnehmung anderer Position, ja den Respekt vor ihnen. Hoher Puls, Distanzlosigkeit und mangelnder Respekt führen zu einer aufgewühlten, zornigen Gesellschaft, die nur noch polarisierend reflektiert und kommuniziert. Die Auswirkungen auf journalistische Angebote sind fatal. Als einst mächtige Gatekeeper haben Journalisten ihre Deutungshoheit wohl unwiderruflich eingebüßt. Sie sollten nicht zu Einpeitschern, zu gehetzt Hetzenden werden und in die Flüchtigkeit flüchten. Um ihre neue Rolle zu bestimmen, sollten sie sich von den Wirkungsweisen der mächtigen Gefühlsmaschinen absetzen. Sie sollten auf Argumentation, auf produktive Auseinandersetzung orientieren. Die Fülle unserer kommunikativen Möglichkeiten hat zu einer Stimmenvielfalt geführt, die kaum noch diskursiv gebündelt werden kann. Unsere kommunikativen Freiheiten bedrohen die gemeinsame Verständigung – diese paradoxe Entwicklung fordert den Journalismus heraus. Er sollte verdeutlichen,

- dass wechselseitige Anerkennung auch bei unterschiedlichen Positionen möglich ist;
- und dass die Fähigkeit des Maßhaltens wichtiger ist als das ungezügelte Ausleben aller möglichen auszuschöpfenden Positionen.

Sich gegenseitig zuhören

Wenn Journalismus das Selbstgespräch ist, »welches die Zeit über sich selbst führt«[14], dann wäre sein vornehmstes Ziel, zur gedeihlichen Kon-

14 ROBERT EDUARD PRUTZ: *Geschichte des deutschen Journalismus*. Hannover 1845, nachgedruckt Göttingen 1971.

versation beizutragen, vor allem aber: sich gegenseitig zuzuhören. Unabhängigkeit, Fairness und das Einbeziehen unterschiedlicher Sichtweisen, Analysen, Fact-Checking sind Voraussetzungen für Journalismus – und für dessen Wirksamkeit. Das journalistische Handwerk sollte gediegen sein, ihm sollte es also um sachliche Genauigkeit, sprachliche Klarheit, Verständlichkeit der Botschaft und die Orientierung auf die Empfänger gehen. Journalisten treten gegen bewusste Desinformation an. Sie befördern Erkenntnis- und Informationsgewinn statt Stimmungsmache, getreu der Farbenlehre von Michael Jürgs, dass die dem Journalismus angemessene Farbe nicht Schwarz und nicht Weiß sei, sondern Grau. Denn Grau sei die Farbe des Zweifels. Journalisten widerstehen der Diskurs-Verengung und Nuancen-Vernichtung. Mit argumentativer Klarheit bleiben sie gelassen im Gewirr der lauten Stimmen und irritierenden Botschaften. »Den Unterschied machen also nicht starke Meinungen, sondern sorgfältige Recherchen und die strenge Suche nach echter Expertise, die Orientierung liefert.«[15]

Wenn die Gereiztheit der Gesellschaft anhält, sollten Journalisten ihr begegnen, indem sie nachdenklich und argumentativ zu Positionen verführen, die den Zusammenhalt stärken, statt ihn zu schwächen. Das Miteinandersprechen wird wichtiger und schwieriger. Es geht eben nicht um pauschale Attacken, sondern um abwägende Betrachtungen, um Differenzierungen und Nuancierungen. In den sozialen Medien findet Identifikation über Abgrenzung statt, weil eindeutige Parteinahme mehr Resonanz bringt als Differenzierung. Demgegenüber sollte es eine journalistische Tugend sein, der Sogkraft von Ärger und Aufregungen zu widerstehen: »Ja, ist gut jetzt.«[16]

15 VOLKER STOLLORZ, Redaktionsleiter und Geschäftsführer des Science Media Center Germany, Wissenschaftsjournalist des Jahres, Systemrelevant, in: *Die Zeit*, 1.01.2021.

16 CHRISTIAN DROSTEN, Tweet am 19.11.2020.

»Wir sind mehr denn je auf handverlesene Empfehlungen angewiesen. Professionelle Kuration schafft, woran Algorithmen scheitern.«

MAXIMILIAN ROSCH

Kuration als Schlüssel zum langsamen Netz

Warum wir nachhaltigeren Medienkonsum statt Endlos-Scrolling brauchen, erklärt Maximilian Rosch, Chefredakteur der Kurations-Plattform piqd.

In einer Zeit omnipräsenter Medienangebote wird es zur emotionalen Notwendigkeit, sich vor ständiger Überreizung zu schützen und gezielt nach entschleunigten, ausgeruhten und personalisierten Formaten zu suchen. Denn viele Menschen fühlen sich überfordert, gar erschlagen von der Content-Flut in ihren Mitteilungen, Apps und E-Mail-Postfächern. Und die ständige Verfügbarkeit auf allen digitalen, internetfähigen Geräten macht es zu einer echten Herausforderung, sich dem Dauerangebot zu entziehen.

Tatsächlich nimmt der Konsum digitaler Medien immer mehr Zeit in Anspruch. 2021 waren es im Schnitt mehr als zwei Stunden am Tag; bei den 14-29-Jährigen sogar knapp viereinhalb Stunden, in denen Videos, Audioformate und Texte konsumiert wurden.[17] Wer nicht gezielt nach

17 BEISCH, N.; KOCH, W.: *Aktuelle Aspekte der Internetnutzung in Deutschland*. In: https://www.ard-zdf-onlinestudie.de/files/2021/Beisch_Koch.pdf [10.06.2022].

journalistischen Inhalten sucht oder ein (Digital-)Abo hat, nutzt in der Regel Plattformen, Messenger oder Newsletter. Das Bedürfnis, sich aus vielen verschiedenen Quellen zu informieren wächst. Allerdings ist es aufwendig und zeitintensiv sich selbst täglich neu zu orientieren und nur bedingt möglich die wirklich relevanten Inhalte zu filtern und zusätzlich von Neuem inspiriert zu werden. Denn wer nicht gerade wie Medienprofis über RSS-Feeds die Inhalte vieler verschiedener Redaktionen erhält, bewegt sich in sozialen Netzwerken, wo die angezeigten Inhalte von Algorithmen bestimmt und durch Werbung verwässert werden. In den Feeds geht es für die Plattformen vor allem darum Nutzer:innen mit personalisierten Empfehlungen möglichst lange am Bildschirm zu halten und für die dort publizierenden Medienangebote zählt vor allem, sie auf ihre eigenen Webseiten zu lotsen und diesen Traffic idealerweise zu monetarisieren.[18]

Forschungsstand: ›algorithm appreciation‹ und menschliche Kontrolle

Nutzer:innen schätzen allgemein die Genauigkeit von Algorithmen, wenn es um personalisierte Nachrichten-Empfehlungen geht. Allerdings gibt es verschiedene individuelle Einschränkungen für diese ›algorithm appreciation‹. Gerade wenn als Alternative menschliche Empfehlungen von Expert:innen zur Wahl stehen, werden diese oft gegenüber den Algorithmen bevorzugt.[19] Wichtig ist außerdem, dass die Personalisierung nicht zu Lasten von Nachrichtenvielfalt und -tiefe wirkt.[20] Die Ergebnisse aktueller Untersuchungen weisen insgesamt darauf hin, dass Nutzer:innen algorithmische Empfehlungen nicht um jeden Preis annehmen. Um ihr Vertrauen zu gewinnen, bedarf es eines Fokus auf »Erklärbarkeit, Transparenz, Vielfalt und Lösungen zum Schutz

18 LISCHKA, J; GARZ, M.: Clickbait news and algorithmic curation: A game theory framework of the relation between journalism, users, and platforms. In: *New Media & Society*, 2021, S. 17. DOI: 10.1177/14614448211027174 [18.2.2022].

19 THURMAN, N.; MOELLER, J.; HELBERGERN N.;TRILLING, D.: My Friends, Editors, Algorithms, and I. In: *Digital Journalism*, 7:4, 2019, S. 448. DOI: 10.1080/21670811.2018.1493936 [20.2.2022].

20 BODÓ,B.; HELBERGER, N.; ESKENS, S.; MÖLLER, J.: Interested in Diversity. In: *Digital Journalism*, 7:2, S. 214, 2019. DOI: 10.1080/21670811.2018.1521292 [20.2.2022].

der gemeinsamen Nachrichtensphäre«.[21] Am naheliegendsten scheint daher aktuell eine Kombination aus Algorithmen und menschlicher Kontrolle. Dies wird bereits von Publikationen wie von Intermediären umgesetzt. Facebook führte einen ›News Tab‹ ein, für den unter anderem auch in Deutschland Medienhäuser und Algorithmen die Inhalte auswählen.[22] Die Merk-App Pocket, die per App und im Firefox-Browser journalistische Empfehlungen ausspielt, agiert ähnlich.[23] Ob eine rein menschliche Kuration überhaupt noch möglich ist, sei dahingestellt. Die Wahrscheinlichkeit ist hoch, dass an irgendeiner Stelle im Selektionsprozess von Inhalten ein Algorithmus beteiligt ist, wenn etwa eine Suchmaschine oder ein Soziales Netzwerk genutzt werden.

Kuration als Weiterentwicklung journalistischer Arbeit

Eine klare Abgrenzung der Kuration zu anderen journalistischen Praktiken ist nur schwer möglich, da es viele Überschneidungen gibt. So kann Kuration als eine »Weiterentwicklung journalistischer Arbeitsweisen« beschrieben werden, »welche in unterschiedlichen Darstellungsformen vorkommen kann und durch hohe Transparenz, Multimedialität sowie durch die Einbettung von User-generated-Content einen Mehrwert schafft.«[24] Kuration soll grundsätzlich »die weit verstreuten Informationen bündeln, einordnen, prüfen und für ein Nachrichtenpublikum aufbereiten«.[25] Es geht dabei nicht darum zusätzliche Inhalte zu schaffen, sondern ausgewählte, bereits vorhandene Beiträge hervorzuheben.

21 MØLLER, L. A.: Recommended for You: How Newspapers Normalise Algorithmic News Recommendation to Fit Their Gatekeeping Role. In: *Journalism Studies*, 2022, S. 12f. DOI: 10.1080/1461670X.2022.2034522 [22.2.2022].

22 PETEREIT, D.: *Facebook News in Deutschland – der Rollout hat begonnen*. In: https://t3n.de/news/facebook-news-tab-deutschland-1386164/ [8.6.2022].

23 *Pocket for Publishers – FAQ*. In: https://help.getpocket.com/article/1155-pocket-for-publishers-faq [8.6.2022].

24 BACHMEIER, M.; MORF, M.: Kuratieren 2.0 – Warum Journalistinnen und Journalisten kuratieren sollten. In: *Kommunikation.medien*, 5. Ausgabe, 2015, unter https://eplus.uni-salzburg.at/JKM/content/titleinfo/2032551/full.pdf [10.6.2022].

25 WEICHERT, S.: Der neue Journalismus. In: *Publizistik*, 56, 2011, S. 367. DOI: 10.1007/s11616-011-0127-4

Kuration kann Aufmerksamkeit für Geschichten schaffen, die ansonsten untergehen würden, sie neu betrachten und einordnen.[26]

Die aufwendigere menschliche Kuration hat dabei im Vergleich zu den – in der Regel den Prinzipien der Aufmerksamkeitsökonomie folgenden – Algorithmen eine Reihe an Vorteilen: »Selektionsentscheidungen beziehen sich auf den Inhalt, Selektion wird kontrollierbarer sowie nachvollziehbarer und allgemeine Qualitätskriterien können bei der Kuration von Inhalten berücksichtigt werden.«[27] Ein gemeinwohlorientierter Intermediär kann hier unter bestimmten Bedingungen demokratiefördernd agieren und einen gesellschaftlichen Mehrwert schaffen.

Kein Nischenprodukt

Das Kuratieren und Empfehlen journalistischer Inhalte ist längst im Mainstream angekommen. Die Akteure sind dabei Intermediäre, Medienhäuser und teilweise auch Einzelpersonen – ein Trend, der sich durch die Etablierung von Newsletter-Plattformen wie Substack verstärkt hat. Pocket und Facebook wurden bereits genannt. Weithin bekannt und beliebt war der Kurationsdienst Nuzzel, der mittlerweile von Twitter akquiriert und integriert wurde. Springer schickte mit Upday kuratierte News zunächst vorinstalliert auf Samsung Handys, mittlerweile gibt es eine App auch für iOS. Spotify spielt Mix-Playlists als quasi Radiosendungs-Imitate aus Musik und Nachrichten-Podcasts aus, auch Apple bietet mittlerweile kuratierte Empfehlungen in der eigenen Podcast-App an. Kleinere Angebote wie Shelfd kuratieren die Mediatheken von Video-Streaminganbietern. Auf europäischer Ebene kuratierten ausschließlich Frauen beim von Googles Digital News Initiative geförderten Projekt NewsMaven, das leider 2019 wieder eingestellt

26 FOTOPOULOU, A.; COULDRY, N.: Telling the story of the stories: online content curation and digital engagement. In: *Information, Communication & Society*, 18:2, 2015, S. 243. DOI: 10.1080/1369118X.2014.952317 [20.2.2022].

27 VON NORDHEIM, G.; FUCHSLOCH, S.: Der gemeinwohlorientierte Intermediär. In: KRONE, J.; GEBESMAIR, A. (Hrsg.): *Zur Ökonomie gemeinwohlorientierter Medien*. Nomos, Baden-Baden 2019 S. 251. DOI: 10.5771/9783845289601-245 [19.2.2022].

wurde.[28] Initiativen wie *Die Neue Norm* verschicken kuratierte Newsletter zur Inklusion und sozialer Gerechtigkeit. Krautreporter stellt mit der Morgenpost täglich komprimiert die wichtigsten journalistischen Beiträge des Tages zusammen. Genannt werden muss ebenso der niederländische Online-Kiosk *Blendle*, der 2020 durch den französischen Wettbewerber *Cafeyn* übernommen wurde.[29] *piqd* agiert als Kurationsplattform mit etwa 100 Kurator:innen ebenfalls bereits seit 2015.

Was macht gute Kuration aus?

Kuration im journalistischen Kontext ist weit mehr als das ›bloße Verlinken‹ von Inhalten. Ähnlich wie in einer Ausstellung sollen die Leser:innen ein Stück weit geführt werden, um sich dann einen eigenen Eindruck verschaffen zu können. Kurator:innen verarbeiten Inhalte aus ihrem (täglichen) Medienkonsum zu Empfehlungen und werden somit auch zu Dienstleistern. Sie liefern mit ihrer Vorauswahl eine Komplexitätsreduktion, Quelleneinschätzung und letztlich auch Zeitersparnis für die Leser:innen und orientieren sich damit stark an deren Bedürfnissen. Die Ausrichtung an Leser:innenbedürfnissen entspricht einer Forderung des Medienkritikers Jeff Jarvis: Er benannte *Relevance* »als eines der zentralen Paradigmen des zeitgenössischen Journalismus« und darüber hinaus *Context, Utility* und *Community* als weitere Kriterien.[30] Bezogen auf *piqd* führte Stefanie Molthagen-Schnöring, Professorin für Wirtschaftskommunikation, aus: »Im Falle von *piqd* liefern die Experten Kontextinformationen und Argumente, warum ein Text relevant ist. Inwiefern er nützlich ist, müssen die Leser selbst entscheiden und auch der Community-Gedanke ist davon abhängig, inwiefern der Le-

28 SCHOLZ, A.: *Wenn (nur!) Frauen Nachrichten kuratieren würden*. In: https://www.piqd.de/mediengesellschaft/wenn-nur-frauen-nachrichten-kuratieren-wurden [8.6.2022].

29 Fischer, A.: *Der französische Online-Kiosk Cafeyn kauft Blendle*. In: https://www.turi2.de/aktuell/der-franzoesische-online-kiosk-cafeyn-kauft-blendle/ [8.6.2022].

30 MOLTHAGEN-SCHNÖRING, S.: Abweichungen etablierter journalistischer Textsorten in der Dualität von Online- und Printmedien. In: FEMERS-KOCH, S.; MOLTHAGEN-SCHNÖRING, S.: *Textspiele in der Wirtschaftskommunikation*. Springer VS, Wiesbaden, 2018, S. 32

ser sich als Teil einer Gemeinschaft versteht und daraus einen Nutzen für sich zieht.«[31]

Bei *piqd* gehört zu jeder Empfehlung ein in der Länge variierender Text, der im Wesentlichen zwei Fragen beantwortet: Worum geht es und warum ist dies die Zeit der Leser:innen wert? Die konkrete Umsetzung obliegt den Kurator:innen. Inwieweit sie Querverweise, Zitate oder persönliche Einschätzungen einfließen lassen, entscheiden sie. »Es hat sich bewährt, dass die Kurator:innen auch Redakteur:innen sind«, sagt *piqd*-Mitgründer und Geschäftsführer Marcus von Jordan. Die Empfehlungen leben vom persönlichen Stil der Kurator:innen und ihrem Gespür für gute Inhalte. Ausschlaggebend für gute, nachhaltige Kurationsarbeit ist Selbstständigkeit bei der Auswahl der Inhalte, Unabhängigkeit bei der Empfehlung und die Bereitschaft für einen Austausch nach der Veröffentlichung. Schließlich ist die Kuration von Online-Inhalten auch ein Teil der Netzkultur.

Kuration muss nicht perfekt sein

Kuration unterliegt keinem stets treibenden Optimierungszwang. Sie muss weder perfekt noch vollständig sein – aber gut genug, um Leser:innen regelmäßig ein verlässliches Angebot an relevanten und qualitativ hochwertigen Empfehlungen aus einer Vielzahl verschiedener Quellen zu bieten. Dabei dürfen die Kurator:innen mit ihren Empfehlungen überraschen, auch auf abseitige Quellen verweisen, wenn die Qualität stimmt. Das ist enorm wichtig, denn »NutzerInnen wollen nicht nur aus verschiedenen Ressorts wählen, sie wollen auch weltanschauliche Vielfalt«[32], stellte Frederik Fischer – Gründungsmitglied und ehemaliger Chefredakteur von *piqd* – nach einer qualitativen Leser:innen Umfrage fest. Mit guter Kuration gelingt ein ausgeruhter Blick, eine echte Wahrnehmung. Die Kurator:innen sind hier DJs – sie machen aus der

31 Ebd.

32 FISCHER, F.: *Warum zahlen LeserInnen (nicht) für Journalismus im Netz?* In: http://carta.info/warum-zahlen-leserinnen-nicht-fuer-journalismus-im-netz/ [8.6.2022].

Musik die Party. Sie gestalten jeden Tag eine neue Ausstellung, die eine stimmige Auswahl präsentiert, die überrascht und berührt.

›Time well spent‹ statt Endlos-Scrolling

Anders als in den Social Media-Feeds sollte das kuratierte Angebot irgendwann erschöpft sein oder relativ leicht ohne schlechtes Gewissen zu ignorieren sein. Hat die Leser:in alle aktuellen Empfehlungen rezipiert, erfolgt keine ›Gefangenhaltung‹ im Endlos-Scrolling. Es geht nicht darum, Nachrichtenangebote zu ersetzen, sondern darum, sie sinnvoll zu ergänzen. Kuration sollte keinen zwanghaften Vollständigkeitsanspruch haben, sondern Leser:innen ermutigen, sich auch anderswo im Netz umzusehen.

Gemeinwohl und Gemeinnützigkeit

Letztlich braucht ein nachhaltiger Medienkonsum nachhaltige Medienangebote – sozusagen Bio-Qualität statt journalistischem Fastfood. Clickbait, toxische, desinformierende oder agitative Angebote, falsche Versprechungen und oberflächliche Inhalte tragen nicht zum Gemeinwohl bei. Sollten wir also weiterhin Plattformen hinterherrennen, die nicht das Interesse der Leser:innen als erstes Anliegen haben? »If portals to the digital world are so exploitative, it asks, why not curate our own?«[33], schrieb die amerikanische Tech-Journalistin Nitasha Tiku 2019 in Bezug auf eine Beobachtung: Einige Pionier:innen in der Tech-Branche ziehen sich bereits zurück und plädieren für ein »slow food movement for the internet«. *piqd* versucht ein Teil dieses entschleunigten Netzes zu sein.

Dafür braucht es auch eine nachhaltige Finanzierung. Für *piqd* bedeutet das vor allem eine breitere finanzielle Aufstellung durch eine verstärkte Finanzierung durch Leser:innen und durch die Überführung in die Gemeinnützigkeit, die mit der Übernahme durch die Schwingen-

33 TIKU, N.: *The Soothing Promise of Our Own Artisanal Internet.* In: https://www.wired.com/story/soothing-promise-our-own-artisanal-internet/ [8.6.2022].

stein Stiftung gGmbH im Januar 2022 erfolgte. Dieser Schritt ist für viele, gerade lokaljournalistische Projekte eine echte Perspektive. Das Forum Gemeinnütziger Journalismus[34] ist ein Verbund von Stiftungen, Vereinen und Redaktionen, die gemeinsam versuchen politisch durchzusetzen, dass journalistische Projekte grundsätzlich als gemeinnützig anerkannt arbeiten dürfen.

Einen weiteren möglichen Lösungsansatz könnte die staatliche Förderung journalistischer Projekte darstellen – ohne dabei die Staatsferne der Medien aufzulösen. Dafür könnten staatliche Gelder über Stiftungen vergeben werden, etwa so, wie es der Arbeitskreis Digitale Publisher vorschlägt: Neben Neugründungen und etablierten Presseverlagen sollten auch bestehende digitale Angebote gefördert werden.[35] Mit Spannung wird aktuell etwa die neue »Journalismusförderung«[36] des Bundes betrachtet, die Teil einer wachsenden Zahl von umfangreicheren und offener formulierten öffentlichen Förderungen ist. Egal wie diese Förderungen letztlich ausgestaltet werden: Um einen nachhaltigen, ausgeruhten und in der Qualität und Vielfalt befriedigenden Medienkonsum zu ermöglichen, wird menschliche Kuration auch in der Medienlandschaft der Zukunft eine wichtige Rolle spielen.

34 http://forum-gemeinnuetziger-journalismus.de/ [8.6.2022]

35 HEIMANN, R.: Künstliche Staatliche Beatmung, unter https://www.mdr.de/altpapier/das-altpapier-1768.html [8.6.2022]

36 STAATSMINISTERIUM FÜR KULTUR UND MEDIEN: Starke Strukturen für unabhängigen Journalismus, unter: https://www.bundesregierung.de/breg-de/bundesregierung/staatsministerin-fuer-kultur-und-medien/medien/journalismus [8.6.2022]

»Die Digitalisierung ist maßgebliches Werkzeug und zugleich Treiber des Wandels, sorgt aber auch für Unsicherheit und Desorientierung.«

LEIF KRAMP / ALEXANDER VON STREIT/ STEPHAN WEICHERT

Digitale Resilienz

Der Blick auf das Medienpublikum kann die Widerstandskraft des Journalismus (nicht nur) in Kriegs- und Krisenzeiten stärken. Der Beitrag von Leif Kramp, Alexander von Streit und Stephan Weichert plädiert für ein neues Resilienzkonzept in der Digitalisierung und schlägt praxisnahe Lösungen vor.

Eigentlich ist es eine hypothetische Frage: »Was würdest Du tun, wenn Du keine Angst hättest?« Doch in Gesprächen mit vielen Medienschaffenden haben wir darauf vielsagende Antworten bekommen: Vom Ausstieg aus dem Job über die Gründung eines eigenen Unternehmens bis hin zu den Plänen einer radikalen Neuerfindung des eigenen Mediums ist alles dabei. Sie machen sich plötzlich Gedanken über Dinge, die sie bislang häufig ignorierten, weil es ihnen dabei schnell mulmig zumute wurde – gerade jetzt, inmitten einer von der Corona-Pandemie und Ukraine-Krieg veränderten Welt.

Die Angst hat viele Journalist:innen verändert. Seit Jahren ist die Branche im Würgegriff, die journalistische Profession ist eher von Prekariats- als von Aufschwungsszenarien gekennzeichnet (KRAMP 2013). Die anhaltende Krisenstimmung setzt vielen Kolleg:innen zu. Sie macht mürbe, überfordert, lässt viele am eigenen Tun zweifeln, manche sogar verzweifeln – bis hin zur Selbstaufgabe. Einige bangen um ihren Job, fürchten um ihre wirtschaftliche und sogar ihre kreative Existenz. Und es regiert die Sorge vor Einschränkungen der Selbstwirksamkeit, dem Verlust der Selbstachtung.

»Die Krise als Chance« begreifen: Dieser Kalenderspruch ist – gerade in Zeiten von Krisen, Kriegen und Katastrophen – zur wohlfeilen Phrase verkommen, die sich kaum noch jemand ohne sarkastischen Unterton auszusprechen traut. Vor allem, weil es den meisten schwer fällt, selbst an solcherlei Mutmach-Parolen zu glauben. Und doch befinden sich viele von der Krise gebeutelte Medienschaffende in einer Situation, die sie verleitet, über Grundsätzliches nachzudenken: Bin ich noch im richtigen Job? Ergibt mein Tun einen Sinn? Entspricht meine Arbeit eigentlich meinen Fähigkeiten und Wertvorstellungen? Kann ich mich frei entfalten? Oder fühle ich mich verunsichert, überfordert und matt?

Gestaltungslust und Veränderungsbereitschaft

Überhaupt erfährt das Zweifeln am eigenen Tun in der Medienbranche durch Corona eine Hochphase: In welche Redaktion man auch reinhorcht, die Stimmung ist vielerorts im Keller. Nicht nur Kurzarbeit und Entlassungen plagen etliche Medienhäuser, vielen Kolleg:innen droht wegen des Corona-Chaos schleichend die Begeisterung am eigenen Metier verloren zu gehen. Die Pandemie ist schon deshalb verhasst, weil sie Journalist:innen in der Ausübung ihres Handwerks behindert – weil Verschwörungstheorien, Desinformationen und – seit dem Ukraine-Krieg mehr denn je – auch verstärkt wieder politische Propaganda die Runde machen, die IT-Systeme der Verlage von Hacker:innen unter Beschuss genommen werden und weil so mancher Arbeitgeber die Krisenzeit als plumpen Vorwand benutzt, um Sparmaßnahmen vorzuziehen, Belegschaften auszudünnen und Mitarbeitende mit gut dotierten Altverträgen in den Vorruhestand zu schicken.

Auch weil noch kein selbsttragendes Bezahlmodell für den digitale Konsum von journalistischen Inhalten gefunden wurde, das funktioniert, nehmen die Existenzängste exorbitant zu. Es ist kein Wettlauf mit der Zeit mehr, sondern ein fast aussichtsloser Kampf gegen Windmühlen geworden. Von einigen Leidenschafts- und Leuchtturmprojekten abgesehen ist Qualität im Journalismus bis dato in der Fläche nicht finanzierbar. Manche stecken ein kleinwenig Hoffnung in den Ausbau eines geschützten Raums: durch Spenden, Genossenschaftsanteile, Stiftungsgelder, Querfinanzierung (vgl. KOLO/WEICHERT 2013; KRAMP/WEICHERT 2022). Doch solche gemeinwohlorientierten Ansätze taugen (bisher) überwiegend nur für Nischen.

Alle anderen, vor allem die Lokal- und Regionalzeitungsverlage, stehen mit dem Rücken zur Wand. Und diejenigen, die in der Branche ohnehin keine Lobby haben, sind bis auf weiteres am schlechtesten bedient: Freischaffende Solo-Journalist:innen, deren Auftragslage so miserabel ist und die kein festes Arbeitsverhältnis schützt, so dass etliche gezwungen sind, Hartz-IV zu beziehen oder sich mit PR-Aufträgen über Wasser zu halten. Gestaltungslust, Veränderungsbereitschaft und ungetrübter Lernwille werden gerade in dieser Situation zu Superkräften.

Digitale Resilienz als gesellschaftliche Schlüsselkompetenz

Robust durch schwierige Zeiten zu kommen, ist im Journalismus deshalb zur Schlüsselkompetenz geworden – zumal unter den Vorzeichen des rasanten gesamtgesellschaftlichen Prozesses digitaler Transformation. Krisen zu überstehen und äußeren Wandel als Herausforderung – nicht als Bedrohung – anzunehmen, ist eine Frage des Bewertungsstils, der in der Sozialpsychologie als ›Resilienz‹ (lateinisch ›resilire‹) bezeichnet wird, was so viel bedeutet wie ›zurückspringen‹, ›abprallen‹«, ›widerstandsfähig sein‹ sein. Für die Widerstandsfähigkeit in Krisensituationen wurde lange Zeit das Stehaufmännchen bemüht; inzwischen sind in der Resilienzforschung ganzheitlichere Bilder gebräuchlich, zum Beispiel das einer Bambus-Pflanze, die tief in der Erde verwurzelt ist und niemals bricht, so sehr ihr Wind und Wetter zusetzen: Sie ist standhaft, kann aber – wenn es sein muss – biegsam sein, um sich den vorherrschenden Bedingungen anzupassen. Ist auch der Mensch flexibel, reagiert er gelassener im Umgang mit Stress und Belastungen, um mit einer Krise fertig zu werden.

Entgegen der landläufigen Auffassung ist die Philosophie von Resilienz nicht, den Status quo ante wiederherzustellen. Andersherum wird ein Schuh daraus: Wer resilient ist, kann leichter (neue) Umweltrealitäten adaptieren und akzeptieren als andere. Denn wer in schwierigen Zeiten zu neuer Stärke finden will, hat in der Anpassungsfähigkeit eine aussichtsreiche Basis: Resiliente Menschen wollen gerade nicht in alte Muster zurückflüchten; sie gehen – wie nach einem Burnout – aus einer (persönlichen) Krise verändert hervor, indem sie sich neue Fähigkeiten angeeignet haben.

Unser Ansatz der ›Digitalen Resilienz‹ weist über die psychologische Widerstandsfähigkeit weit hinaus: Er sieht Resilienz im digitalen Raum als neue Querschnittskompetenz in der vernetzten Gesellschaft. Im Fokus stehen ganzheitliche Perspektiven, die mit dem Soziologen Anthony Giddens (1988) die Bedingtheit von sozialen Strukturen und menschlichem Handeln betont und unter Rückgriff auf das Leitmotiv einer ›digitalen Sozialethik‹ (vgl. WEICHERT 2016) nach dem Medienwissenschaftler Roger Silverstone letztlich auf eine gerechtere digitale Gesellschaft zielt, in der alle Menschen die Möglichkeit haben sollen, sich konstruktiv und kritisch mit Digitalisierung auseinanderzusetzen: Demzufolge sollen digitale Medien so genutzt werden können, dass sie niemandem zu einem gesellschaftlichen Nachteil gereichen.

Um das zu erreichen, bedarf es gemeinschaftlicher Anstrengungen und Dialoge auf der Basis eines methodisch, empirisch und strategisch anwendbaren Modells. Der Politikwissenschaftler Wolfang Merkel (2021) hat ein solches ›Mehrebenen-Modell‹ demokratischer Resilienz vorgeschlagen, das zahlreiche Anschlusspunkte für einen neuen Resilienzansatz bietet, der die *gesellschaftlichen Ebenen digitaler Transformation* in den Mittelpunkt stellt (siehe auch Abbildung 1). Wir folgen dabei den konzeptionellen Überlegungen von Atteneder et al. (2017) einer »gestaltbaren Wechselbeziehung zwischen individuellen Handlungsformen und sozialen Strukturen« und richten unseren Fokus auf eine Reihe dominanter Trends der sich wandelnden digitalen Medienumgebung (vgl. HEPP/HASEBRINK 2017).

Diese Trends haben nachhaltige Konsequenzen für die gesellschaftliche Kommunikation und können in ihrer Gesamtheit und den engen Verknüpfungen miteinander als charakteristisch für die gegenwärtigen Transformationsprozesse einer Digitalisierung der Gesellschaft verstanden werden:

1. *IT- und Datensicherheit*, die aus einer fortschreitenden Datafizierung resultiert, also einer wachsenden Relevanz medienvermittelter Daten und der ihnen zugrunde liegenden Software und Infrastruktur für das sozialen Leben. Wie Steinmaurer (2019) zeigt, betrifft dies nicht allein infrastrukturelle Fragen, sondern auch den Alltag der Menschen: von der Mikroebene wie beispielsweise bei der Absicherung der informationellen Selbstbestimmung und des reflektierten Umgangs mit Daten über die Mesoebene (u.a. Transparenz des Daten-Handelns von Unternehmen) bis hin zur Makroebene (u.a. Schutz von Privatsphäre, Förderung gemeinwohlorientierter digitaler Infrastrukturen) sind Krisenfestigkeit und Zukunftsfähigkeit gefragt.
2. *Technologie und Innovation*, bei der sowohl die weitere Ausdifferenzierung einer Vielzahl von technologisch basierten Kommunikationsmedien zu bedenken ist als auch das rasante Innovationstempo beim Entstehen neuer digitaler Medien in immer kürzeren Zeiträumen.
3. *Vernetzung und Konnektivität* von und durch digitale(n) Medien, die die Möglichkeit bieten, individuell und kollektiv über Raum und Zeit hinweg in Verbindung miteinander zu treten und dies in weiter zunehmender Omnipräsenz digitaler Medien, die die Möglichkeit schafft, sich ständig und überall zu vernetzen.
4. *Diskurse und (Teil-)Öffentlichkeit* in der digitalen Transformation, die zugleich den Relevanzrahmen als auch die Verfahren der gesellschaftlichen Selbstverständigung abbilden.

Quer dazu und mit Bezügen zu allen vier genannten Resilienzebenen liegt die Aushandlung gesellschaftlicher Werte und des Gemeinwohls im Sinne einer demokratischen Grundordnung. Angezeigt ist ein kontinuierlicher Selbstverständigungsprozess zwischen allen sozialen Domänen, um die Arithmetik der gesellschaftlichen Bedürfnisse neu zu verhandeln: Welche Konstanten lassen sich in der teils strategisch gewollten, teils aufoktroyierten Transformationsbewegung aufrechterhalten, welche Gewissheiten gilt es zu opfern, welche Prioritäten zu setzen, welche Risiken und welche Kompromisse einzugehen?

ABBILDUNG 1

Herausforderungen Digitaler Resilienz als Mehrebenen-Modell

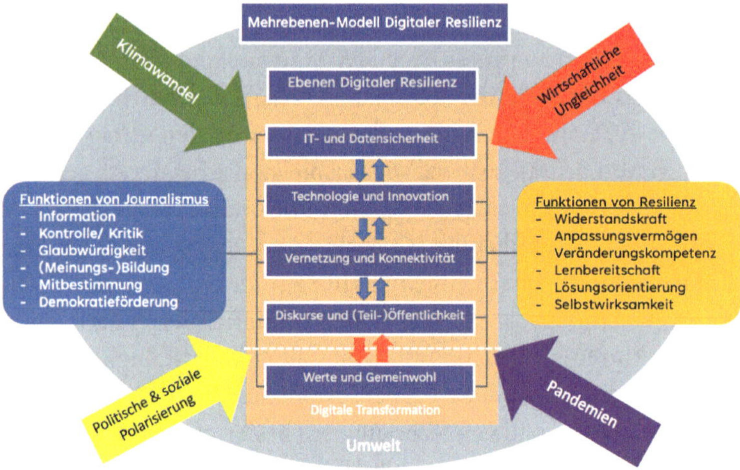

Quelle: Eigene Ausarbeitung auf Basis von Merkel (2021), Atteneder et al. (2017) und Hepp/Hasebrink (2017).

Diese Herausforderungen sind mächtig, allgegenwärtig und wechselnd. Aktuell können hier beispielsweise das Phänomen politischer und sozialer Polarisierung (u. a. Extremismus, Desinformation, Hassrede), der Klimawandel (u. a. Naturkatastrophen, Energiewende, Systemskepsis), wirtschaftliche Ungleichheit (u. a. Gerechtigkeitsdiskurs, Verteilungskämpfe, Wachstumsgrenzen) und Pandemien (v.a. die Welt mit und nach Corona, Vorkehrungen, Risikokommunikation) als dominante Einflussgrößen ausgemacht und benannt werden.

Dem Journalismus kommt in dieser kommunikativen Gemengelage eine Ermöglichungsrolle zu. Im Anschluss an Horst Pöttker (1998: 62) hilft das Besinnen auf Prinzipielles: »Dass Journalisten ihre berufliche Aufgabe gekonnt erfüllen, Öffentlichkeit herzustellen, ist für Individuen wichtig, damit sie ihr Leben auf der Höhe der kulturell bereitstehenden Möglichkeiten bewältigen können; für die Gesellschaft ist es notwendig, damit sie ihre Probleme verarbeiten und sich selbst regulieren kann.« Die Regelstrukturen journalistischer Praxis gewährleisten im normativen Idealfall den verbindlichen Rahmen, der für die kommunikative Konstruktion eines zukunftsgewandten Gemeinschaftssinnes zumindest eine neutrale Grundlage bilden kann: Informativ statt manipulativ, kontrollierend und kritisch statt parteilich und affirmativ, glaubwürdig statt verdächtig, (meinungs-)bildend statt persuasiv, Mitbestimmung ermöglichend statt elitär sowie demokratiefördernd, weil deliberativ und integrativ orientiert.

Journalismus, Journalist:innen und journalistische Organisationen sind dabei ebenso wie die mediennutzende Bevölkerung verwundbar und angewiesen darauf, resilient genug zu sein, um Widrigkeiten zu trotzen, Anforderungen zu erfüllen und handlungsfähig zu bleiben: Resilienz schöpft Widerstandskraft, Anpassungsvermögen, Veränderungskompetenz, verknüpft Lernbereitschaft mit Lösungsorientierung und ermöglicht Selbstwirksamkeit – allesamt Qualitäten, die Gesellschaften, Organisationen und Individuen benötigen, um Zukunft zu gestalten, gerade wenn die Gewissheiten wackeln.

Was taugt Resilienz als Konzept für den Medien- und Journalismusbereich? Viel. Zum einen ist die Hauptursache für misslungene Innovationsvorhaben in der digitalen Transformation seit jeher die mangelnde Fähigkeit journalistischer Organisationen, sich an veränderte Gegebenheiten anzupassen. Sie verfügen über keine ausgeprägte (digitale) Resilienz. Und wenn Journalist:innen zudem nicht krisenfest sind, können es ihre Arbeitgeber:innen auch nicht sein – das gilt vor allem für das Führungspersonal. Organisationen können nicht zufriedenstellend funktionieren, wenn trotz offensichtlicher struktureller Probleme so weitergemacht wird wie bisher und Anpassungen an die sich wandelnden Bedingungen kaum den Grad einer Makulatur überschreiten, beispielsweise im Hinblick auf die Journalismus-Publikumsbeziehung (vgl. KRAMP/LOOSEN 2018). Genau das haben wir in den vergangenen 20 Jahren im praktischen Journalismus und in der Medienbranche insgesamt hinlänglich beobachten und erforschen können: dass die Digitalisierung lange verdrängt, dann bagatellisiert und fürderhin in ihren Implikationen nicht ernst genug genommen wurde.

Ein Perspektivwechsel ist notwendig, der Medienleuten helfen kann, schwierige Situationen unbeschadet durchzustehen, das eigene Wohlbefinden und ihre Selbstwirksamkeit zu stärken, um sich mental gegen Risiken von innen und außen zu wappnen. Das benötigte Rüstzeug ist bereits bei denjenigen Journalist:innen angelegt, die sich offen zeigen, Neues zu erlernen und sich fortlaufend weiterzuentwickeln, sich regelmäßig fortzubilden. Als »Souffleure der Mediengesellschaft« (WEISCHENBERG/SCHOLL/MALIK 2006) ist es für sie zentral zu verstehen, dass natürlich gerade auch Mediennutzende Schwierigkeiten haben, sich souverän den Gesetzmäßigkeiten und Widrigkeiten in der digitalen Transformation (entgegen) zu stellen.

Bewältigungsstrategien hinsichtlich des unablässigen Wandels der tiefgreifend von (digitaler) Medienkommunikation geprägten Dispositive des Zuhauses, der Arbeit und Freizeit gehören mittlerweile für nahezu alle Menschen zum Alltag (vgl. DEUZE 2011). Bei der Suche nach dem »guten Leben« mit den Mitteln der (Medien-) Kommunikation (vgl. VORDERER 2016) gilt es heute, um so größere Widrigkeiten zu überwinden und häufig auch situative Umleitungen zu nehmen. Publizistische Akteure müssen diese Komplexität anerkennen und sich permanent anpassen. Damit die journalistische Praxis ihre normativen Funktionen in der Gesellschaft und für die demokratische Grundordnung erfüllen kann, ist es zwingende Voraussetzung, dass Journalismus die Bevölkerung zunächst in ihrer Diversität und Heterogenität erreicht und dass journalistische Inhalte tatsächlich angeeignet werden. Insofern ist der Journalismus unmittelbar von dysfunktionalen Entwicklungen in der Mediennutzung tangiert, nicht erst ökonomisch, sondern auch im Sinne seiner Systemrelevanz für eine solche gesellschaftliche Selbstverständigung, die sich zwecks deliberativen Austauschs über die Herstellung kritischer Öffentlichkeit definiert. Journalismus braucht Nutzende, und zwar solche, die sich zumindest annähernd der Funktionen journalistischer Berichterstattung bewusst sind und ihr in ihren Medienrepertoires einen festen Platz einräumten. Mit anderen Worten: Resiliente Medien brauchen ein resilientes Publikum.

Das Streben nach Wertschätzung und Loyalität des Publikums ist kräftezehrend und belastend zugleich: Die Beziehung zwischen Journalismus und Publikum kann allerdings durch dialogische Öffnung systematisch gestärkt werden. Dies kann zu Einsichten über die Bedingungen, Begleitumstände und Folgen digitaler Mediennutzung führen, die nicht erst aus ökonomischen Gründen einen wichtigen Faktor journalistischer Resilienz im digitalen Wandel darstellen. Denn Klarheit darüber zu erlangen, was digitale Mediennutzung antreibt, wappnet sie nicht nur davor, Zielgruppen zu entfremden, sondern befähigt auch dazu, Bedürfnisse des Publikums zielgerichteter zu antizipieren und es flexibel und adäquat zu bedienen.

Das (Social Media) Monitoring des ständigen Auf-und-Abs und Hin-und-Hers digitaler Mediennutzung allein taugt nicht viel zur publizistischen Strategieentwicklung. Das zeigt sich im Rückblick auf ein Jahrzehnt, in dem Medienhäuser nahezu beliebig und blind immer wieder neuen Trends hinterherliefen. Souveränität im Wandel erlangt der Journalismus dann, wenn Redaktionen (noch deutlich besser) verstehen, wie Menschen sich zu orientieren versuchen, welche Gefühle bei der Mediennutzung eine Rolle spielen, was sie zufriedenstellt, was sie stresst, auch warum sie manchmal meiden, was sie journalistisch-faktisch aufklären soll.

Digitale Widerstandskraft: Wie resilient ist unser Medienpublikum wirklich?

In einer repräsentativen Befragung der deutschsprachigen Bevölkerung in Deutschland ab 14 Jahren in Privathaushalten hat die Forsa Gesellschaft für Sozialforschung und statistische Analysen in unserem Auftrag Ende 2021 erstmalig erhoben, wie es um die ›Digitale Resilienz‹ der Bürger:innen bestellt ist: Befragt wurden 935 Internetnutzer:innen unterschiedlichen Alters und unterschiedlicher Bildungshorizonte in deutschen Haushalten zur Art und Weise, wie sie mit den Möglichkeiten digitaler Mediennutzung umgehen und welche konkreten Auswirkungen dies auf ihr Wohlbefinden hat.

Unsere hier ausschnitthaft dargestellten Ergebnisse zeigen auf, mit welchem digitalen Medienhandeln von Nutzer:innen die journalistische Praxis zu rechnen hat (vgl. Abb. 2, 3, 4, 5 und 6):

ABBILDUNG 2

»Ich lese Ihnen nun verschiedene Online-Medienangebote vor. Bitte geben Sie jeweils an, wie häufig Sie diese nutzen: ob täglich, 1 bis mehrmals die Woche – aber nicht täglich, 1 bis 3 mal im Monat, seltener oder nie. Wie häufig nutzen Sie …«

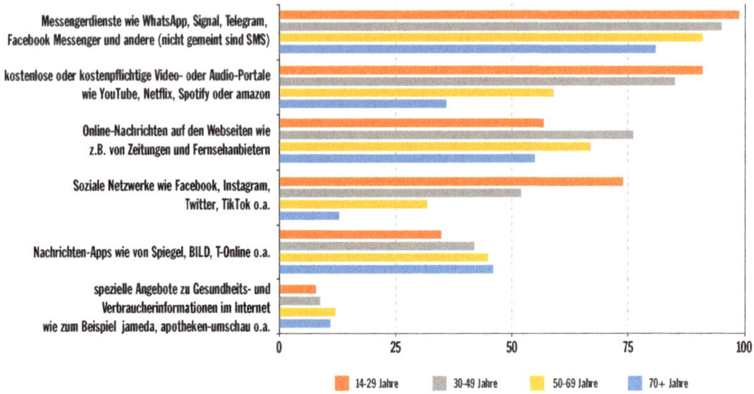

Quelle: Eigene Daten und Darstellung.
Übersichtsdiagramm: »täglich/1 bis mehrmals die Woche, aber nicht täglich«, Fallzahl: n=935.

1. Die gegenwärtige Dauer und der Umfang digitaler Mediennutzung sind erheblich, soziale Netzwerke, Video-Streaming und Messender-Dienste sind altersübergreifend quasi allgegenwärtig (vgl. Abb. 2):
   - Mehr als 93 Prozent der deutschsprachigen Bevölkerung ab 14 Jahren nutzt das Internet, 81 Prozent der 14-29-Jährigen und etwa zwei Drittel der 30-49-Jährigen sogar mehr als drei Stunden täglich.
   - Das digitale Medienmenü ist so vielfältig wie volatil: Altersübergreifend sind Messenger-Dienste wie WhatsApp am stärksten verbreitet.
   - Nachrichtenwebsites erreichen ein- bis mehrmals die Woche oder sogar täglich je nach Alter immerhin zwischen 55 und 76 Prozent der Bevölkerung, Nachrichten-Apps für Smartphone und Tablet

zwischen 35 Prozent der unter und 44 Prozent der über 30-Jährigen Internetnutzer:innen.

- Die Mehrheit informiert sich täglich aus zwei oder drei Nachrichtenquellen, zwischen 17 und 19 Prozent der Menschen bis 69 Jahre sogar aus fünf oder mehr.
- Unterhaltungsgeprägte Angebote von digitalen Audio- und Video-Portalen wie YouTube oder Spotify gehören für knapp neun von zehn Menschen bis 49 Jahre ins feste Medienrepertoire.
- Soziale Netzwerke wie Facebook und Instagram sind bei drei Viertel der jungen Nutzer:innen bis 29 Jahre beliebt, mehr als ein Drittel von ihnen nutzt sie gar länger als zwei Stunden am Tag.
- Es ist diese Altersgruppe bis 29 Jahre, bei der sich die Allgegenwärtigkeit des digitalen Medienhandelns am deutlichsten zeigt: Im Schnitt (deutlich) mehr als die Hälfte nutzt Online-Angebote außer Haus, also im Urlaub, während der Arbeit, des Studiums oder in der Schule, auf dem Weg dorthin, bei gemeinsamen Treffen im Freundeskreis oder ganz woanders.

ABBILDUNG 3

»Welche Bedeutung hat dieses soziale Netzwerk für Sie? Ich lese Ihnen dazu ein paar Aussagen vor, und Sie sagen mir bitte jeweils, wie sehr Sie ihnen zustimmen. Sie können abstufen von ›stimme voll und ganz zu‹, ›stimme eher zu‹, ›stimme weniger zu‹ bis ›stimme gar nicht zu‹. Es ist ein Ort …«

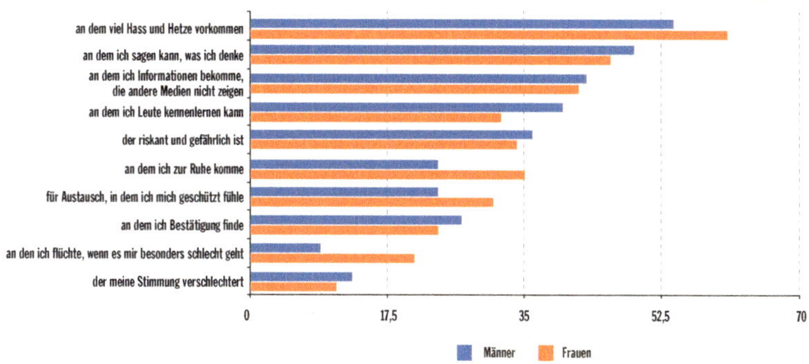

Quelle: Eigene Daten und Darstellung.
Übersichtsdiagramm: »stimme voll und ganz zu/stimme eher zu«, Fallzahl n = 484

2. Die Corona-Pandemie hat deutliche Veränderungen der digitalen Mediennutzung der Bevölkerung angestoßen, soziale Netzwerke wie Instagram und Facebook werden als ambivalent betrachtet:
   - Vor allem Menschen mit Abitur und/oder Hochschulabschluss tauschen sich seit Beginn der Pandemie häufiger mit anderen Menschen online über aktuelle Ereignisse und Entwicklungen aus (28 %). Sie suchen auch etwa gleich häufig online nach Informationen zu ihrem unmittelbaren Lebensumfeld (26 %) wie etwa Menschen mit Realschulabschluss (23 %).
   - Ein Fünftel aller Deutschen versucht seitdem allerdings, vor allem online weniger Nachrichten zu konsumieren, weil sie diese zunehmend belasten.
   - Speziell 14- bis 29-Jährige konsultieren seitdem häufiger Online-Nachrichtenangebote (ca. ein Drittel), aber – in Konkurrenz zum Journalismus – auch nutzerbetriebene Gruppen in Sozialen Medien (25 %).
   - Dabei empfinden zwei Drittel der jungen Menschen den Begriff der ›digitalen Vernetzung‹ als eher positiv, sehen darin auch eher Chancen, etwa den Austausch von Menschen untereinander oder die Verfügbarkeit von Wissen und Informationen im Internet.
   - Ambivalenter sind die Bewertungen des jeweils persönlich am häufigsten genutzten sozialen Netzwerks: Die meisten deutschen Nutzer sozialer Netzwerke (57 %) haben den Eindruck, dass ihre favorisierte Plattform stark von Hass und Hetze geprägt ist.
   - Knapp die Hälfte der Befragten bezeichnet das von ihnen am häufigsten genutzte Netzwerk als einen Ort, an dem »ich sagen kann, was ich denke«. 42 Prozent geben außerdem an, dass sie dort Informationen bekämen, »die andere Medien nicht zeigen«, und 30 Prozent sagen, dass dies ein Ort ist, an dem sie »Leute kennenlernen« können. Ein weiterer Teil der Befragten (35 %) hält die von ihnen meistgenutzte Plattform für einen Ort, der »riskant und gefährlich ist«.
   - Bemerkenswert: 47 Prozent der 14-29-Jährigen geben an, im sozialen Netzwerk ihrer Wahl zur Ruhe zu kommen. 30 Pro-

zent dieser Altersgruppe flüchtet dorthin, wenn es ihr besonders schlecht geht.

- Auf die Notwendigkeit einer Ausbildung von digitaler Resilienz deutet hin, dass knapp die Hälfte der 14-29-Jährigen über Stress klagt, den die ständige Erreichbarkeit über ihr Smartphone oder andere technische Geräte bei ihnen verursacht.

ABBILDUNG 4

»Für welche der folgenden 3 Möglichkeiten nutzen Sie persönlich das Internet hauptsächlich?«

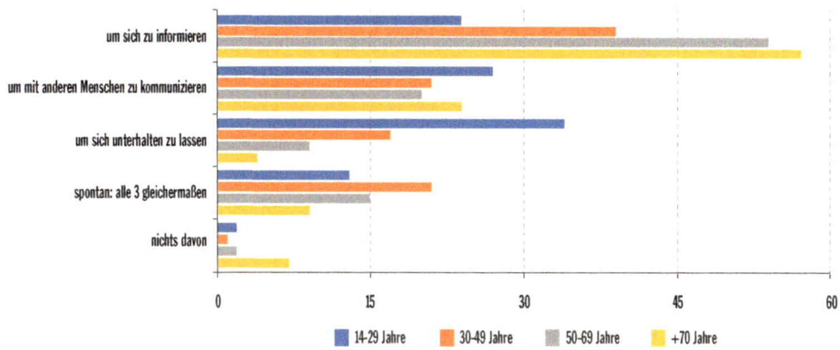

Quelle: Eigene Daten und Darstellung. Fallzahl n = 935

3. Ein Großteil der digitalen Mediennutzer:innen in Deutschland stellt sich ihr Informationsrepertoire breit und vielstimmig zusammen und schaut dabei auch stark auf das eigene persönliche Umfeld:
   - So werden soziale Netzwerke mehrheitlich von durchschnittlich drei Viertel der Befragten vor allem zu Informationszwecken genutzt (vgl. Abb. 4).
   - Ähnlich hoch ist nur der Anteil der 14- bis 29-Jährigen, die sich ebenso gerne durch Facebook, Instagram, TikTok und Co. von anderen Dingen berieseln und ablenken lassen.
   - Fast zwei Drittel nutzen soziale Netzwerke, um sich mit Freunden und Verwandten auszutauschen und über die Hälfte, um sich mit Leuten auszutauschen, die dieselben Interessen teilen.
   - Hauptmotive für die Nutzung sozialer Netzwerke sind offensichtlich vor allem Neugierde und der Drang, mitreden zu kön-

nen; denn etwa zwei Drittel der Menschen bis 49 Jahre möchten erfahren, was Andere posten.

- Anders als landläufig angenommen, erhofft sich weniger als ein Zehntel der Befragten eine Selbstbestätigung durch soziale Netzwerke.

ABBILDUNG 5

»Welche der folgenden Möglichkeiten könnten Ihnen wahrscheinlich helfen, den Stress oder Ihre Belastung durch Ihre digitale Mediennutzung zu verringern? Wenn Sie sich insgesamt dadurch nicht belastet oder gestresst fühlen, sagen Sie es bitte auch.«

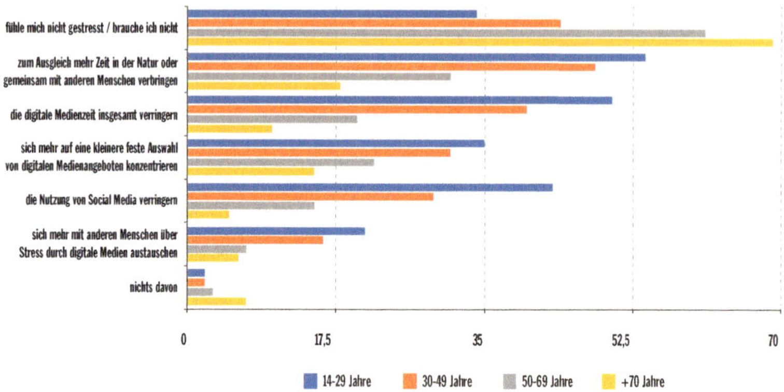

Quelle: Eigene Daten und Darstellung; Fallzahl: n = 935

4. Die Zufriedenheit mit der eigenen digitalen Mediennutzung ist in weiten Bevölkerungsschichten nur gering ausgeprägt, viele Menschen denken daher über eine Reduzierung ihres Konsums nach:
   - 72 Prozent der 14- bis 29-jährigen und 56 Prozent der 30- bis 49-jährigen Smartphonenutzer schätzen ihre Smartphone-Nutzung als »deutlich zu viel« oder als »zu viel« ein.
   - Bei den 30- bis 49-Jährigen sind es 56 (Smartphone) und 34 Prozent (soziale Netzwerke). Menschen über 50 sind dahingehend ausgeglichener: Hier beurteilen etwa zwei Drittel der Befragten ihre dahingehenden Gewohnheiten als genau richtig.
   - Auch wenn sich über 60 Prozent der unter 30-Jährigen Social Media-Nutzer nach dem Konsum sozialer Netzwerke »inspi-

riert« fühlt, je rund die Hälfte »fröhlich« oder »motiviert« ist und 46 Prozent »glücklich«, gibt es Anzeichen für fehlende Orientierung und einen Mangel an Resilienz im Umgang mit digitalen Medien: Nur 37 Prozent der jüngeren Befragten fühlen sich gut informiert (im Gegensatz zu mehr als der Hälfte der über 30-Jährigen), 28 Prozent fühlen sich »überfordert«, 27 Prozent »schlapp«, 25 Prozent »leer«.

- Und wie groß schätzen jüngere Menschen bis 29 Jahre den Einfluss ihrer Nutzung von sozialen Netzwerken und Messenger-Diensten auf ihr psychisches Wohlbefinden – egal ob positiv oder negativ – ein? 39 Prozent antworten: »eher hoch«/»sehr hoch«.
- Wie macht sich der Einfluss bemerkbar? Ob hier von »angestrengten Augen« berichtet wird oder von einer »Überdosis Menschen«, von einem »ausgeprägten Sozialleben« oder von »zu vielen Informationen ohne Kontext«: Die offenen Antworten unterstreichen die hervorgehobene Rolle sozialer Medien im Alltag der Befragten, gleich ob positive oder negative Gefühle damit verbunden werden.
- Um ihren Stress zu reduzieren, denken vor allem jüngere Menschen über eine Reduktion ihres digitalen Medienkonsums nach. 14- bis 29-Jährige möchten sich entweder auf eine kleinere feste Auswahl von digitalen Angeboten beschränken (35 %), 43 Prozent wollen ihre Nutzung von Social Media reduzieren und sogar 50 Prozent ihre digitale Medienzeit insgesamt verringern.
- Mehr als die Hälfte sehnt zum Ausgleich nach mehr Zeit in der Natur oder gemeinsam mit anderen Freunden. Nur ein Drittel der Jüngeren gibt an, sie fühlten sich nicht gestresst und bräuchten keine Optionen, den durch digitale Mediennutzung entstehenden Stress oder ihre Belastung dadurch zu verringern (vgl. Abb. 5).

5. Viele Menschen halten den aktuellen Zustand des Internet als Umschlagsplatz für Informationen für problematisch und wollen sich mit diesem Problem selbst auseinandersetzen:
   - Nur ein Viertel der Befragten verlangt nach mehr digitalen Möglichkeiten, um sich persönlich und direkt in Diskussionen einzuschalten.

ABBILDUNG 6

»Jetzt geht es noch kurz um den Beruf von Journalisten und Journalistinnen. Bitte geben Sie an, ob Sie den folgenden Aussagen jeweils voll und ganz zustimmen, eher zustimmen, eher nicht zustimmen oder gar nicht zustimmen. Dieser Beruf ist ...?

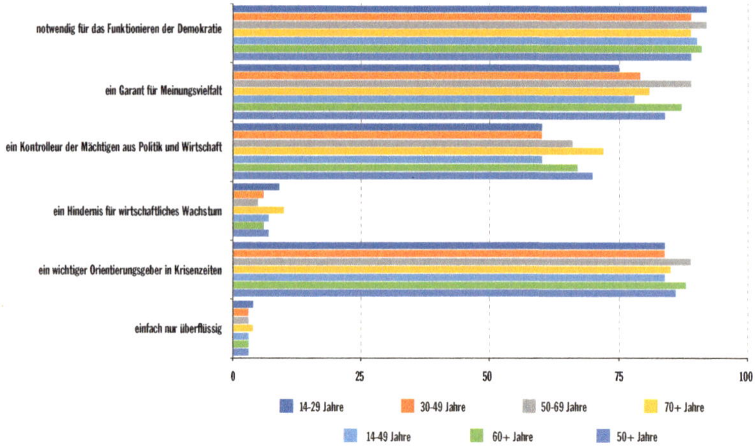

Quelle: Eigene Daten und Darstellung
Übersichtsdiagramm »stimme voll und ganz zu/stimme eher zu«, Fallzahl: n = 935

- Häufiger gewünscht wird hingegen ein entschiedeneres Vorgehen gegen die Verbreitung von Desinformation/Fake News (86 %), ein netter und sachlicher Umgang in sozialen Medien (84 %) sowie eine lösungsorientierte Berichterstattung über Probleme und Missstände (79 %).
- Knapp drei Viertel aller Deutschen erhoffen sich von professionellen Medienangeboten im Internet einen Überblick über die Vielfalt an Themen und Meinungen.
- Nur ein Drittel der Befragten möchte von professionellen Medienangeboten dagegen an die Hand genommen werden und die Welt erklärt bekommen. Zuschreibungen für den Journalismus wie »notwendig für das Funktionieren der Demokratie« und »wichtiger Orientierungsgeber in Krisenzeiten« erzielen zwar hohe Zustimmungswerte von etwa 90 Prozent; ein »Garant für Meinungsvielfalt« ist Journalismus dagegen nur für etwa drei Viertel der Jüngeren. Als

»Kontrolleur der Mächtigen aus Politik und Wirtschaft« sehen ihn nur 63 Prozent der internetnutzenden Bevölkerung (vgl. Abb. 6).

- So sehen Mediennutzende vor allem sich *selbst* in der Verantwortung, sich vor Einflussnahme, Manipulation und Abhängigkeiten durch digitale Medien zu schützen. Sie erkennen die Notwendigkeit, sich stärker mit dem Problem auseinanderzusetzen und aktiver zu informieren, wie sie Quellen überprüfen und Falschinformationen erkennen können.
- Sie meinen mehrheitlich auch, dass sie mehr Zeit aufwenden sollten, um sich über die Herkunft und Qualität eines Medieninhaltes zu informieren. Und mehr als die Hälfte erklärt sich durchaus bereit dazu, weniger Zeit mit sozialen Medien zu verbringen.
- Erfreulich: Über 40 Prozent würden sich selbst gegen Desinformation im Internet engagieren und versuchen, ihr soziales Umfeld über die Risiken aufzuklären.
- Bedenklich ist, dass sich lediglich eine Minderheit der Befragten nicht durch Einflussnahme, Manipulation und Desinformation im digitalen Raum bedroht fühlt oder prinzipiell bereit ist, selbst etwas dagegen zu unternehmen.

Zentrale Dimensionen von Digitaler Resilienz

Diese Befragungsergebnisse helfen, wesentliche Muster des Medienerlebens als Blaupause für die Anforderungen an digitale Medienangebote und den Journalismus in der fortwährenden Digitalisierung zu erarbeiten. So lassen sich bereits einige zentrale Dimensionen von Digitaler Resilienz ermitteln: eine erhöhte, von Empathie begleitete *Dialogbereitschaft* gegenüber den Nutzer:innen (von Streit 2021a; 2021b), eine stärkere *Lösungsorientierung* innerhalb der journalistischen Berichterstattung (KRAMP/WEICHERT 2020; 2021; KRAMP 2021a), der Auf- und Ausbau *digitaler Nachrichtenkompetenzen* in der Bevölkerung (KRAMP 2021b; vgl. auch BRAUN/GRALKE/NIEDING 2018), die *Adressierung jüngerer Zielgruppen* (GenZ, Millennials) (KRAMP/WEICHERT 2017; 2018) und ein professioneller Gemeinsinn, der *Kollaborationen trotz Wettbewerb* stärkt (KRAMP 2022), aber auch eine *Förderung von Diversität* innerhalb von Redaktionen (DEINYAN/

FAHRENBACH 2016) und der *journalistische Diskurswandel* hin zu einer gesellschaftlichen Werte- und Gemeinwohlorientierung, indem Menschen beispielsweise mehr mit den Folgen ihres Tuns und den der anderen konfrontiert werden (WEICHERT 2016; 2022). Hinzu kommt die generelle *Transformations- und Zukunftsfähigkeit* als zentraler Baustein eines resilienten Journalismus (STAVESAND 2021; WEICHERT 2021).

Dies sind sämtlich digitale Resilienzfaktoren, die Organisationen ermächtigen, agiler zu werden und Dinge auszuprobieren, die es ihnen ermöglichen, unbeschadeter durch Krisen zu kommen, indem sie zukunftsfähiger werden. Sie bleiben dadurch handlungsfähig. Damit es um diese digitalen Dimensionen von Resilienz künftig zum Besseren bestellt ist, sollten Organisationen und ihre Mitarbeiter:innen dafür sensibilisiert werden, bestehende Lernblockaden abzubauen, Innovationskompetenzen auszubauen und darin die Freiheit zu erkennen, Journalismus völlig neu zu denken, ihn möglicherweise mit anderen Augen zu sehen und alternative Wege zu beschreiten.

Die Zukunft der Nachrichtenübermittlung könnte somit völlig anders aussehen, als wir es uns jetzt vorzustellen vermögen. Was wir heute sehen, sind lediglich Momentaufnahmen und Mosaiksteine einer digitalen Transformation, die niemals enden wird. Und weil es für den Journalismus kein Ablaufdatum dieser fortwährenden Dynamik gibt, müssen Journalist:innen beweglich bleiben. Sicher ist: In zehn oder 20 Jahren wird das gesamte Informationsgeschehen unübersichtlicher, anspruchsvoller und insgesamt (noch) fordernder sein. Im Kampf gegen eine gewisse Ohnmacht, mit der in erster Linie junge Nutzer:innen dieser dystopischen Medienzukunft entgegenzutreten scheinen, kann Journalismus (wieder) zur zentralen Größe reifen: wenn er sich auf dauerhafte Veränderungen einstellt und weiterentwickelt, Technologien zu seinem Vorteil nutzt, aber auch konsequent seine Haltung und Werte zu verteidigen weiß, wenn es für ihn wirtschaftlich eng wird.

Qualitätsstandards bleiben auf der Strecke

Neue Modelle im Journalismus sind überlebensnotwendig geworden. Die Digitalisierung ist maßgebliches Werkzeug und zugleich Treiber des Wandels, sorgt aber auch für Dynamiken, die für Unsicherheit und Desorientierung sorgen. Gerade im irrsinnigen Wettlauf mit sozialen Netzwerken bleiben bisweilen sogar bei etablierten Medien die geltenden Qualitätsstandards auf der Strecke: Informationen bleiben ungeprüft, Hintergründe werden nicht ausrecherchiert, Geschichten bleiben unterkomplex oder werden wegen ihres Sensationsgehalts veröffentlicht. Zu allem Übel bleibt der Nutzer:innendiskurs oft unmoderiert mit der Folge einer nicht mehr bloß schleichenden Verrohung der kommunikativen Umgangsformen (vgl. KRAMP/WEICHERT 2018b). Statt Reflexion regieren inzwischen auch im Journalismus zum Teil Vorurteile und Häme.

Solche Defizite zu thematisieren, ja sogar den Selbstzweifel am eigenen Metier zu institutionalisieren und daraus Fähigkeiten abzuleiten, hilft dabei, in hochkomplexen Krisen mit dem stärker werdenden Druck fertig zu werden. Erst wenn wir uns von dem Gedanken verabschieden ›Es wird schon wieder werden wie vorher‹ entsteht eine lebendige Lern- und Feedbackkultur, die uns helfen kann, aus Krisen zu lernen. Das gelingt aber nur, wenn wir immer wieder aufs Neue das eigene Rollenselbstverständnis, den gesellschaftlichen Nutzwert des Journalismus in der Bevölkerung und die notwendige Akzeptanz qualifizierter Inhalte vor allem bei jüngeren Zielgruppen reflektieren. Für einen anständigen, widerstandsfähigeren Journalismus gehören Selbstzweifel mithin zum professionellen Selbstverständnis. Eine Bedingung, sich Digitale Resilienz anzutrainieren, ist es zu überlegen: Was bedeutet es eigentlich, wenn es Journalismus in seiner jetzigen Form nicht mehr gäbe? Allein diese Fragestellung sollte es uns ermöglichen, Berge zu versetzen.

Leuchtturm in der Krise

Ziel muss es daher sein, präventive, intervenierende und berufsethische Maßnahmen zu entwickeln, in deren Zentrum die Erhaltung und Weiterentwicklung von Organisationen und Systemen, aber auch die gesundheitliche Unterstützung Einzelner steht. Wir sehen die Verantwortung dabei vor allem in den gesellschaftlichen Verhältnissen (Umwelt) und ihren Einflüssen auf das Individuum. Wir gehen davon aus, dass soziale Ressourcen unter digitalen Vorzeichen verschiedentlich gefördert werden sollten, vor allem Bildung, Vielfalt, Chancengleichheit, soziale Gerechtigkeit und Gemeinwohl.

Darin steckt, ganz nebenbei, die ersehnte Lösung nach einem funktionsfähigen Geschäftsmodell; die Frage ist nicht »Würden Sie für Journalismus bezahlen?«, sondern: »*Warum* würden Sie für Journalismus bezahlen?«. Die Antworten sind wenig überraschend: Journalismus wird sich nicht als Selbstzweck verkaufen können, sondern als etwas, das jedem Individuum einen Nutzwert verschafft – oder eben nicht. Je deutlicher der gesellschaftliche Mehrwert und die Gemeinwohlorientierung erkennbar sind, desto höher – so unsere Annahme – auch die Zahlungsbereitschaft.

Die Welt wird zunehmend als unsicherer Ort wahrgenommen, an dem Krise, Kriege und andere Katastrophe an der Tagesordnung sind. Mit der Digitalisierung sind wir noch stärker als bisher in einer Weltgesellschaft zusammengewachsen, der globale Handel wirkt sich unmittelbar auf unsere Lebenschancen aus. Digitale Resilienz gehört damit in den Bereich politischer Verantwortung, Krisenkompetenz – und Widerstandsfähigkeit – werden somit zu neuen sozialen Schlüsselkompetenzen digitaler Gesellschaften des 21. Jahrhunderts. Dafür braucht es menschenwürdige Arbeits- und Lebensbedingungen, damit Menschen die Chance erhalten, ihr volles Potenzial zu entfalten, um Krisen gut bewältigen zu können.

Die Förderung Digitaler Resilienz im Journalismus kann dafür sorgen, dass sich Unsicherheit und Verlustängste auflösen und bestenfalls in Experimentierbereitschaft, Innovationskraft und Nonkonformismus transformieren lassen. Nur so gelingt es, dass sich Journalist:innen den ganzheitlichen Anforderungen stellen, die der radikale Wandel des Medienkonsums und die permanente Erneuerung digitaler Infrastrukturen mit sich bringen. Resilient denken und handeln bedeutet nicht nur, Krisen besser zu verstehen und aus ihnen zu lernen, sondern im besten Fall sogar gestärkt aus ihnen hervorzugehen. Ob es Krisen wirklich braucht, um Neues zu erschaffen, wird sich noch zeigen. Journalismus kann und muss allerdings zu einem Leuchtturm in der Krise werden – indem er selbst widerstandsfähig bleibt.

Literatur

ATTENEDER, HELENA; PEIL, CORINNA; MAIER-RABLER, URSULA; STEINMAURER, THOMAS (2017): Digitale Resilienz und soziale Verantwortung. Überlegungen zur Entwicklung eines Konzepts. In: *MedienJournal*, 41(1), S. 48-55

BRAUN, CAROLIN; GRALKE, VERENA MARIE; NIEDING, GERHILD (2018): Medien und gesellschaftlicher Wandel. In: KARIDI, MARIA; SCHNEIDER, MARTIN; GUTWALD, REBECCA (Hrsg.): *Resilienz. Interdisziplinäre Perspektiven zu Wandel und Transformation*. Wiesbaden: Springer, S. 177-202

DEINYAN, MARIANNA; FAHRENBACH, CHRISTIAN (2016): Alle zusammen gegen die Einfalt: Über Teilhabe in den Redaktionen. In: *vocer.org*, 09.06.2016, https://www.vocer.org/alle-zusammen-gegen-die-einfalt-ueber-teilhabe-in-den-redaktionen/

DEUZE, MARK (2011): Media life. In: *Media, Culture & Society*, 33(1), S. 137-148.

GIDDENS, ANTHONY (1988): *Die Konstitution der Gesellschaft. Grundzüge einer Theorie der Strukturierung*. Frankfurt/M. Campus.

HEPP, ANDREAS; HASEBRINK, UWE (2017): Kommunikative Figurationen. Ein konzeptioneller Rahmen zur Erforschung kommunikativer Konstruktionsprozesse in Zeiten tiefgreifender Mediatisierung. In: *Medien & Kommunikationswissenschaft*, 65, S. 330-347

KOLO, CASTULU; WEICHERT, STEPHAN (2013): Germany: Evaluating Alternatives to Finance Quality Journalism. In: MURSCHETZ, PAUL (Hrsg.): *State Aid for Newspapers. Theories, Cases, Actions*. Berlin, Heidelberg: Springer, S. 215-235

KRAMP, LEIF (2013): Profession am Scheideweg: Journalismus zwischen Aufbruch und Existenzängsten. In: KRAMP, LEIF; NOVY, LEONARD; BALLWIESER, DENNIS; WENZLAFF, KARSTEN (Hrsg.): *Journalismus in der digitalen Moderne. Einsichten – Ansichten – Aussichten*. Wiesbaden: Springer VS, S. 33-62

KRAMP, LEIF (2021a): Stark durch Journalismus? In: VOCER *Millennial Lab*, 25.06.2021, https://millenniallab.org/2021/06/25/reuters-digital-news-report-2021-stark-durch-journalismus/

KRAMP, LEIF (2021b): Konstruktiv durch Krisen. Kolumne Digitale Resilienz. In: *Journalist*, 9, September 2021, S. 14-15

KRAMP, LEIF (2022): Zusammen stark sein. Kolumne Digitale Resilienz. In: *Journalist*, 1+2, Januar/Februar 2022, S. 18

KRAMP, LEIF; LOOSEN, WIEBKE (2018): The Transformation of Journalism. From Changing Newsroom Cultures to a New Communicative Orientation? In: HEPP, ANDREAS; BREITER, ANDREAS; HASEBRINK, UWE (Hrsg.): *Communicative Figurations. Transforming Communications in Times of Deep Mediatization*. Basingstoke: Palgrave Macmillan, S. 205-239

KRAMP, LEIF; WEICHERT, STEPHAN (2017): *Der Millennial-Code. Junge Mediennutzer verstehen – und handeln*. Leipzig: Vistas

KRAMP, LEIF; WEICHERT, STEPHAN (2018a): Millennials, die unbekannten Wesen: Wie journalistische Medien und Nachrichtenangebote junge Menschen im digitalen Zeitalter erreichen – und was sie von ihnen lernen. In: OTTO, KIM; KÜHLER, ANDREAS (Hrsg.): *Crossmedialität im Journalismus und in der Unternehmenskommunikation*. Wiesbaden: Springer VS, S. 269-290

KRAMP, LEIF; WEICHERT, STEPHAN (2018b): *Hass im Netz. Steuerungsstrategien für Redaktionen*. Leipzig: Vistas

KRAMP, LEIF; WEICHERT, STEPHAN (2020): *Nachrichten mit Perspektive. Lösungsorientierter und konstruktiver Journalismus in Deutschland*. Frankfurt/M.: Otto-Brenner-Stiftung

KRAMP, LEIF; WEICHERT, STEPHAN (2021): *Konstruktiv durch Krisen: Fallanalysen zum Corona-Journalismus*. Frankfurt/M.: Otto-Brenner-Stiftung

KRAMP, LEIF; WEICHERT, STEPHAN (2022, im Erscheinen): *Gemeinnütziger Journalismus auf dem Prüfstand*. Frankfurt/M.: Otto-Brenner-Stiftung

MERKEL, WOLFGANG (2021): *Aus der Krise in die Zukunft. Plädoyer für eine demokratische und gesellschaftliche Resilienz*. Vortrag am 8. November 2021 im Rahmen der Fachkonferenz »follow the science – aber wohin? Welche Schlüsse ziehen Medien, Wissenschaft & Politik aus der Corona-Krise« der Rudolf Augstein Stiftung im Humboldt Carré in Berlin.

PÖTTKER, HORST (1998): Journalismus unter Goebbels. Über die Kraft der Radioreportage. In: *Zeitschrift für Literaturwissenschaft und Linguistik*, 28, S. 57-76

STAVESAND, MEENA (2021): Auf neue Potenziale vertrauen. Kolumne Digitale Resilienz. In: *Journalist*, 10, September 2021, S. 16

STEINMAURER, THOMAS (2019): Digitale Resilienz im Zeitalter der Datafication. In: LITSCHKA, MICHAEL; KRAINER, LARISSA (Hrsg.): *Der Mensch im digitalen Zeitalter. Zum Zusammenhang von Ökonomisierung, Digitalisierung und Mediatisierung*. Wiesbaden: Springer VS, S. 31-48

STREIT, ALEXANDER VON (2021a): Journalismus ist ein Gespräch. Kolumne Digitale Resilienz. In: *Journalist*, 7+8, Juli/August 2021, S. 12

STREIT, ALEXANDER VON (2021b): Mehr Empathie wagen. Kolumne Digitale Resilienz. In: *Journalist*, 12, Dezember 2021, S. 14-15

VODERER, PETER (2016): Communication and the Good Life: Why and How Our Discipline Should Make a Difference. In: *Journal of Communciation*, 66(1), S. 1-12

WEICHERT, STEPHAN (2016): Digitale Integration. In: *Publizistik*, 61(2), S. 99-104

WEICHERT, STEPHAN (2021): Wir müssen Chancen erkennen. Kolumne Digitale Resilienz. In: *Journalist*, 6, Juni 2021, S. 18

WEICHERT, STEPHAN (2022): Verzicht als Vision. Kolumne Digitale Resilienz. In: *Journalist*, 3, März 2022, S. 14-15

WEISCHENBERG, SIEGFRIED; SCHOLL, ARMIN; MALIK, MAJA (2006): *Die Souffleure der Mediengesellschaft: Report über die Journalisten in Deutschland*. UVK: Konstanz

Autorinnen und Autoren

Stephan Anpalagan ist Diplom-Theologe, Journalist, Unternehmensberater und Geschäftsführer der gemeinnützigen Beratungsorganisation »Demokratie in Arbeit«.

Dennis Ballwieser ist Arzt und Redakteur mit den Schwerpunkten Medizin, Gesundheit, Wissenschaft und Ethik. Seit 2015 arbeitet er beim Wort & Bild Verlag als Geschäftsführer, er ist Chefredakteur der *Apotheken Umschau*. Zuvor war er Redakteur bei *Spiegel Online*. Bis 2012 hat er für verschiedene Print-, Online- und Hörfunkmedien geschrieben und produziert, u. a. Süddeutsche Zeitung, *Spiegel*, *Stern*, *Apotheken Umschau* und Bayerischer Rundfunk. Seine Redakteursausbildung absolvierte er an der Deutschen Journalistenschule in München, das Medizinstudium an der Ludwig-Maximilians-Universität München, wo er auch als Arzt im Klinikum der Universität gearbeitet hat.

Wolfgang Blau ist derzeit Gastforscher am Reuters Institute for the Study of Journalism der Universität Oxford, wo er die Rolle des Journalismus in der Klimakrise untersucht. Davor war er Global Chief Operating Officer des Medienkonzerns Condé Nast, Executive Director of Digital Strategy beim *Guardian* und Chefredakteur von *Zeit Online*.

Ingrid Brodnig ist österreichische Journalistin und Autorin – sie hat unter anderem die Bücher *Lügen im Netz*, *Hass im Netz* und *Übermacht im Netz* verfasst und beschäftigt sich darin mit den Auswirkungen der Digitalisierung auf unsere Gesellschaft. Für das Nachrichtenmagazin *Profil* schreibt sie eine wöchentliche IT-Kolumne.

Sophie Burkhardt entwickelte von 2015 bis 2021 als ZDF-Beauftragte und stellvertretende Geschäftsführerin das Content-Netzwerk *funk* von ARD und ZDF, dann war sie Leiterin Digitale Planung & Formatentwicklung in der ZDF-Hauptredaktion Digitale Medien und stellvertretende Hauptredaktionsleiterin. Seit 2022 ist sie Channel-Managerin ARD Mediathek und stellvertretende ARD-Programmdirektorin.

Astrid Csuraji ist Gründerin von tactile.news, einem Innovationslabor für neuen Journalismus. Zusammen mit Jakob Vicari und ihrem Team experimentiert sie mit Technologien für Redaktionen, von APIs über Sensoren bis Voice. Auf Picknick-Decken und per Messenger schafft sie neue Wege zwischen Redaktion und Publikum. Ihre Arbeit wurde vielfach gefördert, u.a. vom Prototype Fund, der Open Knowledge Foundation, dem Kompetenzzentrum Kultur- und Kreativwirtschaft des Bundes und dem Medieninnovationszentrum Babelsberg.

Marianna Deinyan lebt in Köln und arbeitet als freie Journalistin und Radiomoderatorin, hauptsächlich für WDR und Radio Bremen. Ihre Schwerpunkte: (Pop-)Kultur, Gesellschaft und Migration.

Nicole Diekmann ist ZDF-Korrespondentin im Hauptstadtstudio Berlin. Vorher studierte sie Soziologie, Politikwissenschaften und Neuere und Neueste Geschichte und wurde an der Deutschen Journalistenschule ausgebildet. Von 2011 bis 2015 arbeitete sie im ZDF-Reporterpool, der zuständig für Kriegs- und Krisenberichterstattung ist. 2021 ist ihr Buch *Die Shitstorm-Republik* (Kiepenheuer & Witsch) erschienen. Alle zwei Wochen erscheint ihre Kolumne ›Digitale Abgründe‹ bei t-online.

Barbara Hans war seit 2006 im Spiegel-Verlag und hat 2016 die Chefredaktion von *Spiegel Online* übernommen. Von 2019 bis 2021 gehörte sie zur Chefredaktion des *Spiegels*. Heute arbeitet sie als Coach, Beraterin und Moderatorin.

Carsten Fiedler ist seit 2017 Chefredakteur des *Kölner Stadt-Anzeigers*; zuvor war er drei Jahre lang als Chefredakteur für das ebenfalls bei DuMont erscheinende Boulevardblatt *Express* verantwortlich.

Felix Friedrich ist Medienunternehmer und Journalist. Zusammen mit Dario Nassal hat er die News-App *The Buzzard* gegründet, um die bestehende Perspektivenvielfalt im Journalismus besser abzubilden und lösungsorientierte Debatten zu ermöglichen. Er ist Geschäftsführer, Produktmanager und Schlussredakteur von *The Buzzard ›Der Tag‹*. Zudem kümmert er sich um den Aufbau des Medienkompetenzprojekts an Schulen sowie die Entwicklung eines Modells für Firmenfördermitgliedschaften. Friedrich hat Politikwissenschaft in Mannheim und Dublin und Politische Philosophie im Master in Barcelona studiert. Neben verschiedenen redaktionellen Einsätzen u.a. beim TV-Sender Phoenix, RTL Hessen und dem Mannheimer Morgen unterstützte er als Innovationsberater die Online- und TV-Redaktion des MDR Sachsen-Anhalt und leitete Mitgliederkampagnen für den BUND.

Paul Haase arbeitet als Partner Solutions Manager, Central Europe im Bereich News Partnerships bei Meta. Zuvor leitete er als Head of Newsroom Partnerships die Redaktion beim Medienstartup Opinary und verantwortete als Audience Development Manager bei Xing News die kuratierten Nachrichteninhalte und Distributionsstragie. Mit Stationen in Sydney, bei der *Hannoverschen Allgemeinen Zeitung* (*HAZ*) und bei einem Hamburger Stadtmagazin begann seine journalistische Laufbahn. Als Konferenzmanager und Berater hat er den VOCER Innovation Day 2016 & 2017 organisiert und weiterentwickelt. Er studierte Germanistik an der Universität Hamburg und Digital Journalism an der Hamburg Media School.

Frauke Hamann, freie Journalistin und Lektorin in Hamburg. Nach dem Studium der Germanistik und Geschichtswissenschaft war sie als Mitarbeiterin im Literaturhaus Hamburg und als Sachbuchlektorin im Junius Verlag tätig, es folgten mehrerer Jahre als Freie. Sie wechselte beruflich die Seiten und war zunächst Sprecherin der Hamburger Wissenschaftsbehörde, dann des Präsidenten der Universität Hamburg, danach leitete sie die Kommunikation und die journalistischen Projekte der ZEIT-Stiftung. Mehr als zehn Jahre gehörte sie dem Medienrat Hamburg-Schleswig-Holstein an, zeitweise als stellvertretende Vorsitzende.

Mark Heywinkel ist Leiter Formatentwicklung bei *Zeit Online* in Berlin. Zuvor war er stellvertretender Redaktionsleiter und Head of Development von ze.tt

Tanja Köhler, Jahrgang 1971, ist Professorin für Digitalen Journalismus und audiovisuelle Medien sowie Co-Direktorin des Instituts für Medienentwickung und -analyse (IMEA) an der Hochschule Bonn-Rhein-Sieg. Sie arbeitete über 20 Jahre für unterschiedliche öffentlich-rechtliche Rundfunkanstalten. Zuletzt war sie stellvertretende Nachrichtenchefin und Redaktionsleiterin Nachrichten Digital beim Deutschlandfunk, wo sie das preisgekrönte Format *nachrichtenleicht* mitkonzipiert und kontinuierlich weiterentwickelt hat. Für ihre publizistische Arbeit wurde sie mehrfach ausgezeichnet. Ihr aktuelles Buch: *Nachrichten im digitalen Zeitalter*.

Tanja Krämer hat mehrere Jahre als Wissenschaftsjournalistin für Online- und Printmagazine gearbeitet. Zusammen mit KollegInnen gründete sie *Riff-Reporter* – ein Projekt für lebendigen Qualitätsjournalismus, das sie nun im Tandem leitet.

Leif Kramp forscht und lehrt am Zentrum für Medien-, Kommunikations- und Informationsforschung, einer Zentralen Wissenschaftlichen Einrichtung der Universität Bremen. Der promovierte Medienkulturwissenschaftler und Journalismusforscher begleitet den Wandel der digitalen Medienumgebung seit über 15 Jahren an der Schnittstelle von Wissenschaft und Praxis. Kramp gehört zum Gründungsvorstand des Vereins für Medien- und Journalismuskritik (VfMJ), der das VOCER Institut für Digitale Resilienz trägt. Kramp ist Autor und Mitherausgeber zahlreicher Bücher und Studien zur Transformation der Medien und des Journalismus. Vor seiner akademischen Laufbahn arbeitete er als Journalist für regionale und überregionale Tages- und Wochenzeitungen, Zeitschriften, Online-Portale und Fachmedien mit den Schwerpunkten Medien, Kultur und Gesellschaft.

Nicola Kuhrt ist freie Wissenschaftsjournalistin. 2017 gründete sie mit Hinnerk Feldwisch-Drentrup das Online-Magazin *MedWatch*, das 2018 den Netzwende Award für nachhaltige Innovation im Journalismus des Thinktanks VOCER.org erhielt. Kuhrt schreibt für den *Stern*, die *Zeit* und *Brand eins*. Von 2012 bis 2015 war sie Redakteurin im Ressort Wissenschaft bei *Spiegel Online*. 2015 ist sie zur Wissenschaftsjournalistin des Jahres gewählt worden. Sie ist Vorstandsmitglied der Wissenschafts-Pressekonferenz, im Beirat von Pro Exzellenzia, Jury-Vorsitzende des Memento-Preises und seit 2019 Jury-Mitglied des Netzwende Awards.

Stephan Lamby, Jahrgang 1959, ist Dokumentarfilmer in Hamburg. 1997 hat er die Produktionsfirma ECO Media gegründet und über 22 Jahre lang geleitet. Mit zahlreichen TV-Dokumentationen hat er als Autor und Produzent das politische Deutschland abgebildet. Für seine Arbeit wurde Lamby häufig ausgezeichnet u.a. mit der Goldenen Kamera, zweifach mit dem Deutschen Fernsehpreis, mit dem Hanns-Joachim-Friedrichspreis und als »Journalist des Jahres 2018«. Gemeinsam mit Klaus Brinkbäumer hat er zuletzt die ARD-Dokumentation *Im Wahn – Trump und die Amerikanische Katastrophe* hergestellt und zu dem Thema ein Buch geschrieben (*Im Wahn*, C.H. Beck-Verlag).

Verena Lammert arbeitet seit mehr als elf Jahren als Redakteurin für den WDR in Köln. Ihre beruflichen Stationen: der Radiosender *1Live*, die *Lokalzeit Bonn* und das gesellschaftspolitische Magazin *Frau tv*. Dort hat sie von 2012 an die Social-Media-Strategie verantwortet und den Instagram-Auftritt *@maedelsabende* konzipiert. Aktuell ist sie Redakteurin in der Digitalen Innovation im Newsroom des WDR.

Christian Lindner (60) hat 1979 bei der *Rhein-Zeitung* (Koblenz) volontiert. Er war dort Lokalchef und 13 Jahre Chefredakteur. Danach war er stellvertretender Chefredakteur von *Bild am Sonntag*. Jetzt arbeitet er als Chefreporter der *Nordsee-Zeitung*.

Stella Männer wurde an der Deutschen Journalistenschule ausgebildet und arbeitete 2019 als Redakteurin bei *Zeit Online*. Anfang 2020 beendete sie ihre Masterarbeit zur Darstellung von Politikerinnen in deutschen Printmedien.

Seitdem schreibt, spricht und dreht sie als freie Reporterin und Moderatorin in Berlin.

Alexander Marinos, Jahrgang 1972, ist stellvertretender Chefredakteur der *WAZ* mit Sitz in Essen. Nach dem Studium der Journalistik, Philosophie und Politikwissenschaften an der Universität Dortmund und einem Volontariat beim *Remscheider General-Anzeiger* arbeitete er beim WDR als Hörfunk- und Fernsehreporter und dann als Korrespondent bei der Nachrichtenagentur ddp. Marinos leitete anschließend erst das Nachrichten- und Politikressort der *Wetzlarer Neuen Zeitung*, dann das der *Westdeutschen Zeitung* in Düsseldorf. Nach einer Station als Vize-Chefredakteur beim *General-Anzeiger* in Bonn war er kurz Chefredakteur der *Eßlinger Zeitung*.

Christian Meier (geboren 1971) ist Medienredakteur der Tageszeitung *Welt*. Zusammen mit Stefan Winterbauer betreibt er den Podcast *Die Medienwoche*. Maier hat bei der Bundeszentrale für Politische Bildung volontiert und unter anderem als Redakteur und Ressortleiter bei *kress* und *Cicero* gearbeitet. Außerdem gehörte er mehrere Jahre der Chefredaktion von *Meedia* an.

Jon Mendrala, Jahrgang 1981, arbeitet in der Wissenschaftskommunikation und als Journalist. Während des Studiums schrieb er u.a. frei für die *taz*. Nach dem Studium der Journalistik, Kommunikationswissenschaft und Politikwissenschaft in Hamburg und Brisbane studierte er zudem Sportjournalismus in Salzburg. Im Anschluss volontierte er beim Norddeutschen Rundfunk und arbeitete im Anschluss rund zehn Jahre als freier Autor und Reporter hauptsächlich tagesaktuell für das NDR Fernsehen, produzierte aber auch mehr als ein halbes Dutzend Langformate für den NDR. Darüber hinaus ist Jon Mendrala seit dem Jahr 2012 als Korrespondent bzw. seit 2013 als CvD für das österreichische Medienmagazin *[Statement]* sowie seit 2012 als Lehrbeauftragter an der Universität Salzburg tätig. Von Sommer 2020 bis Frühjahr 2022 arbeitete er als Pressesprecher in Hamburg.

Daniel Moßbrucker, Jahrgang 1990, ist Journalist für die Themen Überwachung, Datenschutz und Internetregulierung. Er studierte Journalistik in Dortmund und Digital Journalism in Hamburg und war bis 2019 Referent für Internetfreiheit bei Reporter ohne Grenzen. Moßbrucker trainiert Medienschaffende im In- und Ausland zu digitaler Sicherheit und Darknet-Recherche und schreibt an der Universität Hamburg an einer Dissertation zum Thema »Journalismus und Überwachung«.

Dario Nassal, Jahrgang 1991, ist gemeinsam mit Felix Friedrich Gründer, Redaktionsleiter und Geschäftsführer bei *The Buzzard*. Er hat Politikwissenschaften und Literaturwissenschaften an der Universität Mannheim und der Marmara Universität in Istanbul studiert, sowie Internationale Beziehungen an der Universität Amsterdam. Während des Studiums arbeitete Nassal als freier Journalist u.a. für die Süddeutsche Zeitung, die Stuttgarter Zeitung und den Mannheimer Morgen. Nach seinem Masterabschluss in Politikwissenschaften startete er gemeinsam mit Friedrich das Journalismus-Startup ›The Buzzard‹. Nassal war nebenbei bereits als Gastdozent für die Universität Leipzig und die Popakademie Mannheim tätig und als Speaker u.a. auf der Frankfurter Buchmesse, der Z2X, der CeBIT Hannover und vielen anderen zu hören. Neben seiner Tätigkeit bei *The Buzzard* spielt er als Musiker in Rock- und Jazzbands.

Anna Paarmann ist Mitglied der Redaktionsleitung bei der *Landeszeitung für die Lüneburger Heide (LZ)*. Bei der *LZ* hat sie auch volontiert und im Jahr 2019 die Bürgerrecherche ›Wem gehört Lüneburg‹ in Kooperation mit dem Recherchezentrum *Correctiv* koordiniert.

Marc Rath, Jahrgang 1966, war von 2018 bis Anfang 2022 Chefredakteur der Landeszeitung für die Lüneburger Heide. Im Februar 2022 hat Rath die Chefredaktion der *Mitteldeutschen Zeitung* in Halle übernommen. Nach einer Ausbildung zum Verlagskaufmann beim *Solinger Tageblatt* absolvierte er die Kölner Journalistenschule und ging Anfang der 1990er Jahre nach Sachsen-Anhalt (*Braunschweiger Zeitung, Volksstimme*). 1998 wechselte er beruflich die Seiten und arbeitete bei zwei Landesministerien in Magdeburg und einem Verband in Berlin als Pressesprecher, bevor er 2003 zurück in den Lokaljournalismus ging – zunächst nach Neuruppin, Uelzen und in die Altmark, bevor er 2013 Koordinator für die Lokalredaktionen in der Chefredaktion der *Volksstimme* wurde. Mehrere Auszeichnungen (u.a. Journalist des Jahres 2016 in der

Kategorie Reporter regional des *Medium Magazins*) erhielt Marc Rath, weil er die Briefwahlfälschung 2014 in Stendal aufdeckte.

Maximilian Rosch, Jahrgang 1992, ist Chefredakteur bei *piqd*. Noch während des Studiums der Kommunikationswissenschaft begann er als Praktikant in der Redaktion unter Frederik Fischer – und blieb nach dem Abschluss. Kuratieren ist sein Spezialgebiet, bei *piqd* überblickt er die Empfehlungen von über 100 Kurator:innen. 2018 war er Google News Initiative-Fellow bei *Vocer*.

Stephan Russ-Mohl ist emeritierter Professor für Journalistik und Medienmanagement an der Università della Svizzera italiana in Lugano sowie Gründer des 13-sprachigen *European Journalism Observatory*. Absolvent der Deutschen Journalistenschule, München; Studium der Sozial- und Verwaltungswissenschaften in München, Konstanz und Princeton/USA; von 1985 bis 2001 Ordinarius für Publizistikwissenschaft an der FU Berlin. Jüngste Buchveröffentlichungen: *Zerreissproben. Leitmedien, Liberalismus und Liberalität*, Köln: Herbert von Halem, 2021; *Streitlust und Streitkunst*. Diskurs als Essenz der Demokratie, Köln: Herbert von Halem, 2020; *Die informierte Gesellschaft und ihre Feinde. Warum die Digitalisierung unsere Demokratie bedroht*, Köln: Herbert von Halem, 2017.

Christian Sauer, Jahrgang 1963, ist Journalist, Redaktionscoach und Seminartrainer in Hamburg. Er begann als Volontär beim *Tagesspiegel* und war von 2000 bis 2006 Stellvertretender Chefredakteur des Magazins *chrismon*. Seit mehr als 15 Jahren berät er Medienprofis, coacht Redaktionsteams und bildet redaktionelle Führungskräfte aus. Neben zahlreichen Fachbeiträgen zur redaktionellen Führung erschienen von ihm zuletzt die Ratgeber *Der Stellvertreter* (Hanser 2016) und *Draußen gehen* (Verlag Hermann Schmid 2019).

Isa Sonnenfeld, Jahrgang 1985, leitet seit 2015 das News Lab bei Google für Deutschland, Österreich und die Schweiz. Sie arbeitet mit Verlagen, deren Redaktionen und Journalisten, sowie Medien Startups zusammen. Ihre Arbeit orientiert sich an drei Themen - Desinformation, Diversität und technologische Innovation im Journalismus. Als erste Mitarbeiterin bei Twitter Deutschland war sie ab 2011 für den Markteintritt und als Head of News, Government & Politics für die Zusammenarbeit mit politischen Organisationen sowie der Medienbranche verantwortlich. Zudem engagiert sie sich stark für mehr Chancengerechtigkeit für Frauen und marginalisierte Gruppen in Politik, Medien und Wirtschaft. 2015 gründete sie mit David Noel das Netzwerk und die Podcastreihe Role Models. Mit den mehr als 120 Gesprächen mit beeindruckenden Frauen, möchte sie Sichtbarkeit schaffen und Inspiration bieten. Parallel engagiert sie sich in vielen Vereinen ehrenamtlich. 2018 erhielt sie den Award »25 Frauen, die unsere Wirtschaft revolutionieren« von Edition F.

Björn Staschen arbeitet als Consultant, Coach und Projektleiter. Er berät und begleitet Unternehmen, vor allem im Medienbereich, in ihrer digitalen Transformation. Zuletzt hat er hat als Projektleiter ein umfassendes crossmediales Veränderungsprojekt im öffentlich-rechtlichen Rundfunk geleitet, wo er nun einen Bereich für »Transformation und Technologie« aufbaut Björn arbeitete als Reporter für Hörfunk, Fernsehen und Online-Medien, berichtete als ARD-Fernsehkorrespondent aus London und moderierte NDR Info in seinen Gründungsjahren. Er arbeitet als Lehrbeauftragter und Dozent und hat unter anderem das Buch *Mobiler Journalismus* veröffentlicht. Er ist verheiratet, Vater von drei Söhnen und als Schönwetter-Camper Autor der Bücher *Camping-Glück* und *Gebrauchsanweisung fürs Camping*. Sein Beitrag spiegelt ausschließlich seine persönliche Meinung wider.

Meena Stavesand, Jahrgang 1985, arbeitet seit mehr als zehn Jahren als Journalistin. Nach einem Tageszeitungsvolontariat und verschiedenen Stationen u.a. beim *Mannheimer Morgen*, bei den *Westfälischen Nachrichten* und der *Hannoverschen Allgemeinen Zeitung* beschäftigt sie sich vor allem mit Digitalem Journalismus und Trends der Medienbranche etwa bei dem von ihr im Jahr 2020 gegründeten Innovationslabor »White Lab«, dem Think-and-Do-Tank VOCER und dem Deutschen Journalisten-Verband mit der Konferenz ›Medien-Zukunft-Festival‹.

Peter Turi, Jahrgang 1961, kauft 1996 die Fachzeitschrift *kressreport* und bringt sie ins Internet. 2001 verkauft er sie und scheitert 2002 mit der Suchmaschine internet123. Er hat Schulden, fällt in Depressionen, bekocht seine Kinder, berappelt sich, startet den Blog *Küchenruf* und 2006 einen zweiten Blog, den er *turi2* nennt. Ab 2007 verschickt er täglich seinen Newsletter *turi2 – für Medienmacher.* 2015 startet er die Buchreihe *turi2 edition*.

Maren Urner ist Professorin für Medienpsychologie an der Hochschule für Medien, Kommunikation und Wirtschaft (HMKW) in Köln. Nach dem Studium der Kognitions- und Neurowissenschaften in Deutschland, Kanada und den Niederlanden wurde sie am University College London in Neurowissenschaften promoviert. 2016 gründete sie Perspective Daily mit, das erste werbefreie Online-Magazin für Konstruktiven Journalismus. 2019 erschien ihr erstes Buch *Schluss mit dem täglichen Weltuntergang*, 2021 folgte *Raus aus der ewigen Dauerkrise*.

Anke Vehmeier leitet das Lokaljournalistenprogramm der Bundeszentrale für politische Bildung (bpb). Sie hat nach ihrem Studium der Mittleren und Neueren Geschichte, Politikwissenschaft sowie Publizistik- und Kommunikationswissenschaften bei der Oberhessischen Presse in Marburg volontiert. Danach war sie dort Redakteurin, wie anschließend auch beim General-Anzeiger in Bonn. Zwischenzeitlich leitete sie das Bonner Büro der Medienfabrik/Bertelsmann sowie die »Initiative Lokaljournalismus in NRW«. Sie ist zudem als Dozentin der journalistischen Aus- und Weiterbildung tätig. Sie ist Autorin und Mitherausgeberin des Buches *Das verkannte Ressort. Probleme und Perspektiven des Lokaljournalismus*.

Jakob Vicari hat über ›Journalistische Komposition‹ promoviert und war 15 Jahre lang freier Wissenschaftsjournalist. 2020 hat er mit Astrid Csuraji tactile.news gegründet, ein Innovationslabor für neuen Journalismus.

Alexander von Streit ist Journalist und arbeitet an Konzepten für eine nachhaltige Medienwelt. Er beschäftigt sich seit über 20 Jahren mit dem Spannungsfeld, das die Digitalisierung in der Gesellschaft erzeugt, und berät Medienhäuser, Verlage und Organisationen in der digitalen Transformation. Er ist Mitgründer, ehemaliger Chefredakteur und Herausgeber des unabhängigen Online-Magazins *Krautreporter*, für das er 2019 mit dem Grimme-Online-Award ausgezeichnet wurde. Davor verantwortete er unter anderem als Chefredakteur die Entwicklung einer deutschen Ausgabe des Technologie-Magazins *Wired*, leitete das Digital-Ressort bei *Focus Online* und war Chefredakteur des Medienmagazins *Cover*. Volontiert hat er nach seinem Studium der Politologie, Soziologie und Sozialpsychologie bei der *Frankfurter Rundschau*. 2009 hat er die Non-Profit-Organisation VOCER mitgegründet, 2014 die Digitalkonferenz VOCER Innovation Day mit ins Leben gerufen und ist seit 2017 Jury-Mitglied des VOCER Netzwende Awards für journalistische Gründer:innen. Im Rahmen von VOCER gründete er 2020 das unabhängige Institut für Digitale Resilienz mit, einen gemeinnützigen Think & Do Tank für Widerstandskraft in der digitalen Transformation.

Ronja von Wurmb-Seibel war Redakteurin im Politik-Ressort der *Zeit*, bevor sie 2013 mit 27 Jahren als freie Reporterin nach Kabul ging. Inzwischen arbeitet sie als Autorin, Filmemacherin und Journalistin in Hamburg. Über ihre Zeit in Afghanistan hat Ronja von Wurmb-Seibel das Buch *Ausgerechnet Kabul* geschrieben.

Herausgeber

Matthias Daniel, Jahrgang 1973, ist Chefredakteur und Publisher des journalists, dem größten und wichtigsten Magazin für Journalist*innen in Deutschland. Herausgeber ist der Deutschen Journalisten-Verband. Matthias Daniel arbeitet seit dem Jahr 2000 als Medienjournalist, zunächst beim Verlag Rommerskirchen, später beim Verlag New Business. Seit 2007 ist er Chefredakteur des *journalists*. Im Jahr 2020 hat Daniel den Verlag Journalismus3000 GmbH gegründet und den *journalist* per Management-Buy-Out übernommen. Daniel ist als Lehrbeauftragter tätig und ist Jury-Mitglied des Vocer-Netzwende Awards. Zusammen mit Annkathrin Weis und Luca Schmitt-Walz hat Matthias Daniel im Jahr 2021 den Podcast *Druckausglcich* gestartet – ein Audio-Format für Nachwuchsjournalist*innen.

Stephan Weichert, Jahrgang 1973, ist Soziologe, Medienwissenschaftler, Autor, Filmemacher und Transformationsforscher. Seit vielen Jahren berät er Unternehmen, Verbände und Organisationen in Fragen rund um Strategieentwicklung, Krisenkommunikation, digitalen Kulturwandel sowie Hassrede und nachhaltige Medieninnovation.

Stephan Weichert ist seit über 20 Jahren im Hochschulmanagement und in der journalistischen Aus- und Weiterbildung tätig, davon 12 Jahre als Professor für digitalen Journalismus an der Macromedia Hochschule für Angewandte Wissenschaften in Hamburg und an der Universität der Künste (UdK) in Berlin.

Er hat zwei universitäre Journalismus-Studiengänge geleitet und das „Digital Journalism Fellowship“ entwickelt und gestartet, ein weltweit einzigartiges Bildungsprogramm für berufstätige Journalist:innen.

2009 hat er die Non-Profit-Organisation VOCER mitgegründet und 2014 den VOCER Innovation Day mit ins Leben gerufen, eine Digitalkonferenz, bei der namhafte Speaker:innen und Medienpioniere auftreten. Gemeinsam mit Leif Kramp und Alexander von Streit gründete er 2020 das unabhängige Institut für Digitale Resilienz, einen gemeinnützigen Think & Do Tank für Widerstandskraft in der digitalen Transformation.